普通高等教育"十一五"国家级规划教材

战 略 管 理

（第四版）

李玉刚　编著

科学出版社

北　京

内 容 简 介

本书将战略管理理论与企业经营案例相结合，从行业、资源和制度三个视角分析了企业竞争优势的来源，从竞争和成长两个方面展示了战略设计的理论与分析框架。全书共10章，分别为战略与战略管理、外部环境分析、内部环境分析、制度环境和企业合法性分析、业务层战略、动态竞争战略、国际化战略、公司层战略、联盟和并购、战略实施。章后案例反映了全球化背景下世界领先企业的典型做法和中国知名企业的战略探索，对其进行深入分析有助于激发学生的学习热情，并加深对理论的理解和运用。

本书体系规范、逻辑清晰、案例丰富，以启迪战略思维、提高战略分析能力为主旨，并配有多媒体教学课件和案例分析指导，适合作为管理类专业本科生教材。

图书在版编目（CIP）数据

战略管理 / 李玉刚编著. —4 版. —北京：科学出版社，2019.1
普通高等教育"十一五"国家级规划教材
ISBN 978-7-03-059153-1

Ⅰ. ①战⋯ Ⅱ. ①李⋯ Ⅲ. ①企业管理－战略管理－高等学校－教材 Ⅳ. ①F272.1

中国版本图书馆 CIP 数据核字（2018）第 240992 号

责任编辑：郝　静 / 责任校对：贾娜娜
责任印制：张　伟 / 封面设计：蓝正设计

科 学 出 版 社 出版
北京东黄城根北街 16 号
邮政编码：100717
http://www.sciencep.com

北京中石油彩色印刷有限责任公司 印刷
科学出版社发行　各地新华书店经销
*

2005 年 9 月第　一　版　开本：787×1092　1/16
2019 年 1 月第　四　版　印张：14 3/4
2023 年 11 月第二十三次印刷　字数：310 000
定价：52.00 元
（如有印装质量问题，我社负责调换）

前　言

自本书第一版于2005年出版发行以来，为了及时反映战略管理理论的最新进展和企业经营实践的创新做法，更好地满足教学需要，按照3~4年对版本进行一次更新的设想，我们编写了本书的第四版。

近年来，互联网与各行业的深入融合对企业经营活动和学生的学习方式都产生了巨大的影响。从企业来看，基于互联网的共享经济成就了阿里巴巴、滴滴等领先性企业，人工智能也在改造着传统企业的生产方式及与客户的互动方式，可持续的竞争优势越来越被瞬时竞争优势所替代，传统的战略管理理论正在被突破。从学生来看，移动互联网使得学生在获取信息和知识上更加便捷，导致教师和学生对教材的依赖度降低，教材快成非必要项目。

在此背景下，战略管理的教科书该如何编写，战略管理课程该如何教学，都面临着巨大的挑战。好在这些年，编者一直在教学一线，从事本科生、硕士生、博士生的战略管理及相关课程的教学工作，对于本科生为什么读书、如何读书，大概还算明白。这增强了编者的信心，知道如何强化教材的针对性，哪些内容应该进入教材，哪些内容应该被删除。在本书中，梳理战略管理的主流思想，建构战略管理的基本框架，为在纷繁信息中行走的学生提供一个可供参考的学习路线图。需要指出的是，战略管理的理论、方法和工具都有情景依赖性与局限性，战略管理的教科书也无非是佛学中的"方便法门"，也就是用大众喜欢且接受的方式和方法去阐述。教科书只能引人入门，要真正理解博大精深的战略管理理论中相互冲突的理论和观点，还需要精深修炼，更需要体验证悟，最终实现对教科书的超越。

本书第四版保留了前三版的风格，继续保持被教师和学生认可的特点，但也做了许多改进和完善。本书第四版的特点如下：

（1）在定位上，专门服务于本科生教学。本书定位于没有任何经营经验的管理类专业本科生，充分考虑与先修课程的分工和衔接，与学术类硕士和博士研究生重视理论研究、MBA（master of business administration，工商管理硕士）学生重视理论应用相区分，强调战略管理的基本概念和分析框架。

（2）在结构上，与国际主流接轨，同时反映中国现实。在保持整体结构与国际主流接轨的前提下，依然把"制度环境和企业合法性分析"作为独立一章，专门介绍制度视角的战略理论，以便于把中国制度环境对企业战略的影响及其引发的中国企业的特殊战略行为纳入到战略管理教学的分析框架中。

（3）在内容选取上，忠实于理论创建者和理论经典，同时反映最新进展。为了确保正确理解知识和传播知识，尽量从理论原创者的著作中选取相关素材，如本书中对于波特（M. Porter）、巴尼（J. Barney）等的理论就是这样处理的。同时，为了回应企业的现实需求和反映理论的最新进展，把"双边市场""平台企业""商业模式"等纳入其中。

（4）支持教师教学的灵活性和学生学习的自主性。在信息社会，教师和学生获取知识与信息的渠道丰富且多样化，教材不再是教师教学和学生学习的唯一材料。教科书的简约、纲目化和知识点全面覆盖，不仅便于教师的灵活教学，也适应了学生升学考试和就业的差异化需求。章后案例注重了鲜活性和典型性，既可以用于课堂的案例分析，也可以为学生的课外阅读和分析提供标杆。

本书第四版做出的更新主要有：一是内容上的变动。在第2章"外部环境分析"和第3章"内部环境分析"中，都增加了相应视角的战略对策部分，为提出备选战略行动提供了指导；在第2章中，适应当下行业结构的变动趋势，引入了双边市场的概念，对五力模型进行了补充；在第5章中，增加了基本战略定位，并把它与商业模式的关系进行了梳理，以便于更好地解决战略内容设计问题。二是为了体现战略管理的惊心动魄和关系到企业生死存亡的特点，对章后案例进行了更新和完善。对案例1中联想的最新进展进行了补充；对案例3星巴克引入新的门店模式进行了补充；其他案例都是新选取的，更好地反映中国领先企业的典型探索。

在本书撰写过程中，编者参阅了大量文献，在此向所有被引用者表示感谢。对于文献的处理采用了两种方式，对于所有教科书中普遍采用的经典理论和分析工具，没有专门列出参考文献；对于国外流行的部分战略管理教科书，没有在正文中做出标注，但列入了书后的参考文献；对于本教科书中引用，而在其他教科书中又不是普遍出现的文献，在正文中做了标注，并把参考文献置于参考文献列表中。

在为学生讲授战略管理过程中，在企业调研中，在对学术问题的研究中，通过与学生、企业家和学者的交流，编者受益良多，也引发了编者的深入思考，在此对各界人士表示感谢。在前三版出版发行后，编者收到了来自全国各地教师和学生的意见与建议，对于大家的支持表示感谢。在华东理工大学商学院，有多位教师共同讲授战略管理课程，大家的相互交流给予编者很多启发和思考，感谢大家的帮助和支持。

欢迎各位教师和学生提出宝贵意见与建议。您可以通过电子邮件与编者联系，获取与本书相关的资料。电子邮件地址：yugangl@ecust.edu.cn。

为方便选用本书作为教材的教师开展教学工作，本书另配有多媒体教学课件和案例分析指导。选用本书作为教材的教师可与科学出版社联系。电话：010-64012800；电子邮件地址：jingguanfa@mail.sciencep.com。

李玉刚

2018年12月于上海

目　　录

第 1 章　战略与战略管理 ……………………………………………………………………… 1
　1.1　战略与竞争优势 …………………………………………………………………………… 1
　1.2　战略管理过程 ……………………………………………………………………………… 9
　1.3　不同情况下的战略管理 …………………………………………………………………… 13
　习题 ………………………………………………………………………………………………… 15
　　案例 1　联想集团的战略演变（1984～2018 年） ………………………………………… 16
第 2 章　外部环境分析 ………………………………………………………………………… 23
　2.1　环境构成与分析技术 ……………………………………………………………………… 23
　2.2　总体环境分析 ……………………………………………………………………………… 26
　2.3　行业环境分析 ……………………………………………………………………………… 30
　2.4　客户和竞争对手分析 ……………………………………………………………………… 38
　2.5　外部环境分析与战略决策 ………………………………………………………………… 42
　习题 ………………………………………………………………………………………………… 45
　　案例 2　民营快递巨头顺丰 ………………………………………………………………… 46
第 3 章　内部环境分析 ………………………………………………………………………… 51
　3.1　资源和能力 ………………………………………………………………………………… 51
　3.2　核心竞争力 ………………………………………………………………………………… 54
　3.3　价值链分析方法 …………………………………………………………………………… 59
　3.4　内部环境分析与战略决策 ………………………………………………………………… 64
　习题 ………………………………………………………………………………………………… 68
　　案例 3　星巴克门店 ………………………………………………………………………… 69
第 4 章　制度环境和企业合法性分析 ………………………………………………………… 73
　4.1　企业制度环境 ……………………………………………………………………………… 73
　4.2　企业合法性及合法性管理 ………………………………………………………………… 77
　4.3　合法性视角下的战略选择 ………………………………………………………………… 81
　习题 ………………………………………………………………………………………………… 89
　　案例 4　网约车合法化 ……………………………………………………………………… 89
第 5 章　业务层战略 …………………………………………………………………………… 95
　5.1　基本战略定位 ……………………………………………………………………………… 95
　5.2　竞争战略 …………………………………………………………………………………… 99
　5.3　行业生命周期阶段 ………………………………………………………………………… 108
　习题 ………………………………………………………………………………………………… 113

案例 5　快时尚 ZARA ··· 114
第 6 章　动态竞争战略 ·· 119
　　6.1　动态竞争与竞争优势 ··· 119
　　6.2　竞争对抗 ·· 122
　　6.3　进攻战略 ·· 126
　　6.4　防御战略 ·· 131
　　习题 ·· 137
　　案例 6　美团的生猛与无畏 ··· 137
第 7 章　国际化战略 ··· 144
　　7.1　经济全球化与企业国际化经营 ·· 144
　　7.2　国际化战略的类型 ·· 148
　　7.3　国际市场进入策略 ·· 152
　　7.4　国际化经营风险和控制 ··· 155
　　习题 ·· 158
　　案例 7　华为国际化 ··· 158
第 8 章　公司层战略 ··· 165
　　8.1　多元化的类型和动机 ··· 165
　　8.2　横向多元化 ··· 167
　　8.3　纵向一体化 ··· 171
　　8.4　业务组合优化方法 ·· 175
　　8.5　多元化与可持续竞争优势 ··· 177
　　8.6　总部的价值 ··· 179
　　习题 ·· 183
　　案例 8　湘鄂情的前世今生 ··· 183
第 9 章　联盟和并购 ··· 187
　　9.1　联盟 ··· 187
　　9.2　并购 ··· 191
　　习题 ·· 196
　　案例 9　吉利收购沃尔沃 ·· 196
第 10 章　战略实施 ·· 203
　　10.1　战略实施框架 ··· 203
　　10.2　战略实施与公司治理 ·· 206
　　10.3　战略实施与组织结构 ·· 208
　　10.4　战略实施与控制 ··· 214
　　10.5　战略实施与变革 ··· 217
　　习题 ·· 222
　　案例 10　红领变革 ··· 222
参考文献 ··· 228

第1章 战略与战略管理

1.1 战略与竞争优势

1.1.1 战略的定义和构成要素

"战略"一词本是军事术语,是指导战争全局的筹划和谋略。企业战略是制订企业总体目标并寻求改善竞争地位的谋划和方略。企业战略的特点在于,它是有关企业全局性、长远性和根本性的重大谋划,而不是长期的总体计划;它是确立企业未来发展的方向和总体框架,而不是面面俱到的对未来行动的详细规定;它是在竞争激烈、变化多端的市场环境中谋求企业生存和发展的重要手段,而不是随机应变的临时性措施。毛泽东认为:"……能够把战争或作战的一切重要的问题,都提到较高的原则性上去解决。达到这个目的,就是研究战略问题的任务。"(毛泽东,1968)

战略管理课程的理论体系来自西方。古希腊语有"strategos"一词,含义为"将军或领袖",其意义是指挥军队的艺术和科学。随着历史的变迁,才在军事上出现了英语中的"strategy"一词,含义为战略、战略学、兵法等。19世纪初期,若米尼在其《战争艺术概论》一书中,把"战略"定义为"在地图上进行战争的艺术"。克劳塞维茨在《战争论》一书中,把"战略"定义为"为了战争目的运用战斗的学问"。20世纪中期,随着商学院"经营政策"(business policy)课程向"战略管理"(strategic management)课程的转化,"战略"一词逐渐成为商界的热门词汇。

1. 战略的目的

日本战略学家大前研一认为,经营战略就是如何实现竞争优势。如果没有竞争对手,就没有必要制定战略。制定战略的唯一目的就是使企业尽可能有效地比竞争对手占有持久的优势。孙子也曾说,"昔之善战者,先为不可胜,以待敌之可胜。"也就是说,善于用兵打仗的人,总是先创造条件,使自己不被敌人战胜,然后等待和寻求敌人可能被自己战胜的时机。

企业制定战略的目的就是建立一种竞争优势,即以最有效的方式努力提高企业相对优于竞争对手的实力,为日常的经营活动建立一种有利的态势,先将自己立于不败之地,然后寻找竞争对手的弱点,取得竞争的最终胜利。但是,在激烈竞争和快速变化的市场上,企业可以依赖一个有利的定位获得一个暂时的优势,却难以通过维持一个特定的竞争优势来获得持续的成功。要想实现长期的繁荣,企业就必须不断地根据客观情况的变化创造新的竞争优势。因此,企业要保持竞争优势,就必须要求自身不断进步,以更优质、更廉价的产品和服务来创造、引导和满足社会需求。

以新代旧、新陈代谢、除旧布新或推陈出新是事物发展、运动变化的客观规律;不断创新是战略活动中的主要推动力。过去有人认为战略就是寻找商机,制订计划,再去实施;现在有人认为战略就是创新,要从追随者变成领跑人。可以说,在竞争日趋激烈的环境中,战略的目的就是开发一系列暂时的、相对的竞争优势,促进企业的长期繁荣发展(图1.1)。

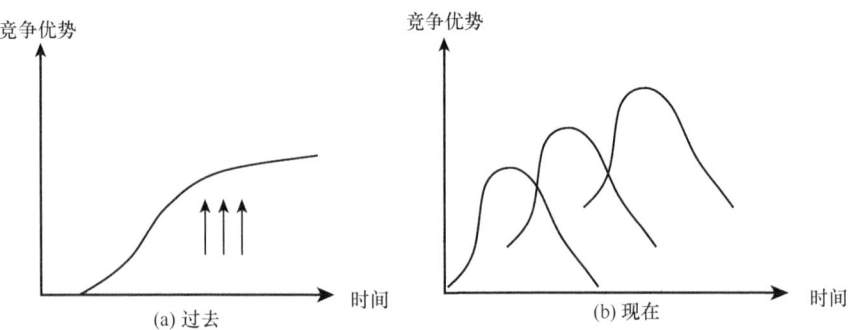

图 1.1　战略与竞争优势的关系

2. 前人对企业战略的解释

企业战略有多种定义。钱德勒(A. Chandler)认为:"战略可以被定义为企业长期目标的决定以及为实现这些目标所必须采取的一系列行动和资源分配。"

安德鲁斯(K. Andrews)认为:"战略是目标、意图和目的,以及为达到这些目的而制定的主要方针和计划的一种模式。这种模式界定企业正在从事的或者应该从事的经营业务,以及界定企业所属的或应该属于的经营类型。"

安索夫(H. Ansoff)认为,企业战略是贯穿于企业经营与产品和市场的一条"共同主线"(common thread)。这条主线决定着企业目前所从事的或者计划要从事的经营业务的基本性质。

安索夫提出的这条主线由以下四个要素构成。

(1)产品—市场范围:企业提供的产品和满足的市场。

(2)增长向量:企业经营的方向和趋势。

安索夫根据企业现有的产品、市场和将来发展的新产品、新市场的组合,指出企业可以采取以下四种发展方向对应的战略,如表1.1所示。

表 1.1　企业的成长方向

市场	现有产品	新产品
现有市场	市场渗透	产品开发
新市场	市场开发	多元化

(3)竞争优势:企业所具备的不同于竞争对手,能够为企业奠定牢固竞争地位的特殊因素。企业的竞争优势来源于企业的外部环境和内部条件两个方面。

（4）协同效果：在各业务间存在资源、技术、管理和价值链活动的各环节间的匹配关系时，可以实现各因素的联合、共享和节约，产生1+1＞2的效果。

3. 本书对战略的界定

尽管前人对战略有多种定义，但是为了方便理解，我们给出的定义是：企业战略是有关企业发展方向和活动范围的决策，以追求可持续的竞争优势。这一定义回答了有关企业发展的三个问题：发展方向问题、发展途径问题、持续发展问题。

那么，企业战略应该包括哪些内容呢？根据战略所要完成任务的不同，我们把企业战略内容划分为三个要素：产品和市场、价值链、竞争优势（图1.2）。这样一种划分，有助于企业战略决策者对战略的系统认识和科学管理。

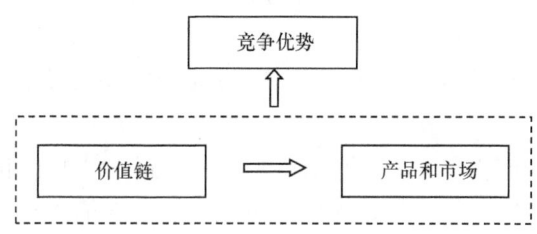

图1.2　企业战略内容的三个要素

战略内容的三个要素具有内在的逻辑关系。产品和市场的定位是战略目标，即战略所追求的目标是提供一定的产品和（或）服务以满足目标市场的需要。价值链是战略手段，即为了在激烈竞争的市场环境中实现产品和市场结合的目标，企业的生产经营活动从总体上来说应该如何开展。竞争优势是战略延续，即企业开展的经营活动能够超越竞争对手，取得竞争优势，并带来高额利润。

1）产品和市场

一个企业存在的目的是满足社会的需要，而满足社会需要的过程是通过向目标客户提供所需要的产品和服务来实现的。因此，从外部来看企业的时候，我们看到的是企业的产品和服务。产品和市场范围决定了企业与客户的关系，决定了企业规模的大小，决定了企业与客户之间的议价能力，以及市场竞争的激烈程度，从而决定了企业利润率的高低。

2）价值链

一个企业在产品—市场范围定位上表现的好坏，在于企业内部完成的各项活动。对价值链进行科学有效的设计和运作是企业竞争优势的来源。一个企业的价值链要支持企业的产品和市场组合。当企业的产品和市场组合变化的时候，企业也应该改变其价值链。有时，随着企业外部环境的变化或者企业内部资源和能力的变化，企业也应该改变其价值链，只有这样才能提高竞争优势。例如，戴尔在建立企业时采取按订单生产和直销，这在当时的计算机制造行业是一种新的价值链形式。许多企业使用了外包，这也是改变价值链的一种重要方式。

3）竞争优势

在战略管理理论中，把企业获得竞争优势或获得持续竞争优势，作为战略管理的目标。在早期的战略管理研究中，部分学者提到了竞争优势这个概念（Penrose，1959；Ansoff，1965），但是对于竞争优势并没有给予明确解释。1985年，波特（M. Porter）的《竞争优势》一书出版，使得竞争优势逐渐成为战略管理中的一个核心概念。波特声称竞争优势能够带来成功，企业可以通过低成本战略和差异化战略获得竞争优势，但对于竞争优势到底是什么并没有明确说明（Klein，2002）。张敬伟和王迎军（2010）对相关文献进行分析，归纳出关于竞争优势的三种观点：绩效优势、价值优势和能力优势。其中，绩效优势的观点把竞争优势等同于超额的财务绩效；价值优势的观点认为竞争优势是不同企业创造的价值或向客户传递价值的差异；能力优势的观点则重点关注了企业创造超额财务绩效的资源或能力。在本书中，我们采用价值优势的观点，把竞争优势定义为：客户所感知到的特定企业比其他竞争对手提供更高的价值，具体表现为特定企业能够以更低的成本提供相同的价值物，或者以相同的成本提供更多的价值物，或者二者的结合。只有具备竞争优势，企业才能获得高额利润，才能维持生存并取得发展。

企业是否具备竞争优势，既可能来自企业在产品和市场上的定位，也可能来自价值链的构成，更有可能来自价值链与产品和市场之间的关系。从更深层次来说，竞争优势的来源既可能是企业在行业中寻找到了一个好的定位，也可能是企业内部所形成的核心竞争力，也许是企业开展的经营活动比竞争对手具有更高的合法性，得到了社会各界的支持。战略决策者必须把能否取得竞争优势作为战略设计的一个重要考量因素，对竞争优势的来源进行识别、保护和更新，从而确保企业持续创造辉煌。

1.1.2 获得竞争优势的三种观点

关于如何获取竞争优势，彭维刚（M. Peng）认为有三个主流观点：行业基础观（industry-based view）、资源基础观（resource-based view）和制度基础观（institution-based view）。行业基础观或称行业组织学派，是波特在产业经济学的结构–行为–绩效（S-C-P）模型基础上提出来的，认为竞争优势的核心在于寻找与众不同的定位。资源基础观的代表人物有沃纳菲尔特（B. Wernerfelt）和巴尼（J. Barney），认为企业竞争优势的来源在于其能够带来可持续竞争优势的资源和能力。制度基础观的代表人物是彭维刚，他在总结前人对战略与制度关系的研究基础上提出了制度基础观的概念。在制度基础观中，把制度作为一个独立变量，重点研究制度与企业的互动关系，认为战略选择是制度与企业相互作用的结果。一个企业能否适应制度的要求，能否创造一个属于自己的制度环境，是企业能否获得竞争优势的关键。尽管不同学派对于企业绩效的真正决定因素各执一词，但现实中企业绩效的真正决定因素很可能是三种力量的有机结合（图1.3）。

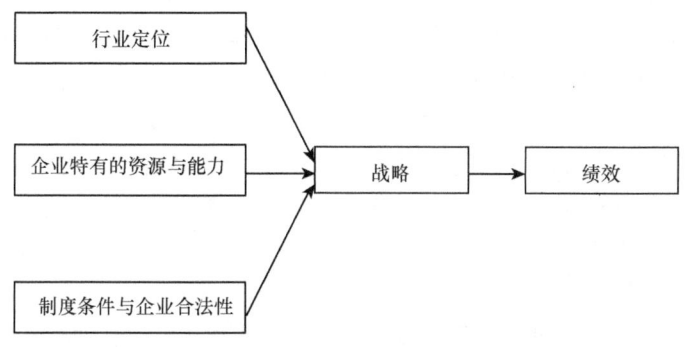

图 1.3　对企业战略的三种主要观点

1. 行业基础观

1960~1980 年，人们始终认为外部环境是企业获取战略成功的主要决定因素。行业组织模型揭示了外部环境对企业战略行动的决定性影响。同时，它还指出，一家企业所在行业比管理者做出的企业内部决定对企业的影响更大。企业业绩主要取决于所在行业的特性，包括规模经济、市场进入壁垒、产品差异化以及行业集中度等。

行业组织模型具有四个前提条件。首先，外部环境的压力和限制决定了获取超额利润的战略选择；其次，大多数企业在某一行业或某一领域内相互竞争，因此它们掌握着类似的相关战略资源，从而采取相似的战略；再次，战略实施所需的资源可以在企业间自由流动，基于此，任何企业间的资源差异都不会持续太久；最后，企业的决策者是理性的，并致力于为企业谋取最大利益，追求利润最大化。

行业组织模型要求企业必须选择最具吸引力的行业。因为大多数企业拥有相似的战略资源，而且这些资源流动性极强，所以只有当企业找到潜在利润最高的行业，并学会如何根据行业的结构特点来利用这些资源实施其战略时，企业才会获得竞争优势。五种基本竞争力量模型可以帮助企业分析这一问题，具体见第 2 章。

行业组织模型指出，企业只有在实施了适应外部环境的战略后才能获得超额利润。只有那些练就内功的企业，方能实施与外部环境相适应的战略，从而获得成功，反之，则会招致失败。因此，超额利润主要是由外部环境特点，而不是企业独特的内部资源或能力决定的。

最近的研究也支持了行业组织模型的解释。研究表明，一家企业约 20%的利润与行业相关。换句话说，20%的企业利润是由所在行业所决定的。然而，36%的利润变动是由企业特点和业务活动所产生的。研究结果表明，环境因素和企业特点共同决定了企业的利润率水平。

2. 资源基础观

资源基础观认为，任何一家企业都是资源与能力的独特组合，这些资源和能力是企业战略的基础，也是利润的主要来源。根据这一模型，企业不同时期绩效的差异是由它们独特的资源和能力的组合所引起的，并非行业的结构特征所致。这个模型同时认为，一家企业可以不断获取不同的资源，开发独特的能力。因此，同行业内的不同企业并非都会拥有同样的战略资源和能力。这个模型的另外一个观点是资源不一定会在企业间流动，企业资源的异质性带来了竞争优势。

资源是指企业生产经营过程中的投入部分，如资本、员工技能、专利技术、融资能力、有才干的管理人员、品牌等。能力是指综合利用多种资源完成任务或活动的才能。与行业组织模型相反，资源基础观认为，在决定战略行动时，企业的内部环境，如资源和能力比外部环境更重要。战略的选择应该帮助企业抓住外部环境的机遇，最有效地利用其核心竞争力。

并非企业的所有资源和能力都可以转化为竞争优势。只有当这种资源和能力是有价值的、稀缺的、难以模仿的和不可替代的，才可能成为可持续竞争优势的来源。当资源和能力达到以上四个标准的时候，它们便成为核心竞争力。（关于资源基础观的理论和有关核心竞争力的问题将在第3章中给予详细介绍。）

3. 制度基础观

彭维刚在总结相关研究成果的基础上，提出制度、组织与战略选择之间的关系，构建战略管理的制度基础观，形成"制度环境—企业战略选择—企业绩效"的战略管理范式。

企业战略选择不仅是由行业状况和企业特定资源等市场环境所决定的，而且受到高层管理者面临的正式制度因素和非正式制度因素的影响。战略管理的制度基础观关注制度和组织之间的动态交互作用，战略选择正是这种动态交互作用的结果（图1.4）。

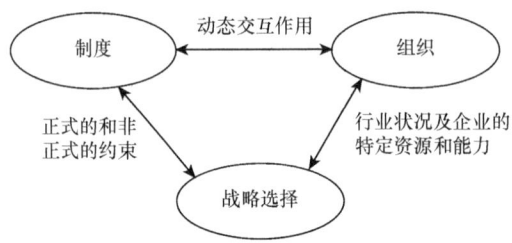

图 1.4　战略管理的制度基础观

战略管理的制度基础观强调制度因素对企业战略选择的约束作用。这种约束来自两个方面：正式制度约束和非正式制度约束。正式制度约束包括国家及行业的法律、规章和规则对企业战略行为的约束；非正式制度约束包括社会化的规范、文化和伦理对企业战略行为的约束。

在企业战略中引入制度变量，是一个逐步的过程。在国际商务研究领域，许多学者发现不同国家企业之所以采取不同的战略，主要原因是不同国家在制度上存在着差异。在组织社会学研究中，社会学者发现在同一个行业中尽管不同的组织在目标方面存在着差异，但是在结构上却存在着同型的现象，主要原因在于合法性的约束。在组织研究中，也曾经形成了资源依赖理论（resource dependence theory），认为组织的生存离不开环境所提供的资源，而这种资源受到外部的社会情景的影响和制约。企业有能力对这种社会环境产生影响，而这种影响又是通过企业权力的实施来实现的。在制度基础观的战略研究中，特别重视企业及其战略行动的合法性。总之，战略的制度基础观既强调制度或合法性约束对企业战略选择的制约，也重视企业如何对制度环境实施影响，获得并保持合法性，确保具有市场竞争优势的战略得以实施。

1.1.3 战略的分类

企业战略有多种，为了更好地把握每一种战略，最好的办法是对企业战略进行分类。例如，从参与竞争的角度来说，若从竞争优势的类型来看，可以分为成本领先战略、差异化战略和集中战略；若从竞争优势的构建来看，可以分为进攻战略和防御战略。再如，从企业实现成长的角度来说，若从企业从事的业务构成来看，可以分为专业化战略和多元化战略；若从企业的地区构成来看，可以分为本地发展战略和国际化战略；若从是否借助外部力量来看，可以分为新建投资、并购和联盟战略。

人们通常从企业决策层次上把战略分为公司层战略、业务层战略和职能层战略。波特认为，多元化公司有两个层面的战略：业务单位（或竞争）战略和公司层（或全公司范围的）战略。业务单位战略关注企业的每一个业务领域如何创造竞争优势；公司层战略主要关注两个问题：企业应该从事哪些业务，以及企业总部应该如何管理这些业务单位。

如果一个企业属于跨行业经营，即有多项业务活动，其战略构成体系如图 1.5 所示。公司层战略是高层战略，它为业务层战略和职能层战略提供了发展的方法与支持。在公司层战略和业务层战略的关系上，波特认为，竞争发生在业务单位水平上。不管公司层战略如何被精细地构造，除非一个公司层战略把注意力放在支持每一个业务单位的成功上，否则公司层战略将会失败。成功的公司层战略必须来自业务单位战略，同时又要强化业务单位战略。

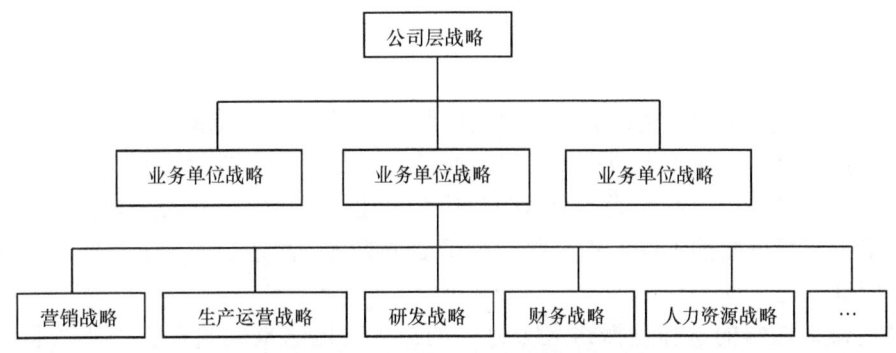

图 1.5 多元化经营企业的战略构成体系

对于从事单一业务的企业来说，就不存在公司层战略和业务层战略之分了。对于业务单位战略，波特根据竞争优势来源和市场范围的不同，划分为成本领先战略、差异化战略和集中战略。

每个业务单位都是由一些不同的职能活动组成的，包括营销、生产运营、研发、财务、人力资源等。不同的业务单位战略对企业内部各职能有不同的要求，从而导致职能决策方面的差异,也就产生了不同的职能型战略(图1.6)。由于每个职能都有专门的课程去介绍,因此在本书中,对于职能战略不单独介绍,只是在相关的章节中涉及。

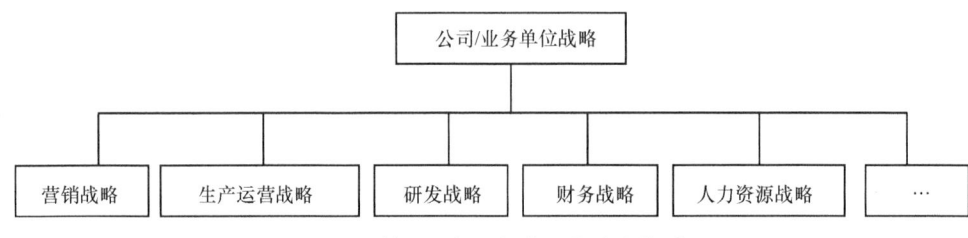

图1.6 单一业务经营企业的战略体系

1.1.4 战略概念的多种用法和陈述方式

对于战略,不同的人有不同的用法,其内涵和外延有差异,造成了沟通上的障碍。明茨伯格(H. Mintzberg)对人们使用战略的不同方式进行了总结,提出了五种用法(简称5P):计划(plan)、范式(pattern)、定位(position)、计谋(ploy)和观念(perspective)。其中,计划是指方向、指南、通向未来的前进路线、由此及彼的途径等类似的东西;范式是指企业过去的发展历程;定位是指特定产品在特定市场的定位;计谋,或称花招,是指为了打击竞争者而采用的特定做法,如《三国演义》中的"空城计";观念是指一个企业做事的基本方式。这是关于企业战略比较全面的看法,即著名的5P模型。需要指出的是,战略管理教科书通常倾向于把战略定义为一种计划或者谋划。

在具体陈述一个企业的战略时,往往会用到一些不同的词汇,如意图(intent)、使命(mission)、愿景(vision)、目标(objectives)、战略(strategy)、策略(tactics)和政策(policies)等。对于意图、使命、愿景和目标的各自含义与用法,下面做一个简要说明。

"意图"通常是指希望达到某种目的的打算。战略意图在战略之外,或者说隐藏在战略背后,是战略决策者或企业的真正目的。但是,一个企业的战略意图是什么,一个企业所开展的一项业务活动的意图是什么,往往不一定为外人所知,因为声称的意图可能与实际追求的不同,而有些意图可能是决策者潜意识中所追求的,自己也不一定能明确表达。

"使命"通常的解释是派遣人去办事的命令,比喻重大的责任。从企业外部来看,战略使命是企业或业务区别于其他企业或业务而存在的原因,也就是说一项业务的结果满足了哪些客户的哪些方面的需要。

"愿景"是指企业成员渴望的企业未来状态。愿景不是预测未来,而是创造未来。在描述企业愿景时,不同企业可能有很大差异,有的企业可能把愿景描述为"成长为一个世界级企业",另外一些企业可能从企业、员工和股东等多个方面进行描述。

"目标"是指任务完成的程度。战略目标是企业希望实现的产出与绩效,是企业使命的具体化，通过它可以衡量企业的生产经营活动。

1.2 战略管理过程

1.2.1 战略管理的要素

战略管理与企业中的职能管理有本质的不同，表1.2对这些不同进行了比较。职能管理者主要处理企业内部特定部门的活动和管理问题，如产品的有效生产、销售队伍的管理、财务业绩的监控或者旨在提高客户服务水平的新系统的设计，尽管这些都是很重要的工作，但它们实际上是在企业已有发展战略的指导下，由企业中有限的一部分机构来承担，关注的是对已有资源的有效管理。职能管理者大部分时间都是在进行业务的开拓或运营的控制，尽管其对战略的有效实施至关重要，但却与战略管理不同。

表1.2 战略管理和职能管理的区别

战略管理	职能管理
模糊性/不确定性	常规性
复杂性	单一性
全企业范围内	与具体经营活动相关
根本性	局部性
有长期影响	有短期影响

战略管理的范围比职能管理的任何一个领域都更为广泛，它关注的是在模糊的、非常规的环境中可能影响整个企业的复杂问题，而不仅是某个具体经营活动的问题。这对于那些习惯于对所控制资源进行日常管理的管理者来说，是一个重大挑战。对于那些经过多年培训，从事日常运营工作并承担相应责任的管理者来说，这更是一个问题。若想从事战略管理或影响战略的制定，管理者需要培养全局观念，能够既见"树木"，又见"森林"。战略管理具备一定的复杂性，需要在对困难问题"概念化"的基础上做出相应决策和判断。但是，许多管理者的早期培训和经历都是与采取行动或进行详细的计划及分析有关。

战略管理也并非只是针对企业所面临的重要问题做出决策，它还要保证战略能够奏效。战略管理由三个主要环节组成，包括战略分析、战略选择和战略实施，如图1.7所示。

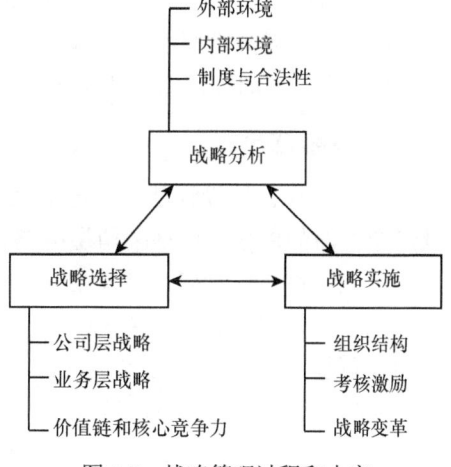

图1.7 战略管理过程和内容

1. 战略分析

战略分析需要考虑很多方面，如外部环境、内部资源和能力以及利益相关者的期望和影响，由此产生的一系列问题对制定未来发展战略是至关重要的。外部环境在发生什么样的变化？这些变化又将如何影响企业及其业务？企业具备什么样的资源和能力？这些资源和能力能否为企业增加竞争优势或创造新的机会？企业利益相关者（如管理者、股东、工会或其他利益相关者）对企业的期望是什么？各个利益相关者的期望将如何影响企业未来发展？

（1）外部环境。企业生存在复杂的人口、政治、经济、社会、技术和地域背景中。环境在不断变化，不同的企业所处的环境也不尽相同，有些企业面临着比其他企业更为复杂的环境。环境中各种可变因素，有些会为企业带来机遇，有些也会带来威胁，或机遇与威胁并存。但是，企业面临的一个问题是，环境中存在着那么多的可变因素，逐一发现并分析各个可变因素是不可能的而且不现实。因此，一个可行的方法是将企业所面临的复杂情况加以简化，从中找出对企业有重要影响的环境因素。

（2）内部环境。企业的资源和能力构成了企业的核心竞争力。鉴别企业核心竞争力的方法之一是分析企业的强项和弱项（如它擅长什么或不擅长什么），以便掌握那些可能影响企业未来战略选择的内部限制因素。有时，企业的某些特有资源（如特定的地理位置）也可能提供竞争优势；但是，能为企业提供真正竞争优势的能力更可能是企业的业务活动、专长和技能等的组合。核心竞争力为企业提供了竞争对手难以模仿的优势。

（3）制度与合法性。企业主要应该为谁服务，管理者如何承担相应责任，企业经营活动和战略行动是否取得政府与社会各界的理解及支持。利益相关者的不同期望会影响企业的目标，并决定可以接受管理者提出的哪些发展战略。企业内部文化和外部环境文化都将影响企业对战略的选择，这主要是因为企业的环境和资源影响因素很可能被转化成隐含在企业文化内部的一些假设条件。

考虑企业的战略背景需要放眼未来：企业的现行战略是否能够应对企业环境的变化？现行战略能否实现具有影响力的利益相关者的期望？现行战略不可能与未来愿景完全匹配，有时可能需要微调，有时则可能需要进行彻底调整，这又涉及企业战略背景中的另外一个重要问题，即评估企业所需战略变革的重要性及企业实施战略变革的能力。

2. 战略选择

战略选择包括设计战略备选方案，选择并确定最终战略方案。企业的战略方案涉及三个方面的内容，包括公司层战略、业务层战略、价值链和核心竞争力。

企业的高层管理者将考虑公司层面的战略问题，即企业的业务范围、各项业务间的关系和公司总部如何为各项业务创造价值等。例如，公司总部作为各业务单位的母公司，可以通过开发业务单位间的协同效应来创造价值，也可以通过资源调配（如财务）或通过提供某种独特的能力（如市场营销或品牌建设）来创造价值。当然，这也存在一个危险，就是公司总部不但不能增加价值，反而成为业务单位的一项成本负担，从而破坏了价值。

企业也面临着如何在业务单位层面开展竞争的战略选择，这就需要在了解市场和客户的基础上，识别企业竞争优势的来源和企业具有的核心竞争力。

企业在价值链上有多种选择。在价值链的总体结构上，可以选择自建，或者选择外包、并购和联盟。从核心竞争力的角度来说，企业如何在设计和实施目前战略与新战略的同时，根据企业未来发展的需要，有意识地构造企业未来发展所需要的能力是战略中的一个关键内容。

关于如何对备选战略方案进行评估，并选择最优的战略方案，鲁梅尔特（Rumelt，1997）给出了四条原则。

一致（consistency）：战略方案中的行动、政策和措施必须与战略目标保持一致。

协调（consonance）：战略必须对外部环境及其关键变化做出适当的反应。

优势（advantage）：战略必须在所选择的业务领域建立和保持竞争优势。

可行（feasibility）：战略的实施既不能加重可用资源的紧张程度，也不能带来难以解决的新问题。

3. 战略实施

战略实施就是确保战略转化为行动。战略不只是一个好主意、一份陈述或一个计划，战略的意义只有通过战略实践才得以体现。战略实施涉及组织结构的调整、资源的重新分配、新的考核机制的建立等。如果新的战略与旧的战略差异巨大，那么战略变革就会引发企业内部和外部关系的重大调整，其中涉及的问题就更为复杂。

企业的战略管理对企业的决策者具有很大的依赖性。大企业为了应对环境的动态性，需要战略决策者具备企业家精神；创业企业为了实现企业的成长，需要发现和建立核心竞争力。一个企业是否拥有一个符合企业需要的战略决策者，或者说企业是否拥有一个合格的战略家成为企业设计和实施战略的关键。

1.2.2 战略管理的多种视角

传统的战略管理理论把战略管理假定为一个战略方案制订和实施的理性过程。但是，许多学者对企业战略管理实践的研究发现，战略管理的过程相当复杂，战略的形成过程更是多种多样。明茨伯格对有关战略研究的不同观点进行分析，总结为十个观点，对应十个学派。这十个学派分别为设计学派、计划学派、定位学派、企业家学派、认识学派、学习学派、权力学派、文化学派、环境学派和结构学派。

许多学者对企业战略管理实践进行了研究，发现实际情况与 1.2.1 小节所描述的战略分析、战略选择、战略实施的阶段划分是不一样的，战略形成过程并非高层管理者完全控制的，战略的制定和实施也难以明确划分，在战略形成和实施过程中许多非经济的因素，如权力斗争、文化惯性等也发挥着制约和影响作用。

1. 战略的自发产生

在战略管理实践中，有许多战略经过了精心设计并认真实施，也有许多战略事先没有经过战略决策者的明确设计,而是在企业经营过程中经过一步一步的决策逐步形成的。在前一种情况下,战略管理者完全控制了战略形成过程;在后一种情况下,战略管理者对战略形成过程的控制却很少,战略往往是在实际行动者的决策过程中逐步实现的。

明茨伯格认为,已实现的战略(realized strategy)实际上有些是预谋的战略(intended strategy),有些是自发产生的战略(emergent strategy),但是预谋的战略有些并没有实现。因此,战略既能被精心制定也能自发形成,一个实现的战略可能是经过深思熟虑的战略(deliberate strategy)制定过程的结果,也可能是响应环境的变化自发产生的,如图1.8所示。

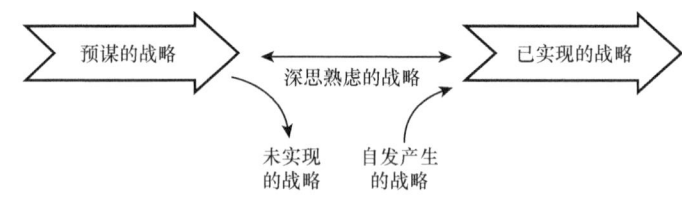

图1.8 战略的一种分类

2. 战略制定与实施密不可分

传统的战略管理过程基本上是先制定战略,再实施战略。尽管现实中的许多战略并不是如此,但却反映了一种人们对理性和可控制性的渴望。当前,许多企业在战略管理中仍然渗透着这一思想,并通过不同的方式表现出来。战略的学习学派认为,战略的形成乃至战略管理是一个不断学习的过程,战略制定过程和实施过程不能分开。在企业的战略实施中,许多战略是决策者经过多次尝试或试验后,才逐渐明确和固定下来的。要理解这一点,最好是把战略的形成与战略报告的形成区分开来。战略报告从起草到完成可能花费较短的时间,但是很难想象,高级经理在对未来没有任何想法的情况下,仅仅开一次会,写一个报告,就把战略确定下来。当然,有很多企业确确实实有这样的战略,但是这样的战略往往连制定者本人也不相信,更谈不上实施。一般情况下,战略思想和方案的形成是一个经过实践、认识、再实践、再认识的不断学习的结果。也许在高层管理者头脑中,战略方案的形成是一个顿悟的结果,但这种顿悟却是经过长时间的思考和亲身体验之后产生的,是长期思考后认识上的一个飞跃。

3. 战略形成中的权力斗争

企业是由充满梦想、希望、嫉妒、利益诉求及恐惧感的人构成的。由于人们之间的认知差异和利益冲突,战略形成过程也有可能演变为路线之争。一些小企业或很专制的企业在经营过程中可能暂时避免公开的权力斗争,但也有一些企业完全被权力斗争所控制,以至于每做一项战略决策便如临战场。为了使自己所主张的战略获得实施,企业采取了许多方法。有时企业为了解决目标之间的冲突,可能采取在不同时间关注不同目标的办法,就像一个政治组织采取先解决一个问题,然后再解决另一个问题的办法,解决来自"左倾"和"右倾"相互冲突的压力。企业同样也可采用先解决一个，然后再解决一个的办法解决来自"使生产顺利"和"使客户满意"相互冲突的压力。有时一个人为了使自己所主张的战略获得通过，有可能建立权力联盟。如果高层管理者能预料到一个对立战略联盟形成的可能性，那么他可以通过吸收支持这一战略的中层管理人员来建立另一个联盟，并使得组织中人人皆知该联盟正在支持企业战略，从而减少了对立联盟的机会。

不仅战略管理中存在权力斗争，战略还会成为权力斗争的工具。在某些国有企业，企业领导者要实施新的战略或者外聘咨询单位做战略咨询，有时不是为了战略本身，而是为了排除异己，将对手清除出去。当采购、物流、生产和销售都被一个利益共同体或者经理人队伍控制后，企业家没有其他办法，只好采取新的战略，这种战略可以慢慢地瓦解这些"死党"，甚至将其一网打尽。在某些民营企业，当企业职业经理人功高震主或者老板想"卸磨杀驴"时，实施新的战略或者战略变革是企业老板踢掉职业经理人的有效手段。

1.3 不同情况下的战略管理

1.3.1 环境动态性与战略管理

随着全球一体化和信息技术的快速发展，企业经营环境也呈现出加速变化的趋势。企业经营环境不同，有效的战略管理方式也不同，也就是说战略管理本身也需要战略。经营环境在三个容易辨别的方面有所不同：不可预测性（你能否预测它）、可塑性（你可以单独或与他人合作塑造它）和严苛性（你能否活下去）。将这些维度组合成一个矩阵显示出五种不同的环境，每种环境都需要一种独特的战略制定和实施方法（里维斯等，2016）（图1.9）。

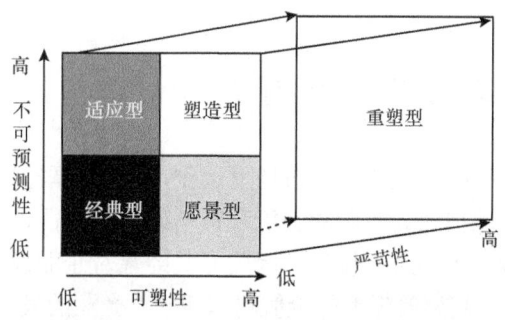

图1.9 环境动态性与战略管理方式

经典型战略：如果行业前景可以预测但难以改变，企业应采用经典型战略。由于行业环境难以改变，因此需要寻找好的市场定位，打造企业的核心竞争力，以获得可持续的竞争优势。经典型战略的思维逻辑是：分析、设计和实施。

适应型战略：如果行业前景既难以预测又难以改变，企业应采用适应型战略。适应型战略强调不断尝试新事物，而不像经典型战略依赖分析、预测和优化。适应型战略的思维逻辑是：改变、选择和推广。首先，他们需要不断改变方法，提出大量的战略选择方案，并对其进行检验；其次，他们需要仔细选择其中最成功的战略；最后，进行推广和利用。一旦经营环境发生改变，企业还需要迅速重复这一过程，以确保自身优势得以存续。

愿景型战略：如果行业前景可以预测并加以改变，企业应采用愿景型战略。尽管行业环境充满了不确定性，但企业决策者深信自己有机会创造新的细分市场或颠覆现有的市场格局。愿景型战略的思维逻辑是：设想、构建和坚持。首先，由企业领导者提出一个有价值而且可以实现的设想；其次，他们凭借自己的能力率先对该设想进行全面构建；最后，不断努力坚持去实现该设想。

塑造型战略：如果行业前景难以预测但有可塑性，企业应采用塑造型战略。在这样的环境中，企业有机会在行业发展的早期对其进行塑造或重塑，并对行业规则进行定义或重新定义。但是，仅靠一家企业的力量可能无法塑造整个行业格局，企业需要与其他各方携手合作，相互补充，共担风险，在竞争对手采取行动之前迅速构建新市场。塑造型战略的思维逻辑是：吸引、协调和发展。首先，要吸引其他利益相关者的参与，在恰当的时间点共同打造未来愿景；其次，要建立起一个平台并在这个平台上进行协调合作；最后，通过扩大平台规模以及保持平台的灵活性和多样性，对平台进行发展，同时积极建立与利益相关者之间的生态系统。

重塑型战略：如果企业生存在艰难的环境中，则应采用重塑型战略。企业之所以会陷入这种艰难的境地，有可能是因为企业的战略方法与环境长期不匹配，也可能是由企业外部或内部的动荡所造成的。当陷入严酷的环境中，企业必须想办法重新恢复活力并再度获得竞争力。重塑型战略的思维逻辑是：应对、节约和增长。首先，企业必须尽早认清不断恶化的环境并采取应对之策；其次，果断采取行动，调整业务重心，缩减成本，节约开支，筹集资源，支持企业的复兴之路；最后，企业必须从其他四个战略原型中选出一个供未来发展之需，以确保企业能够再次走上繁荣之路。

1.3.2　小企业与跨国公司

小企业一般在单一的或有限的几个市场上运作，提供有限的产品或服务。小企业一般不会有专门的部门来承担较为复杂的分析和市场研究工作，通常是高层管理者甚至是公司的创始人亲自负责与市场直接接触，因此，其经验对企业发展具有相当大的影响。事实上，在小型企业里，高层管理者的价值观和期望对企业的发展有极大的影响。

跨国公司所面临的主要战略问题与小型企业有很大的不同。跨国公司具有多元化的产品和不同的地域市场，它们经营着多种不同的业务，业务形式也多种多样。公司层次上的结构和控制及业务单位与公司总部之间的关系问题，通常是跨国公司考虑的主要战略问题。尽管跨国公司在特定的地理区域内可能会比任何一个小企业都具有更多的优势，但是业务单位所面临的许多战略问题与小企业所面临的问题是相似的。对跨国公司的母公司而言，一个重要的问题是如何根据各个业务单位的不同需求来进行资源的分配与协调。

1.3.3 制造型企业与服务型企业

尽管服务型企业和制造型企业之间存在着一定的差异，但它们之间的共同点日益受到重视。服务型企业的竞争优势更多地取决于客户对企业无形价值方面的评估，它包括所提建议的合理程度、企业员工的态度、办公环境和服务的快捷程度等。在制造型企业中，有形产品一直被认为是竞争战略的核心，服务仅仅是对产品的支持。因此，制造型企业的管理者通常认为他们比服务型企业的同行们对竞争战略有着更多的直接控制。但是，计算机制造业的情况表明，在一个充满竞争的世界里，竞争对手之间产品非常相似，仅仅通过改善产品功能还不能赢得新的客户，服务正在成为决定竞争胜利的关键因素，它包括推出新产品的速度、下单程序的便捷程度和有效的热线电话支持等。越来越多的人开始意识到，由于客户所见到的有形产品都非常相似，因此其他一些因素（如服务和品牌形象）在取得竞争优势上与产品本身具有同样的重要性。

1.3.4 创业企业与成熟企业

现在越来越多的人开始自己创业。创业企业所面临的问题与成熟企业所面临的问题有很大差异，也表现在战略管理上的不同。对于成熟企业来说，其战略选择会受到企业过去和现在的影响，企业在抓住机会的同时要善于利用过去积累起来的资源和能力。对于创业企业来说，它所面对的环境是复杂多变的。由于创业企业能够控制的资源十分有限，因此很难改变环境，唯一的选择就是适应环境。如果创业者在创业之初就花费大量精力对企业战略进行全面研究和计划，然后以此来指导行动，那最终结果很可能是痛失市场机会。实际上，当一个市场机会被详细调查清楚以后，机会或许已经不复存在。因此，如果创业者过多地关注管理的完整性，那么就无法应对以上这些复杂多变的局面了。但是，如果创业者需要吸引资本进入，那么制定一个较为完备的战略计划和系统的管理制度对投资者来说还是非常具有吸引力的。

习 题

1. 解释战略和战略管理的区别。
2. 解释企业战略内容的三个要素。
3. 比较企业获取竞争优势三种观点的区别。
4. 解释意图、使命、愿景和目标。
5. 解释预谋的战略与自发产生的战略的差别。

6. 解释鲁梅尔特战略方案评估的四条原则。
7. 选择一个企业，并说明企业战略的演变。

案例 1　联想集团的战略演变（1984～2018 年）

1. 1984～1989 年，计算机进口代理

1984 年 11 月，中科院计算所投资 20 万元人民币，总经理王树和、副总经理柳传志和张祖祥与其他 11 名科研人员一起创立了中科院计算所新技术发展公司。

公司成立之初，最令人头疼的事情，就是没有人知道自己该去做什么。整个公司就像无头苍蝇一样到处乱闯。先是倒卖电子表、旱冰鞋，还有运动裤衩和电冰箱，然后又筹划着倒卖彩色电视机。那时候彩色电视机是紧俏商品，人人想要。国家规定了出厂价格，可是你若拿到市场上去，就是给每台加上 1000 元，也能转瞬卖出。所以，当他们得知江西省的一个女人手里有大批彩电的时候，都相信赚钱的机会终于到了，便急忙派人汇款过去，谁知道那竟是一个骗局，计算所给公司的 20 万元开办费，一下子就被骗走了 14 万元。

柳传志早期的倒爷生涯就这样黯然落幕了。公司真正赚到第一笔"大钱"，来自每天被柳传志抱怨和不满的中科院。1985 年初，中科院购买了 500 台 IBM 计算机，其中的验收、维修和培训业务交给了公司，从而带来 70 万元的服务费。对柳传志来说，另一个重要的成果是，他说服了中科院有名的计算机专家倪光南加盟公司，担任总工程师职务。

当时，进口的昂贵计算机无法识别汉字和操作中文系统，倪光南的与众不同之处是，他发明了"联想功能"，倪氏汉卡利用中国文字中词组和同音字的特性，建立起自己的汉字识别体系，与其他汉卡技术相比，他把两字词组的重复率降低 50%，三字词组降低 98%，四字以上的词组几乎没有重复，这对于计算机的汉字输入技术来说，无疑是一个划时代的进步。1985 年初，倪光南已经完成了这项技术的所有研究，并将之命名为"联想式汉字系统"。

倪光南的加盟彻底改变了公司的航向，他的联想 I 型汉卡当年就销售了 300 万元，"联想"最终还成为这家公司的新名称。联想汉卡的知识产权对公司的贡献在第一个十年中是巨大的和无法替代的。最早的联想汉卡成本不到 2000 元，而销售价格能达到 4000 元，也就是说，一块汉卡的毛利率是 100%。

除去倪光南和研发团队对联想 PC（personal computer，个人计算机）的贡献之外，为"打通"采购渠道，便于做 AST 公司的代理，计算所在当时内地的对外窗口香港设立了一家名为"香港联想电脑公司"的公司。根据柳传志的回忆，北京联想集团有销售微机的国内渠道，却没有好的进货渠道。于是在 1988 年 4 月，"北京联想发展"（计算所公司）、中国国际贸易促进委员会下属的中国技术转让公司（技转公司）与港方导远公司（吕谭平等四位港商）成立了一家合资公司——香港联想。香港联想原始股本 90

万元港币，其中北京联想发展投入30万元港币，技转公司投入30万元港币，港方持股33%。

香港联想的业务主要靠两方面支持：一是依托北京联想发展在国内的保底市场，每年北京联想发展要卖出数以万计的微机，可以拿到AST微机（或其他微机）的总代理；二是有技转公司的巨额贷款，当时北京联想发展在香港还借不到钱，港商以30万元港币为限，没有再投资的义务和能力。而做总代理需要巨额资金的支持，香港联想的区区90万元港币股本金只是象征性的。只有技转公司在香港既有实力又有信誉，能提供外汇贷款。而柳传志的父亲柳书谷先生恰好是该公司的董事长。

2. 1990~2000年，从计算机代理到自主品牌电脑的制造和销售

1989年，联想在深圳引进了年产能力达100万块的主板生产线。同年，倪光南主持设计的联想286微机在德国汉诺威博览会上获得成功，当场与外商签订了2073台整机、2483块主板的订单。

1990年1月，柳传志召集香港公司12名经理，向他们提出一个问题：为什么AST微机能够风靡中国市场？那时候内地的人买一台AST/P386，要付33 900元。去掉进口商的折扣、关税和营销成本，还有24%的纯利润。联想公司决定，把经营重点由推销AST286的机器，转移到把自主品牌的产品推到市场上去。1990年3月，"联想286微机"通过检验，并获得了第一年生产5000台的生产许可证。

尽管拥有汉字处理技术和自主知识产权PC的生产能力，联想集团在20世纪90年代初期面临的却是一个跨国公司在华围剿民族计算机产业，意图消灭民族品牌的竞争环境。柳传志显然不是一位销售专家，但他的"组织才能"使他迅速又发现了一个可以为公司做出重大贡献的人才，他就是销售奇才杨元庆。

杨元庆1989年研究生毕业后就来到联想集团工作，表现出色。1991年，出任联想集团CAD（computer aided design，计算机辅助设计）部总经理，自上任后，该部的经营额每年均以超过100%的速度增长，多次获得美国惠普公司的"全球最佳代理奖"。显然，此时的杨元庆已经表现出了销售才能。

正是在柳传志忙于折腾"从国有到民营"和香港上市的时候，1994年29岁的杨元庆临危受命，领导联想微机部，大刀阔斧地实行了销售、管理等方面的创新。1994年，联想电脑就销售4.5万台，跻身中国市场三甲之列。1995年，联想电脑更是大放异彩，以超出130%的速度增长，销量稳居国内市场三甲，是前五位中的唯一国产品牌。同年，杨元庆出任联想集团助理总裁。

1995年6月30日上午，联想集团董事会宣布解除倪光南总工程师和董事的职务。关于此事件，有多种解释，而李致洁代表中科院在当时会议上的发言有助于我们对这一事件的理解。"我们认为在公司怎样进行研究开发和研究开发怎样立项方面，不能由科技人员最后说了算，要由企业的总负责人根据市场和公司的情况做决策，柳传志应有更大的发言权和决策权。"随着倪光南的离职，联想的科技骨干也纷纷离去，芯片设计、程控交换机等项目纷纷夭折，公司也不再设"总工程师"，科技开发战略研究在很长一段时间里也陷入瘫痪状态。

尽管极具前景的程控交换机项目被动下马,但是联想的 PC 业务却是步步上升。1996 年联想位居中国台式机市场第一名,并于当年夏天率先通过了 ISO 9001 国际质量认证。1997 年,联想电脑销售 50.1 万台,销售收入 50 多亿元,创造了中国信息产业的奇迹。1998 年杨元庆出任联想集团高级副总裁兼联想电脑公司总经理。当年联想电脑共销售 79 万台,跃居亚太市场第三。1999 年联想电脑完成 PC 销量 147.6 万台,年增长 87%。到 1999 年第四季度,联想电脑已连续 13 个季度保持中国市场第一,市场份额达到 27.3%;而在第三季度联想就以 8.5% 的市场份额第一次成为亚太 PC 销量冠军。

应该说,联想能在 20 世纪 90 年代取得如此巨大的成就首先是全球 IT(information technology,信息技术)业大发展的整体行业背景,在这 10 年中,得益于技术创新加快和成本价格稳步下降,IT 市场的规模在高速增长,PC 普及率的提高使市场总体的规模不断扩大。就是在"蛋糕"不断变大的时候,所有的厂商都从中受益。这期间,与联想一起在 PC 领域同期成名的例子还有福建实达和南京同创。对于联想在这一阶段的成功,杨元庆解释为:渠道、运营效率和产品。

3. 2000~2003 年,业务多元化探索

2000 年对于联想是非常重要的一年,该年 9 月销售额 200 亿元的联想集团进行重组。重组后的联想集团主要分为两大业务:以杨元庆为首的联想电脑公司主营业务是 Internet 接入端设备和以 ICP(Internet Content Provider)、ISP(Internet Service Provider)为主线的信息服务领域;以郭为为首的联想神州数码公司主营业务是电子商务推动的新型分销代理业务、以电子商务解决方案为核心的系统集成业务,以及网络产品业务。

当时的市场统计联想在国内 PC 占有率已经达到 28%(其他口径为 30%)。据当时担任联想董事会主席的柳传志回忆,那时联想电脑认为公司在 PC 市场占有率已经比较高,企业的盈利增长也在放缓,联想希望可以通过走多元化道路实现公司新的成长。在这个判断下,联想决定在系统集成软件和互联网两个领域进行发展。

2001 年 4 月 20 日,杨元庆在誓师大会上做出这样的承诺:在 2001 财年将实现 260 亿元的营业额,在 3 年规划内,联想的年增长率将达到 50%,利润的年增长率将达到 40%,到 2003~2004 财年终止,整个联想集团的营业额将达到 600 亿元。

企业组织机构也做出调整。除了研究院和财务、人事等部门外,联想被纵向划分为消费 IT、企业 IT、IT 服务、通信/手持设备、信息运营(互联网业务)和合同制造六大业务群组,每个群组都有独立的研发部和市场部等业务组织,彼此独立运作。

2002 年 3 月 21 日,联想集团入股国内领先的管理咨询及 IT 服务企业汉普国际咨询有限公司。6 月 26 日,联想品牌手机正式问世。10 月 28 日,联想集团携手中望商业机器有限公司,进军电信 IT 服务。通过这一系列的动作,联想先后进入网络、软件、服务、手机、数码产品等新领域。然而,在实施多元化战略的 3 年中,联想的发展并不尽如人意。

在 3 年的时间里,联想累计只完成了 50% 的销售增长,26% 的利润增长。此外,联想的核心业务也面临来自戴尔等竞争对手的严峻挑战。Gartner 发布的统计资料显示,2003 年,联想 PC 的出货量增加了 15.1%,市场占有率却仅为 21.3%,与 2000 年相比下降了近9个百分点；而戴尔出货量的增长高达63%，在国内电脑销售榜上跃居第二，并且增长态势不减。

痛定思痛，联想集团的管理层终于在2004年2月隆重推出了新三年战略：紧缩多元化战略，重新专注PC领域。杨元庆强调说："专注并不意味着我们将停止业务拓展、停止多元化。恰恰相反，正是为了更好地更稳步地实施多元化。我们不贪大求全，先学会二元化，再学多元化。"联想对业务进行了细致划分，第一类是核心业务，包括PC及相关产品（笔记本、服务器、外部设备等）业务，这是非常擅长并已具有较强竞争力的业务；第二类是要重点发展的业务，将主要集中在移动通信设备业务上；第三类包括IT服务、软件外包、网络产品等。

4. 2005年，并购IBM的PC业务实现国际化

早在2001年，IBM就曾向时任联想总裁的杨元庆表达希望他们收购其PC业务的想法，但这一提议遭到了联想董事会的反对，"风险"就是反复讨论的核心问题。非常巧合，就在2003年底，IBM的高层再次派人递来橄榄枝，希望和联想进行业务合作。经过多方面的分析，联想最终决定并购IBM的PC业务。2004年12月8日，联想集团与IBM共同签署了双方酝酿达13个月之久的转让协议：联想将斥资12.5亿美元购入IBM的全部PC业务。2004年底对IBM全球PC业务的收购，让联想成为拥有120亿美元营业规模、8%市场份额的全球第三大PC厂商。

2005年5月1日，联想正式宣布完成收购IBM全球PC业务，任命杨元庆接替柳传志担任联想集团董事局主席，柳传志担任非执行董事。前IBM高级副总裁兼IBM个人系统事业部总经理斯蒂芬·沃德（Stephen Ward）出任联想CEO（chief executive officer，首席执行官）及董事会董事。

为了稳定员工和客户，联想在合并初期不惜牺牲降低成本的速度，在人员组织、业务流程、销售等方面几乎不做出任何变化，IBM和原联想业务两条线同时展开，"两条腿走路，只是合署办公"。2005年10月，原IBM人马从IBM办公的盈科大厦搬到上地的联想中国总部，但是IBM PC中国业务仍然维持了原先的渠道和管理架构，这种状态一直持续到2006年7月。在新联想随后公布的13位集团管理层中，来自IBM的人士占了6席，包括CEO、全球首席运营官、首席市场官、产品开发负责人等重要职位。"稳定策略确实在帮助我们稳定业务、稳定队伍方面起到了非常好的作用。"杨元庆表示，"合并第一阶段顺利进行，比预期提前半年结束"。

2005年12月，联想对外宣布任命原戴尔亚太区总裁威廉·阿梅里奥（William Amelio）接替沃德成为新集团第二任CEO。被称为"刀子式人物"的阿梅里奥作风凌厉，行事高效，当时被董事会视为重组新联想的最佳人选。阿梅里奥随后重组了联想的组织结构，在联想和IBM全球产品、供应链、销售及研发系统初步合并的基础上，把全球销售与市场系统重新梳理，划分为四个区域进行管理与考核，18位区域经理以及总部各职能经理向他直接汇报，力求提高效率。

阿梅里奥同时也是联想削减成本的直接推动者。在2006~2007财年，通过对人力成本较高的欧美地区分阶段进行裁员，节省了2.5亿美金。此外，阿梅里奥还操盘向低成本国家转移生产制造、研发基地及部分供应链环节。裁员、减少运营成本加上规模采购的协同效应，联想2006~2007财年的业绩猛升，营业额达146亿美元，同比增长10%，盈利1.61亿美元。联想PC销量年增长12%，超于市场平均增长的10%，全年毛利率达14%。联想集团内部对此定性为：国际化战略初战告捷。然而，这份利润大幅增长的财报，主要还是依靠削减成本而来，而联想全球的大部分利润增长，主要仍然来源于中国市场。

2007年8月27日，宏碁宣布收购美国第四大PC制造商Gateway，其销售额一举超过联想，从联想手中抢得了全球PC制造第三的宝座。2008年1月30日，联想集团发布公告，将其间接全资拥有的联想通信科技有限公司作价1亿美元出售。联想称其理由是，"有助于联想贯彻其长期策略发展重心，使集团及管理层可以专注发展其核心PC业务，同时也使其手机业务得以独立运营，制定自己的战略方向"。

进入2008年后，联想的业绩出现了滑坡现象。其中的原因，在杨元庆看来也很明确，那就是在实现并购整合后PC业务向消费市场转型方面动作缓慢。IBM的PC业务原来主要为企业客户服务，但联想直到2007年末才成立独立的消费电脑部门，导致其没能把握住2004年之后快速增长的消费市场。

早在2006年5月，杨元庆就向阿梅里奥提出，要带队在德国蹲点。获得支持之后，杨元庆从中国抽调了几名业务骨干，在德国调研了不到两个月，就开始了新业务的设计。新业务的重点是争取中小企业用户。自1999年以来，IBM就放弃了零售市场，将业务重心集中于大企业客户。现在，杨元庆打算回到基层，在德国做一个试验，"看看在中国形成的行之有效的业务模式，能不能复制到其他市场"。新业务推出后，联想德国当季销售业绩增长了27%，其中"交易型业务"增长了40%以上；2006年三季度，联想德国的业绩增长了50%多。随后，交易型业务模式在印度也有很好的表现。杨元庆从印度和德国的成功开始感到，中国模式不仅仅对新兴市场，对于成熟市场、发达国家也同样适用，只需做一些改良。

2008年联想在市场上的节节败退随金融危机的到来而加重，杨元庆与阿梅里奥的矛盾也逐渐激化。冲突已经到达董事会层面，在董事会上，杨元庆对出现的问题及失误直言不讳，态度强硬。争执的结果是火烧到杨元庆自己身上。董事会希望柳传志重新出任董事长，代替杨元庆。柳传志按捺焦虑，依然引而不发。柳传志为杨元庆分析，"CEO的业务策略并没有马上出问题，而且在金融危机前还不错，我们看清的问题国际董事并没有看到，这种时候就要坚决不沾手业务，让董事会去了解情况，他们发现他不行，一定会撤换；但一纠缠进业务，就说不清了"。

2009年2月5日，联想集团公布截至2008年12月31日第三财季业绩，净亏损9700万美元。柳传志重新担任公司董事局主席，杨元庆重新担任CEO接替威廉·阿梅里奥的职位。随后的第四财季亏损2.64亿美元，导致全财年净亏2.26亿美元，为历来最大亏损。

5. 2009年后，杨元庆重新掌控联想

在出任CEO后，杨元庆秘密向董事会提交了一份为期4年的路线图，并据此提出了管理层激励计划。该计划共分扭亏及增长两部分。若计划完成，当年则发放 75%的激励奖金，剩余 25%递延到下年，4 年后若目标达成则会有更高的奖励。不过，即使在管理层内部，支持的声音也并不多。杨元庆回忆当时情形说："管理团队里大概除了我以外，绝大多数都相信第一年、第二年我们能够做到，但是第三年、第四年我们做不到。"

杨元庆制定的战略地图是："保卫+进攻"战略，即保卫中国业务及全球企业客户的业务，进攻全球消费业及新兴市场。杨元庆随即展开了一整套与之相应的部署。例如，联想此前曾有主攻新兴市场的计划，但是缺乏配套措施，最终不了了之。杨元庆力排众议，大胆将全球市场划分成两个新的业务集团：一个专注于成熟市场客户，另一个专注于新兴市场客户，而非以往按美洲、欧洲等区域划分方法。在产品架构领域亦分为 Think 产品集团和 Idea 产品集团，前者关注关系型业务以及高端的交易型中小企业市场，后者专注于新兴市场和成熟市场的主流消费者，以及交易型中小企业商用客户。

2010 年开启 PC+战略，杨元庆将原先 PC 战场的大将刘军调到智能手机领域，成立由刘军领导的移动互联和数字家庭业务集团。集团围绕着总体的 PC+战略，在 2014 年又进行了内部组织架构的调整，联想集团成立了四个新的、相对独立的业务集团，分别是 PC 业务集团、移动业务集团、企业级业务集团、云服务业务集团。

2016 年，杨元庆曾表示，联想的愿景是把从只做硬件设备的公司，向"设备+云"战略转变，联想要"吃着碗里的，看着锅里的，种着田里的"。2016 年 11 月，杨元庆正式提出了三波战略，即第一波战略保持联想核心 PC 业务全球领先定位和盈利能力；第二波战略拓展到智能手机和数据中心业务，希望尽快培育新的增长引擎以及利润引擎；第三波战略押注自然语言交互和人工智能，让联想的硬件设备更智能，让客户在使用联想设备后还与联想发生往来。

但 2010 年收购摩托罗拉、2014 年收购 IBM X86 服务器业务之后，第二波战略中的智能手机业务和数据中心业务并未成为联想新的增长引擎，反而成为影响联想财务表现的累赘，并且年复一年地让联想及其"舵手"杨元庆陷入舆论质疑。对此，杨元庆也在 Tech World 2017 上解释说："联想 PC 业务一年可以赚十几亿美元，如果不是坚定落实三波战略，在移动业务、数据中心业务、第三波战略上投资，我们今天本可以交出非常漂亮的成绩单，但我们从来没有犹豫过。""从财务上看，现在联想不在理想状态，但这就是转型的代价。"杨元庆强调，通过第二波战略、第三波战略的投入，"联想的未来是可以期待的，绝不要被现在的财务状况所蒙蔽。"

2016 年，联想挖来微软亚洲研究院原副院长芮勇，并在芮勇牵头下，于 2017 年 3 月成立联想人工智能实验室。原来联想研究院部门的人工智能人才大约是 50 多人，从 50 多人扩充到 100 多人，管理团队来自中外多家企业、机构的技术大牛，其中包括德国人工智能研究中心技术领袖徐飞玉博士。从职能上划分，联想人工智能研发包括 AR（augmented reality，增强现实）、投影音响等前沿产品研发，语音识别、知识图谱和大数据结合的技术部门，创新设计部门，人机交互方式优化部门以及全球技术枢纽部门等。

在 Tech World 2017 上，联想一口气推出了 10 款人工智能产品。其中包括在生活场景中应用的联想智能音箱"SmartCast+"、AAVA 咔哇虚拟助手、SmartVest 智能心电衣，工作场景的智能远程协同 AR 眼镜 dayst AR 晨星、PC 智能情境引擎 LCE、联想智能服务 Smart Service，社会场景中展示联想计算力在"基础设施+云"上的产品、平台及解决方案等。杨元庆还宣布了与京东在大数据上的合作，以及与蔚来汽车在智能驾驶上的合作等。

在营业额创下 3 年新高之后，联想集团 2018 誓师大会于 2018 年 4 月 17 日在北京钻石球场举行，与联想紧锣密鼓在美国罗利、希腊雅典和日本东京三城三大洲举行的誓师大会共同拉开联想新财年的序幕。杨元庆用一套"一二三四五"的组合拳谋划新财年，即"一个联想，两大转型，三波战略，四场战役，五个小目标"，并要让智能化嵌入到"三波战略"的每一个业务、价值链的每一个环节中。联想未来将在"一个联想"体系下实现从单一业务到多元业务、从以产品为中心到以客户为中心的转型。四场战役为：PC，继续保持领先的盈利能力；移动业务，积极求进，满血图新；数据中心，实现可持续的盈利性增长；人工智能，打造新的竞争优势。而在"五个小目标"中，杨元庆给联想制订的目标是：完成新型智能设备营业额达到 10 亿美元，软件和服务总营业额达到 20 亿美元，PC 增值服务渗透率提升 1 个百分点，数据中心业务营业额达到 15 亿美元，智能化解决方案的营业额和客户数各增长 3 倍。

资料来源：该案例由作者根据众多公开资料整理而成

【问题】

1. 联想集团自成立以来战略发生了哪些变化？
2. 联想集团历次战略变化的动因是什么？

第 2 章 外部环境分析

企业的绩效是由企业的内外部环境和管理者采取的行动决定的,企业战略必须与企业所处的外部环境和企业的内部环境相适应。研究企业的外部环境,其目的在于发现外部环境变化的趋势和方向,识别这种变化对企业发展带来的机会和威胁。本章首先介绍了环境构成与分析技术,随后解释了总体环境、行业环境、客户和竞争对手的分析方法,最后探讨外部环境视角下的企业战略选择问题。

2.1 环境构成与分析技术

2.1.1 战略分析与 SWOT

正像第 1 章所介绍的,制定战略的前提是对企业的外部环境和内部环境以及利益相关者的期望进行分析。战略分析最为核心的问题是如何将企业的能力(资源能力、人才与技术能力等)与所处的环境相匹配。

分析企业和行业环境的一个最基本方法是 SWOT 分析。SWOT 代表强项(strength)、弱项(weakness)、机会(opportunity)和威胁(threat)。强项与弱项分析是针对内部能力的分析,而机会与威胁分析是针对外部环境的分析。在本书中,我们采用了强项和弱项的说法,而没有采用其他教科书中所用的优势和劣势,目的在于把企业资源和能力上的强项和弱项与企业在争夺客户时的竞争优势和竞争劣势相区分。

1964 年在瑞士苏黎世举办的《长期战略规划》(Long Range Planning)杂志研讨会上,Urick 和 Orr 提出了 SWOT 分析的概念。在 1971 年安德鲁斯的《公司战略概念》一书中,建立了 SWOT 的分析框架,强调好的战略要确保企业所面临的外部环境(机会和威胁)与其内部特质(强项和弱项)相适应。但是,对于如何分析其中的每一个要素并没有系统的分析内容。波特的贡献在于建立了外部环境分析的内容和逻辑,资源基础学派则深入探讨了企业内部分析的具体因素。SWOT 分析的目的是了解企业当前的强项和弱项在多大程度上与经营环境的变化相关以及在多大程度上能够应对这种变化。同时,SWOT 分析还可用于评估企业是否有机会进一步利用已有的独特资源和核心竞争力。

在对外部环境和内部环境进行分析之后,通过 SWOT 分析总结经营环境和企业战略能力方面的最有可能影响战略制定的问题,能够为企业战略选择提供一个很好的基础,用以帮助企业判断将来可以采取的行动。需要指出的是,一些战略制定人员不是对外部环境和内部环境进行系统的、结构化的分析，而是通过拍脑袋的方式，直接提出强项、弱项、机会和威胁，这样的做法往往不能取得新的战略发现。

从分析程序上来说，应该在对企业进行外部环境分析、内部环境分析和合法性分析之后才做 SWOT 分析。考虑到第 4 章中，把制度环境和企业的合法性单独列为一章，那么在进行 SWOT 分析中，可以把制度环境分析中得出的对企业经营有利和不利的因素分别放在机会和威胁中，把企业合法性中的强弱因素分别放在强项和弱项中。

2.1.2 外部环境的分析技术

目前，企业面临越来越混乱、复杂、全球化的外部环境，很难准确把握。为了对付那些含糊且不完整的有关企业外部环境的数据，企业一般会进行外部环境分析，以增进对外部环境的了解。这种分析是一个连续的过程，包括搜索、监测、预测和评估。

（1）搜索。找出环境变化和趋势的早期信号。
（2）监测。持续观察环境变化和趋势，探索其中的含义。
（3）预测。根据所跟踪到的环境变化和趋势，预测结果。
（4）评估。依环境变化或趋势的时间点和重要程度，决定企业的战略和管理。

研究环境的一个重要目的是捕捉并分辨出企业的机会和威胁。机会是那些能帮助企业获得竞争优势的环境条件，威胁是那些会妨碍企业获得竞争优势的环境条件。

用来分析环境的资料很多，包括各种各样的印刷材料（如贸易出版物、报纸、商业出版物、学术研究结果和公众的观点等）、贸易展览会、与客户和供应商及竞争企业的员工交谈的内容，甚至与生意有关的"传闻"。另外一个资料和信息来源是那些在与外界互动的工作岗位上工作的人，如销售人员、采购经理、公共关系主管和人力资源经理。

1. 搜索

搜索包括对环境各方面的研究。通过搜索，企业能够辨认出环境潜在变化的早期信号，了解正在发生的变化。搜索时企业通常需要处理意义不明确、不完善和相互不关联的数据和信息。环境搜索对那些处在剧烈变化环境中的企业尤其重要。另外，搜索的做法应当和企业的背景相协调，为一个处在动荡环境中的企业设计的搜索系统，并不适用于处在相对稳定环境中的企业。

2. 监测

监测，即分析家们观察环境变化，看在那些由搜索定位的领域里是否会出现重要的趋势。成功监测的关键在于觉察不同环境事件所具含义的能力。例如，在非洲裔美国人中，中产阶级家庭的数量持续增长。由于财富增加，这部分公众开始更加迫切地寻找投资机会。从事理财业务的企业可以监测这种经济方面的变化，以此判断一个重要的竞争趋势和商业机会是否正在出现。例如，福尔德公司的一个客户想知道竞争对手是否将着手使其成本更具竞争力。福尔德公司的分析师从互联网和当地报纸上的文章中寻找有关竞争对手 CEO 的资料，资料中说，这位 CEO 乘坐公共汽车到邻近的城镇参观下属工厂。福尔德公司据此认为:"这短短的几句话是一个重要的提示,该公司对成本的敏感性令人难以置信。"还有一个客户委托福尔德公司帮助确定一家私有企业的规模、优势及技术能力。起初,很难获得详细资料。后来一个分析师通过 Deja 新闻网(www.dejanews.com)进入某个在线讨论小组。分析师研究发现该公司在一个用户网的小组公布了 14 个空缺职位。这个公告成了竞争者制定战略的依据。

3. 预测

搜索和监测是与某个时点上环境中的事件相关的。所谓预测,就是指分析家对将来做出预测,分析得出合理的结论,说明根据以上搜索和监测探知的那些变化与趋势,告诉人们将会发生什么,何时会发生。例如,分析家们可能要预测一种新技术市场化所需要的时间;多长时间后,员工的构成会出现某种预期的变化,需要不同的企业培训程序;在政府税收政策改变后,多久会影响到消费者的购买模式。

预测按定性和定量可分为多种方法。定性预测包括经验推断、专家调查、情境分析等;定量预测包括时间序列、回归分析、系统模拟等。定性预测和定量预测并不是相互排斥的,而是可以相互补充的,在实际预测过程中应该把两者有效结合起来。

4. 评估

评估的目的,是要判断环境变化趋势对企业战略管理影响的时间点和显著程度。通过搜索、监测和预测,分析家们应该能够了解环境,要明确指出这些了解对企业的意义。

2.1.3 外部环境的分类

外部环境是指存在于企业之外、不被企业控制但是能对企业决策和绩效产生影响的外部因素的总和。企业的外部环境一般分为三个主要层次:总体环境、行业环境、客户和竞争对手。

总体环境包括影响到一个行业和企业的各种因素。这些因素细分为:人口、社会文化、经济、政治法律、技术和区位环境。企业不可能直接控制这些总体环境因素。成功的企业会收集相应种类和数量的信息,了解总体环境的各方面因素及其意义,以便制定和实施适当的战略。

行业环境包括新进入者的威胁、供应商、买方、替代品,以及当前竞争对手之间竞争的激烈程度,它们直接影响一个企业及其竞争行为。这五种因素之间的互动关系决定了一个行业的盈利能力。企业面临的挑战在于,需要在行业中找到一个能够有利影响这些因素的位置。

客户和竞争对手分析更需要针对性,需要对关键的客户和竞争对手进行分析。在此基础上,才能发现战略上的应对之策。

对总体环境、行业环境、客户和竞争对手三种外部环境的分析,共同影响企业的战略意图、战略使命和战略行动的制定。对总体环境的分析着眼于未来的机会和威胁，对行业环境的分析重点在于了解影响企业盈利能力的条件和要素，对客户和竞争对手的分析主要是为了跟踪预测客户需求的变动、竞争对手的行动、反应和目的。

2.2 总体环境分析

总体环境包括人口、经济、社会文化、技术、政治法律和区位环境。每一个要素又可以细分为多个具体要素。在总体环境分析中，要分析哪些具体的环境因素对行业产生了或即将产生影响，影响的方向和程度如何（表2.1）。

表2.1 总体环境的细分项目、具体要素及中国的环境特征

总体环境的细分项目	具体要素	中国的环境特征（样例）
人口环境	人口总数	2017年末中国总人口为139 008万人（不含港、澳、台）。
	民族构成	中国共建了155个民族自治地方，其中包括5个自治区、30个自治州、120个自治县（旗）。
	年龄结构	2017年末60周岁及以上人口24 090万人，占总人口的17.3%；其中：65周岁及以上人口为15 831万人，占总人口的11.4%。
	收入分布	2016年中国的基尼系数为0.465。
	地理分布	2017年末城镇常住人口81 347万人，占总人口比重为58.52%
社会文化环境	宗教信仰 动物保护和环保意识 工作和职业取向 产品和服务需求偏好 对传统文化的认识 价值观	中国的宗教主要有佛教、道教、伊斯兰教、天主教和基督教。 2018年通过的《中华人民共和国宪法》中，写入了"生态文明"和"美丽"。 自由职业越来越受青睐，国家制定了相应的政策法规。 "互联网+"正在改变传统产业，个性化需求被大量创造和满足。 2008年起，人们开始享受清明、端午、中秋等新的法定假日。 全球化和信息化的叠加，使得中国人的价值观更加多元化
经济环境	国内生产总值	2017年，中国国内生产总值827 122亿元，比上年增长6.9%。
	贸易赤字或盈余	2017年，中国货物进出口总额277 923亿元，比上年增长14.2%。出口大于进口28 718亿元，比上年减少4 734亿元。
	财政赤字或盈余	2017年，中国全国一般公共预算收入172 567亿元，预算支出203 330亿元，盈余−30 763亿元。
	通胀率	2017年，中国居民消费价格指数（consumer price index，CPI）上涨1.6%，涨幅比上年回落了0.4个百分点
政治法律环境	反垄断法规	为细化执法标准，规范执法行为，针对《中华人民共和国反垄断法》，不断发布相关指南。如2017年发布了《关于滥用知识产权的反垄断执法指南（征求意见稿）》。
	劳动合同法规	2013年7月1日起施行修改后的《中华人民共和国劳动合同法》，强调"被派遣劳动者享有与用工单位的劳动者同工同酬的权利"。
	税法	自2017年1月1日到2019年12月31日，将科技型中小企业开发新技术、新产品、新工艺实际发生的研发费用在企业所得税税前加计扣除的比例，由50%提高至75%。
	管制趋势	2018年3月5日，李克强在政府工作报告中强调"深入推进'互联网+政务服务'，使更多事项在网上办理，必须到现场办的也要力争做到'只进一扇门'、'最多跑一次'"

续表

总体环境的细分项目	具体要素	中国的环境特征（样例）
技术环境	民间和政府研发费用的流向 新技术	2017年中国研究与试验发展（research and development，R&D）经费支出17 500亿元，比上年增长11.6%，与国内生产总值之比为2.12%。 2016年3月，阿尔法围棋与围棋世界冠军、职业九段棋手李世石进行围棋人机大战，以4比1的总比分获胜。2017年7月20日，国务院印发了《新一代人工智能发展规划》
区位环境	重要政治事件 新兴工业化国家 关键的全球市场 不同的文化和政治体制	美国总统唐纳德·特朗普2018年3月1日宣布，将对进口钢铁和铝产品分别征收25%和10%的关税。 2010年，中国经济总量超越日本，排名世界第二位。 2016年11月17日，第71届联合国大会第A/71/9号决议首次写入"一带一路"倡议，得到193个会员国的一致赞同。 根据世界银行《2018年营商环境报告》排名，在190个国家和地区中，排名前10的依次是：新西兰、新加坡、丹麦、韩国、中国香港、美国、英国、挪威、格鲁吉亚和瑞典，最后是索马里。根据非政府组织"透明国际"2017年度《全球清廉指数》排名，在世界180个国家和地区中，排名前10的依次是：新西兰、丹麦、芬兰、挪威、瑞士、新加坡、瑞典、加拿大、卢森堡和荷兰，最后是索马里

2.2.1 人口环境

人口环境包括人口总数、年龄结构、地理分布、民族构成以及收入分布等。企业应在全球的基础上分析人口因素，不应仅局限于国内。关注人口数量的变化说明了这一环境因素的重要性。在一些国家，快速增长的人口正在消耗大量的自然资源，降低人民的生活水准。引用一位作家的话："如果发展中国家用和工业化国家一样浪费的方式发展经济，人口数量的增长将给食物和水的供应带来越来越沉重的负担，甚至威胁到濒危族群的聚居地。"这预测着未来的主要挑战和商机。

中国是世界上人口最多的国家。2017年末全国总人口为139 008万人（不含港、澳、台），比上年末增加737万人，其中城镇人口为81 347万人，占总人口比重为58.52%，比上年末提高1.17个百分点。全年出生人口1723万人，出生率为12.43‰；死亡人口986万人，死亡率为7.11‰；自然增长率为5.32‰。根据国际社会通例，65周岁及以上人口占总人口7%以上或60周岁以上人口比重超过10%的社会被称为老龄社会或老年型人口国家。2017年末，我国65周岁及以上老年人有15 831万人，已经达到总人口的11.4%。据测算，到2020年，我国65周岁以上老年人口将占全国总人口的11.8%，21世纪中叶将占全国总人口的1/4。

2.2.2 经济环境

经济环境是指一个企业所属的或可能会参与竞争的经济体的经济特征和发展方

向，主要包括通胀率、个人储蓄率、利率、商业储蓄率、贸易赤字或盈余、国内生产总值、财政赤字或盈余等。经济全球化带来了国家之间经济的相互依赖，企业尤其需要搜索、监测、预测和评估本国之外的国家的经济状况。

2017年，中国国内生产总值827 122亿元，比上年增长6.9%。其中，第一产业增加值65 468亿元，增长3.9%；第二产业增加值334 623亿元，增长6.1%；第三产业增加值427 031亿元，增长8.0%。第一产业增加值占国内生产总值的比重为7.9%，第二产业增加值比重为40.5%，第三产业增加值比重为51.6%。按年平均汇率折算，中国国内生产总值超过12万亿美元，为世界第二大经济体。全年全国工业产能利用率为77%，虽然比上年提高3.7个百分点，但是产能过剩仍然严重。《BP世界能源统计年鉴（2017年）》显示，2016年中国占全球能源消费量的23%，占全球能源消费增长的27%。传统经济增长方式难以持续，加快经济发展方式的转变仍然是一项十分紧迫的任务。

2017年中国居民人均可支配收入25 974元。按常住地分，城镇居民人均可支配收入36 396元，农村居民人均可支配收入13 432元。尽管中国经济快速增长，但是从人均国内生产总值和人均可支配收入来看，中国仍然属于发展中国家，而且不同地区之间、城市和农村之间发展不平衡的问题依然突出。

2.2.3　社会文化环境

社会文化环境与一个社会的态度和价值观有关。各国和民族都有其各不相同的传统，但人们为适应环境的变化所进行的种种努力，使传统发生了变化。这种变化对企业经营也产生影响。首先，妇女参加工作使双职工家庭更加普遍，不仅影响企业的劳动资源，而且激发了对许多产品和服务的需求，包括用于减轻家务劳动负担的洗衣机、冰箱、微波炉、包装食品、托儿所等；其次，生育率的下降使人们对儿童保健食品、玩具、儿童医疗等方面提出了更多、更高的要求；再次，人们生活方式的改变，使时装、化妆品、高档耐用消费品以及旅游业、饮食业等有了更多的发展机会；最后，城市发展带来人口、交通、住房和环境污染等社会问题，这给欠发达地区企业的发展带来了机会，使其有可能获得新的业务拓展。所有这些，对企业经营的影响是显著的。

2.2.4　技术环境

技术环境包括与企业所处行业直接相关的技术手段的发展变化、国家对科技开发的投资和支持重点、该行业技术发展动态和研发费用总额、技术转移和技术商品化速度、专利及其保护情况等。

技术进步会给企业提供有利的发展机会，也会给某些企业带来威胁。数码相机替代了传统相机，手机几乎替代了数码相机。随着以阿里巴巴、京东为代表的电子商务企业的快速发展，传统的店铺销售受到很大影响。最近几年，被有关外国媒体评价出来的中国"新四大发明":高铁、支付宝、共享单车、网购正在改变中国企业的经营方式和中国人的生活方式。

某项新技术突破,有时会诞生一个新兴行业,但同时也会影响现有产品的生产周期以致摧毁一个传统行业。目前,技术进步的速度越来越快,投入研究开发的经费高速增长,技术创新的机会和途径更为宽广。所有行业,尤其是技术密集型和产品更新换代较快的行业,必须密切注视最新的技术发展趋势,以便采取促进技术创新、防止技术落后的战略行为。

克里斯滕森(C. Christensen)提出了破坏性技术(disruptive technology)的概念。破坏性技术带来与主流客户传统认识大相径庭的产品属性。主流客户不愿意在他们熟悉和了解的应用场合使用由破坏性技术生产的产品。可是,在一段时间后客户会发现新的科技可以更好地满足他们的需求。例如,在电子商务刚开始时,人们并不知道网上买卖的好处,网上购物也存在着许多不尽如人意之处,企业便通过折扣的手段来吸引消费者。随着客户的增多,网上零售商的技术也越来越完善,越来越方便客户的购买,加之网上商品比实体商店的商品便宜许多,从而增加了消费者的购买欲望。对于一些新进入者来说,利用破坏性技术更有可能超越行业领先者。

2.2.5 政治法律环境

政治法律环境包括一个国家的社会制度、执政党的性质、政府的方针、政策、法令等。自改革开放以来,我国的政治法律环境发生了巨大变化,但是政府对企业的管理还有许多需要改进的地方。2018年新修订的《中华人民共和国宪法》增加了监察委员会,这有助于从制度层面上消除官员的腐败行为。李克强总理在2018年的《政府工作报告》中,特别强调要"推进供给侧结构性改革,必须破除要素市场化配置障碍,降低制度性交易成本。针对长期存在的重审批、轻监管、弱服务问题,我们持续深化'放管服'改革,加快转变政府职能,减少微观管理、直接干预,注重加强宏观调控、市场监管和公共服务"。"推行'互联网+政务服务',实施一站式服务等举措。"在2013年到2017年的5年间,国务院部门行政审批事项削减了44%,非行政许可审批彻底终结,中央政府层面核准的企业投资项目减少了90%,行政审批中介服务事项压减了74%,职业资格许可和认定大幅减少。可以预见,营商环境将会持续改善。

2.2.6 区位环境

区位环境也称全球环境,包括新的全球市场、正在变化中的重要的国际政治事件以及全球市场重要的文化和制度特征。在前面几类环境因素的分析中,一般比较关注国内以及相关的一些全球因素。事实上,一些特别的属于全球的要素也要分析。例如,企业必须时刻注意新的全球市场,还有那些正在发生变化的市场。

区位环境在战略中具有重要性。波特在《国家优势》一书中提出的钻石模型,试图解释在某一区域的某一特定领域中影响生产率和生产率增长的各因素,诸如信息、激励、竞争压力、到达支持性企业的途径、制度与协会、基础设施和人力与技能库等。

波特的钻石模型如图 2.1 所示。一个国家、地区或集群的竞争优势,都是由四类要素共同决定的。这些要素可能会加强企业创造竞争优势的速度,也可能造成企业的停滞不前。

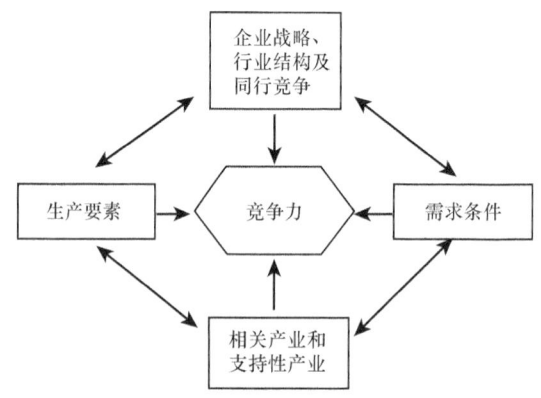

图 2.1　波特的钻石模型

（1）生产要素。一个国家的生产要素状况,包括人力资源、天然资源、知识资源、资本资源、基础设施等。

（2）需求条件。国内市场对某个行业的产品或服务需求的性质。

（3）相关产业和支持性产业。国内是否存在具有国际竞争力的供应商和关联辅助行业。

（4）企业战略、行业结构及同行竞争。国内支配企业创建、组织和管理的条件,以及国内竞争的本质。良好的行业结构有助于整个行业的绩效,而同行业竞争有助于引导企业努力寻求提高生产与经营效率的途径,反过来促使它们成为更好的国际竞争企业。

在四类主要要素中,生产要素、需求条件基本属于先天性的"区位要素",企业改变它们的可能性不大,而相关产业和支持性产业的发展则有赖于产业集群本身的吸引力与政府的扶植,企业对其只能引导和促成而难以控制。因此,企业唯一能完全把握的,便是企业自身的战略。战略的本质是在企业自身的资源和外部环境之间建立联系,因此,钻石模型所揭示的产业环境不可避免地要对企业的战略产生影响,企业战略反过来也会对整个集群的竞争力产生影响。

2.3　行业环境分析

2.3.1　行业的总体态势

关于行业的定义已经很多,在此引用最常见的一种定义:"一个行业由一群生产相近替代产品的企业组成，这些企业在行业中共同生存、共同竞争。"行业是企业面临的最直接的外部环境，因此对企业的影响非常重大。一般来说，每个行业内都有很多种竞争战略的组合，企业可运用这些战略以获得竞争优势和超额利润。这些战略之所以被采纳，很大程度上是由行业的特征所决定的。

在战略研究中，对行业的关注主要包括行业的集中度、行业的成熟度、行业在国民经济中的地位以及行业的国际化程度等。其中，行业的结构决定了一个行业的利润率。在战略管理中，所谓行业结构分析，主要指的是波特的"五力"模型。

2.3.2 五种基本竞争力量分析

按照波特的观点，一个行业中的竞争，远不止在原有竞争对手之间进行，而是存在着五种基本竞争力量，它们是潜在进入者的威胁、替代品的威胁、购买者的议价能力、供应商的议价能力及现有竞争者之间的竞争，如图 2.2 所示。

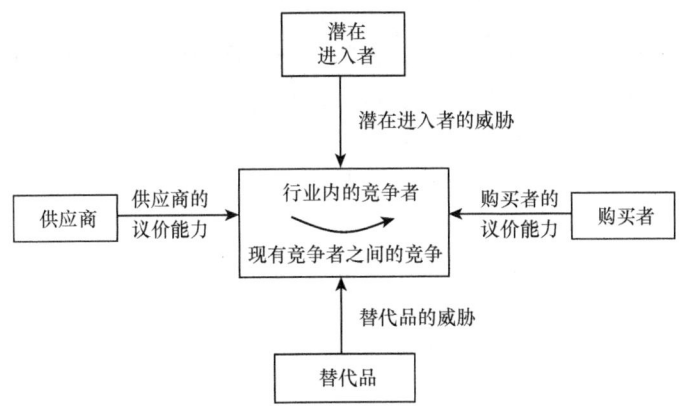

图 2.2 波特的五种竞争力量模型

这五种基本竞争力量的状况及其综合强度，决定着行业竞争的激烈程度，从而决定着行业中获利的最终潜力。在竞争激烈的行业中，任何一家企业都难以获得惊人的利益。在竞争相对缓和的行业中，各企业普遍可以获得较高的利益。行业竞争日趋激烈导致投资收益率下降，直至趋近于竞争的最低收益率。若投资收益率长期处于较低水平，投资者将会把资本投入其他行业，甚至还会导致现有企业停止经营。在相反情况下，则会刺激资本流入和现有竞争者增加投资，所以，行业竞争力量的综合强度还决定资本流入本行业的程度。这一切最终将决定企业保持高收益的能力。

1. 潜在进入者的威胁

这种威胁主要是由于潜在进入者进入该行业，会带来生产能力的扩大，带来对市场占有率的要求，这必然引起其与现有企业的激烈竞争，使产品价格下降；另外，潜在进入者要获得资源进行生产，可能使行业生产成本升高。这两方面都会导致行业的获利能力下降。

潜在进入者威胁的状况取决于进入壁垒和在位企业的反击程度。如果进入壁垒高，在位企业激烈反击，那么潜在的进入者就难以进入该行业，潜在进入者的威胁就小。关于在位企业的反击程度，将在第6章分析。影响进入壁垒的主要因素有以下几点。

1）规模经济

大规模的经济性表现在一定时期内产品的单位成本（或者说生产一件产品的操作或运行的成本）随总产量的增加而降低。规模经济的存在阻碍了对产业的侵入，因为它迫使进入者或者一开始就以大规模生产并承担遭受原有企业强烈抵制的风险，或者以小规模生产而接受产品成本方面的劣势，这两者都不是进入者所期望的。规模经济几乎可以表现在一个企业经营的每一个职能环节中，包括制造、采购、研发、营销、售后服务、销售能力的利用及分销等方面。例如，对于乙烯工业的经济规模，1970～1980年，一般认为应达30万吨以上；1980～1990年，则认为45万～60万吨才能达到规模效益。我国18套乙烯装置平均生产能力21万吨，与当前45万～60万吨的规模经济水平相差太远，生产规模小，单位产品成本高。

2）产品差异

产品差异意味着现有的企业由于过去的广告、客户服务、产品特色或由于第一个进入该行业而获得商标信誉及客户忠诚度上的优势。产品差异建立了进入壁垒，它迫使进入者耗费大量资金消除原有的客户忠诚。这种努力通常带来初始阶段的亏损，并且常常要经历一个延续阶段。建立一个品牌的投资带有特殊的风险，因为如果进入失败，他们就会血本无归。

产品差异在如下行业可能成为最重要的进入壁垒：婴儿保健产品、无处方药品、化妆品、投资银行及公共会计行业。对于酿酒业来说，产品的差异性与生产、营销和分销的规模经济相结合构成很高的壁垒。

3）资本需求

竞争需要的大量投资构成了一种进入壁垒，特别是高风险或不可回收的前期广告、研发等。例如，施乐公司选择出租复印机的方式而不是销售它们，使流动资金的需求大大增加，从而形成主要壁垒，防止其他企业进入复印机行业。然而，当今大企业的财力是足以进入任何一个产业的，只有像矿业这类需要巨额资金的行业才会限制进入者的涌入。即便资金市场上可以提供资金，将这些资金用于行业进入也意味着较大的风险，这种风险反映在试图进入者须付出一定的风险溢价，这些构成了行业中现有企业的优势。

4）客户转换成本

客户转换成本是指买方从原供应商处采购产品转换到另一供应商那里时所遇到的一次性成本。转换成本可能包括员工重新培训成本、新的辅助设备成本、检测考核新资源所需的时间及成本，由于依赖供应方工程支持而产生的对技术帮助的需要、产品重新设计甚至包含中断老关系需要付出的心理代价。如果这些转换成本很高，则进入者为使买方接受这种转换，必须在成本或经营方面有重大改进。例如，在生产静脉注射液和输液器具行业中，相互竞争的注射液产品用于患者的过程不同，吊装静脉注射液所需要的硬件也不通用。在此，转换产品会遭受来自负责注射的护士们的巨大阻力，并且需要在硬件设备上追加新的投资。

5）分销渠道

新的进入者需要确保其产品的分销，这一要求也构成进入壁垒。在某种程度上产品的理想分销渠道已被在位企业占有，新的企业必须通过压价、共同分担广告费用等方法促使分销渠道接受其产品，而这些措施的采用均降低了利润。例如，食品制造商为了说服零售商在竞争十分激烈的超级市场货架上留出一席之地摆放新食品，可能需要对零售商承诺进行促销并做出强劲的销售努力或采取其他办法。

6）与规模无关的成本劣势

在位企业具有一些潜在进入者无法比拟的成本优势，无论它们大小如何，以及是否已获规模经济优势。下面是一些关键的优势所在。

（1）专有的产品技术。通过专利或保密的方法，保持独有性的产品专有知识或设计特性。

（2）原材料来源优势。在位企业对原材料需求做了很好的预测，已经封锁了最好的原材料来源。

（3）地点优势。在位企业依赖所占有的有利区位，提高产品价格。

（4）政府补贴。在一些业务领域中，政府特惠补贴为在位企业带来长久优势。

（5）学习或经验曲线。学习曲线（learning curve），也称经验曲线，即随着产品累计产量的增加，单位产品的成本会以一定的比例下降。学习曲线体现了熟能生巧。它源于第二次世界大战时期的飞机工业，当产量上升时，生产每架飞机的劳动时间会极大地下降。随后的研究表明，在许多行业都存在这种现象。学习带来成本的降低，主要原因是，随着生产经验的丰富，提高了操作人员的操作速度，改进了操作程序，降低了报废率等。

（6）政府政策。政府能够限制甚至封锁对某行业的进入。例如，政府通过发放许可证或限制获取原材料的方法，对行业加以控制。在我国，具有这种明显约束的行业包括汽车制造、电信、银行及医疗等。

2. 现有竞争者之间的竞争

现有竞争者之间采用的竞争手段主要有价格战、广告战、引进产品以及增加对消费者的服务和保修等。竞争的产生是由于一个或多个竞争者感受到了竞争的压力或看到了改善其地位的机会。如果一个企业的竞争行动对其对手有显著影响，就会招致报复或抵制。如果竞争行动和反击行动逐步升级，则行业中所有企业都可能遭受损失。影响现有竞争者之间竞争激烈程度的主要因素如下。

1）竞争者实力差距大小

当行业中的企业为数众多时，必然会有一定数量的企业为了占有更大的市场份额和取得更高的利润而突破本行业规定的一致行动的限制，采取打击、排斥其他企业的竞争行为。这势必在现有竞争者之间形成激烈的竞争。即便在企业为数不多的情况下，如若各企业的实力相当，由于它们都有支持竞争和进行强烈反击的资源，现有企业间竞争也会激化。

2）行业增长速度

在行业增长缓慢的情况下，企业为了寻求发展，便将力量放在争夺现有市场的占有率上，从而使现有企业的竞争激化。而在行业快速增长的条件下，行业内各企业可以与行业同步增长，企业还可以在增长的过程中充分地利用自己的资金和资源，竞争就不会激化。

3）固定成本或库存成本所占比例

当行业固定成本较高时，企业为了降低单位产品的固定成本，势必采用增加产量的措施，结果又往往导致价格迅速下降。若产品保管起来非常困难或费用极高，企业就倾向于为尽快把产品销售出去而遭受降价的损害。

4）产品差异或客户转换成本

在产品或服务属于日常消费或近乎日常消费的行业，客户的选择很大程度要看价格与服务，这就会使生产者在价格和服务上展开竞争，使现有企业之间的竞争激化。同样，转换成本低时，客户有很大的选择空间，也会产生相同的作用。

5）行业生产能力变动

新的生产规模不断增加，必然会经常打破行业的供需平衡，使行业产品供过于求，迫使企业不断降价销售，强化了现有企业之间的竞争。

6）退出壁垒

退出壁垒包含经济上的、战略上的以及感情上的因素。这些因素使一个企业即使在收益低下，甚至投资收益为负的条件下仍然维持在该行业中的竞争。下面是退出壁垒的主要因素。

（1）资产专用性。资产涉及具体业务或地点的专用性高则其清算价值低或者转移成本高。

（2）退出的固定成本。这方面包括劳工协议、重新安置的成本、备件和维修能力等。

（3）内部战略联系。内部战略联系是指某经营单位与企业其他经营单位在市场形象、市场营销能力、金融工具及基础设施等方面的内部相互联系。这些因素使企业认为待在该行业中具有战略重要性。

（4）感情障碍。管理层不愿从纯经济角度理性地做出撤退决策，其中有许多原因，如对某具体业务的熟悉程度、对雇员的忠诚、对自己事业的担忧、自尊心及其他原因。

（5）政府及社会约束。这里包括政府出于对失业和对区域经济影响的关注而对撤出的否决与劝阻。

尽管退出壁垒与进入壁垒的概念有所不同，但它们共同构成行业分析的一个重要方面。当把退出壁垒与进入壁垒分成高或低两类情况时，可以把行业划分为四种类型，如图2.3所示。

从行业利润角度来看，最好的情况是进入壁垒很高而退出壁垒很低。在这种情况下，进入将受到抵制，而不成功的竞争者会离开该行业。当进入与退出一个行业的壁垒都很高时，利润潜力很大，但通常带有较大的风险。虽然进入行为受到阻挡，但行业里未获成功的企业将仍然坚持战斗。

图 2.3　进入和退出壁垒与盈利性

如果进入壁垒与退出壁垒都很低的情况不太令人感兴趣的话,那么当进入壁垒很低,退出壁垒却很高时,就是最糟糕的情况了。在这种情况下,进入很容易,并且可以被经济形势转好或者其他瞬间暴利所诱发。然而,当情况不妙时,生产能力无法撤离,结果生产能力仍聚集在该行业,利润长期低下。

3. 替代品的威胁

替代品是指那些与本行业的产品有同样功能的其他产品。替代产品的价格如果比较低,它投入市场就会使本行业产品的价格上限只能处在较低的水平,这就限制了本行业的利益。替代品的价格越有吸引力,这种限制作用就越牢固,对本行业形成的压力也就越大。正因为如此,本行业与生产替代产品的其他行业进行的竞争,常常需要本行业所有企业采取共同措施和集体行动。下述的替代品应引起该行业的注意:替代品在价格和性能上优于该行业的产品;替代品产自高收益率的行业。在后一种情况中,如果替代行业中某些发展变化加剧了那里的竞争,从而引起价格下跌或其经营活动的改善,则会使替代品立即崭露头角。

4. 购买者的议价能力

购买者可能要求降低购买价格,要求高品质的产品和更多的优质服务,其结果是使得行业内的竞争者们互相竞争厮杀,行业利润下降。影响购买者议价能力的主要因素如下。

(1)购买者的集中度。如果购买者们集中程度高,由几家大企业控制,这就会提高购买者的竞争地位。如果销售者行业急需补充生产能力的话,那么大宗的购买者就更具有特别有利的竞争地位。

(2)购买的产品占购买者全部费用或其全部购买量的比重。如果购买的产品金额只占购买者全部费用的一小部分,购买者通常对价格不是很敏感,无须议价。

(3)该行业购买的产品的标准化程度。标准化程度越高,购买者越相信自己可以找到可挑选的销售者,可使销售者之间互相倾轧。

(4)购买者的转换成本。高的转换成本将购买者固定在特定的销售者身上。相反,如果转换成本低,购买者议价能力就强。

(5)购买者的利润水平。当购买者的利润水平较低时,他们会千方百计地压低购买费用,要求降低购买价格。高盈利的购买者通常对价格不太敏感,同时他们还可能对维护与供应商的关系和利益从长计议。

（6）购买者后向一体化的倾向。有后向一体化倾向的购买者对销售者构成威胁，他们宁愿自己生产而不去购买。

（7）销售者的产品对购买者的产品质量或服务的重要程度。如果销售者的产品对购买者的产品质量影响很大，购买者一般在价格上不太敏感。

（8）购买者掌握供应商信息的充分程度。购买者对销售者了解得越多，在交易中越可能享有优惠价格，而且在受到销售者威胁时越可能进行有力的反击。

随着互联网的发展，行业结构也正在发生深刻的变化，表现在购买者方面，出现了两种完全不同类型的客户。这类市场被称为双边市场（two-sided market）或者双边网络（two-sided network），联结两类不同用户群的产品和服务被称为"平台"（platform）。例如，阿里巴巴的淘宝提供的移动商务平台，其中有两类完全不同的客户：消费者和商家。在淘宝平台上，一方面消费者和商家共同享受了淘宝提供的服务，另一方面消费者又购买商家提供的产品和服务。对于淘宝来说，消费者和商家具有同种重要性，没有消费者在平台上购物，就没有商家入驻平台；没有商家入驻，消费者自然也不会到淘宝上来购物。尽管淘宝属于新生事物，但是传统集市和以出租商铺物业为主的大型购物中心，其功能都与淘宝类似。最近几年，出现了许多以平台为主营业务的企业，如提供信息搜索服务的谷歌和百度、提供住房服务的爱彼迎（Airbnb）等。

双边网络的运行机制在双边网络的交易中总会出现三角关系。两个用户群体（网络的"双边"）通过一个或多个被称为"平台提供者"的中介进行互动。平台有一个架构，也就是为了促进网络用户互动而设置的一些产品、服务和基础设施，另外还有一系列的规则，也就是约束交易的各种协议、权利以及定价条款。平台表现出两种类型的网络效应（可以是正效应，也可以是负效应），一种是同边效应，即网络一方用户数的增加导致这个网络对于同一方用户的价值升高或降低；另一种是跨边效应，即网络一方用户数的增加导致这个网络对于另一方用户的价值升高或降低。跨边网络效应通常是正的，但也有可能是负的（如电视观众希望少一点广告）。同边网络效应通常是负的[如卖家都希望 B2B（business-to-business，企业对企业）交易平台上少一些竞争对手]，但也有可能是正的（网络游戏用户看重能和朋友一起玩游戏这一特点）。

对于提供平台业务的行业，由于存在两类完全不同的购买者，因此在分析购买者的议价能力的时候，就需要把两类客户的议价能力结合起来。企业为了降低购买者的议价能力，也会针对两类不同的客户，采取不同的对策。

5. 供应商的议价能力

供应商的威胁手段表现为：一是提高供应产品的价格；二是降低供应产品或服务的质量，从而使下游行业利润下降。影响供应商议价能力的主要因素有以下几点。

（1）供应行业的集中程度。如果供应商所在行业由几家企业控制，其集中化程度高于购买者行业的集中程度，则供应商能够在价格及质量的条件上对购买者施加相当大的影响。

（2）供应商提供的产品是否有替代品。如果存在替代品的竞争，即使供应商再强大有力，他们的竞争能力也会受到牵制。

（3）所服务的行业对供应商的重要性。在供应商向一些行业销售产品且每个行业在其销售额中占比都不高时，供应商更易于使用他们的议价能力。反之，如果某行业是供应商的重要主顾，供应商就会为了自己的发展采用公道的定价、研发及疏通渠道等援助活动来保护购买者的行业。

（4）供应商的产品对买主的重要性。如果供应商的产品是很重要的生产投入要素，对于买主的制造过程或产品质量有重要的影响，这样便增强了供应商的议价能力。

（5）供应商产品的差异程度。供应商的产品是有差别的，并且使购买者建立起很高的转换成本，则供应商的议价能力高。

（6）供应商前向一体化的倾向。如果供应商有前向一体化的倾向，购买者行业若想在购买条件上议价，就会遇到困难。例如，矿石企业想要自己用铁矿石炼铁，则对炼铁企业构成很大的威胁。

2.3.3 行业内部的战略群组

行业内部结构分析用来解释同一行业中，企业之间在经营上的差异以及这些差异与它们战略地位的关系。按照行业内各企业战略属性的差别，将企业划分成不同的战略群组，分析行业内各个战略群组之间的关系，从而进一步认识行业及其竞争状况。

1. 战略群组

战略群组是指一个行业中采用相同或相似战略的各企业组成的群体。一方面，如果行业中所有的企业采用了基本上相同的战略，则该行业中就只有一个战略群组；另一方面，每一个企业也可能成为一个不同的战略群组。然而，一般来说，在一个行业中仅有几个群组，它们采用性质根本不同的战略。

在同一战略群组内的企业，除了广义的战略方面外，还在许多方面彼此非常相近。它们在相似战略的指导下，会对外部环境做出相似的反应，采取相似的竞争行动，占有大致相同的市场份额。一个行业的战略群组情况，可以用图勾画出来，作为行业内部竞争分析的工具，如图2.4所示。

一般来说，战略分析者可以根据行业的特点和需要，确定出不同的战略属性，以便更清楚地勾画出行业中不同类型的战略群组。一般来讲，以图形的大小表示每一战略群组中企业市场占有率之和的高低。

2. 战略群组间的竞争

如果一个行业中出现两个或两个以上的战略群组，则可能出现战略群组之间的竞争，也就是说会有价格、广告、服务及其他变量的竞争。战略群组之间的竞争激烈程度不仅影响着整体行业的潜在利润，而且在对付潜在的进入者、替代品、供应商和购买者议价能力等方面表现出很大的差异性。一般来说，下列四个因素决定着一个行业中战略群组之间的竞争激烈程度。

（1）战略群组间的市场相互牵连程度。

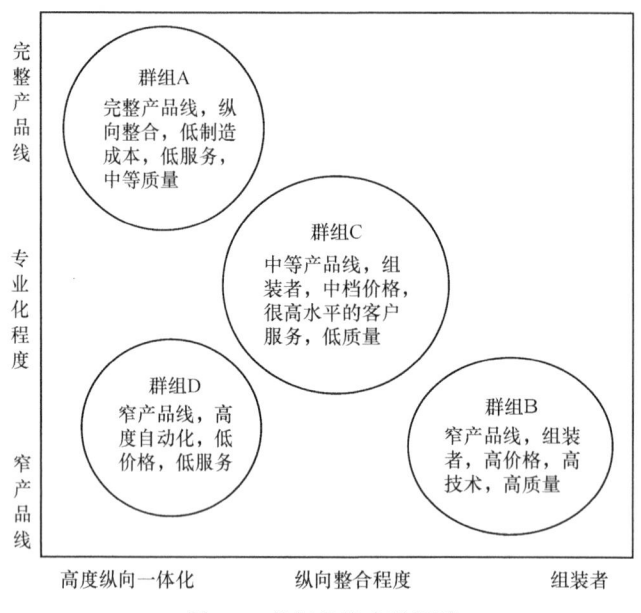

图 2.4　某行业战略群组图

（2）战略群组数量以及它们的相对规模。
（3）战略群组之间的产品差别化。
（4）各群组战略的差异。

2.4　客户和竞争对手分析

2.4.1　客户分析

对客户的分析，不仅要分析和预测未来的市场需求量，更要分析客户的需求特征、预测客户的潜在需求。通过市场细分，明确不同客户群的现实需求和潜在需求，以便于针对特定客户群的特定需求，设计有效的战略备选方案。

1. 客户市场细分

客户市场细分是指企业为了建立竞争优势而把市场划分为多个子市场的过程。不同细分市场的需求不同，对企业经营活动也提出了特定的要求，对企业竞争优势的要求差异也很大。市场由各种各样的买方组成，他们的购买需求、购买力、地理位置、购买态度和行为各不相同。通过市场细分，企业可以把巨大的、异质的市场分解为小型的细分市场，从而制定不同的战略，使它们的产品或服务更快捷、更有效地满足客户的需求。通过市场细分，企业确定应该为哪个细分市场服务和如何为它服务。同时，市场细分可以揭示那些目标广泛的竞争对手未能很好服务的市场，为制定集中战略打下基础。目标市场广泛的企业也必须了解市场细分，既可以揭示出采用集中战略的企业的薄弱之处，还可以指出把哪些不具吸引力的细分市场留给竞争对手。

（1）消费者市场细分。消费者市场细分的变量主要有地理因素、人口统计因素、心理因素和行为因素。地理因素细分要求把市场划分为不同的地理单位，如国家、省、县、镇等。企业可以在一个或几个地区开展业务，也可以在某些具有特殊需求或偏好的全部地区开展业务。人口统计因素细分是指人口统计变量，如年龄、性别、家庭人口、家庭生命周期、收入、职业、教育、宗教、种族、年代及国籍等。心理因素细分通过生活方式等特征，把买方划分为不同的群体。那些人口统计因素相同的消费者，在心理因素构成方面可能完全不同，包括行为、兴趣、观念。行为因素细分根据消费者的知识、态度、产品使用率或对产品的反应来划分细分市场。

（2）工业品市场细分。很多用来细分消费品市场的变量，同样可以用来细分产业市场。此外，还可以采用买方所在行业、买方的竞争战略、技术水平、采购过程、所有权类型、财务实力、订货模式等。买方所在行业往往代表了所购产品在价值链中的使用方式。例如，糖果生产商和奶制品生产商在使用巧克力的方式上存在差异，后者使用的巧克力较少而且对产品质量要求较低。采用差异化竞争战略的购买者比低成本战略企业更关注产品性能和质量。技术水平高的买方更倾向于购买技术性能指标高的产品。在采购过程中，训练有素的采购人员比产品的使用者对价格更加敏感。国有企业和私营企业所重视的产品特征也会存在很大差异。

2. 客户选择的影响因素

一个行业面临的客户群很少是同类的，企业应把最可能盈利的客户作为自己的目标客户。客户选择有利地影响企业的增长，并且可以最大限度地降低买方对企业的议价能力。在确定目标市场时，至少应该考虑以下因素。

（1）客户需求与企业能力的匹配程度。客户需求与企业能力的匹配程度越高，相对于竞争对手，企业越有可能向客户提供差异化价值，服务客户的成本也越低。例如，如果企业具有很强的售后技术支持能力，那么它在服务那些缺乏高水平设备维护人员的客户时就具有最大的相对优势。查明特定客户的购买需求，既包括辨别客户购买决策时所考虑的所有因素，也包括购买交易过程中涉及的所有因素。

（2）客户的增长潜力。客户的增长潜力越大，对企业产品需求稳步增长的可能性越高。影响客户增长潜力的因素包括客户所在行业的增长速度、客户所在细分市场的增长速度，以及客户在行业及细分市场的占有率变化。这三个因素共同决定了客户的增长潜力。例如，某个客户在获取市场份额上处于有利地位，那么即使处于成熟或者衰退的行业，也可能获得相当大的增长。

（3）客户的议价能力。客户固有的议价能力可能成为买方施加于企业的压力。但是，因为客户对使用这种议价能力来压低供应商边际利润的意向不同，他们不一定都利用这一杠杆。甚至大批量购买产品的客户也不一定对价格特别敏感，或者他们愿意以价格换取其他产品特性从而维持了供应商的利润。内在的议价能力与使用能力的意愿在战略意义上都很关键。使用议价能力的意向是变化的，当客户的盈利能力下降时，原来对价格不敏感的客户也迅速变成价格敏感型客户。

（4）服务客户的成本。如果服务客户的成本较高，则按照其他标准评价出来的"好客户"也可能会丧失吸引力。向不同客户供应同一产品的成本受到许多因素的影响，如订货量、直接销售还是经销商销售、到货期要求、订货流程的稳定性、运输成本、销售成本、定制或修改要求。由于服务客户的成本被管理成本的分摊所混淆，要确定服务不同类型客户的成本，就需要企业对其进行专门研究。

2.4.2 竞争对手分析

1. 识别竞争对手

在讨论竞争对手分析要素之前，首先，需要确定应当考察哪些对手。显然，对所有重要的现有竞争对手都必须进行分析。其次，分析那些潜在竞争对手也非常重要。预测潜在竞争对手并非一件容易的事情，但是它们常常可以从以下各类企业中辨识出来。

（1）不在本行业但不费力气便可打破进入壁垒的企业。

（2）进入本行业可产生明显协同效应的企业。

（3）战略的延伸必将导致进入本行业竞争的企业。

（4）可能前向整合的供应商或后向整合的客户。

2. 竞争对手分析要素

根据波特对竞争对手的分析模型，对竞争者的分析有四种诊断要素，即竞争对手的未来目标、竞争对手的现行战略、竞争对手的假设和竞争对手的能力（图2.5）。

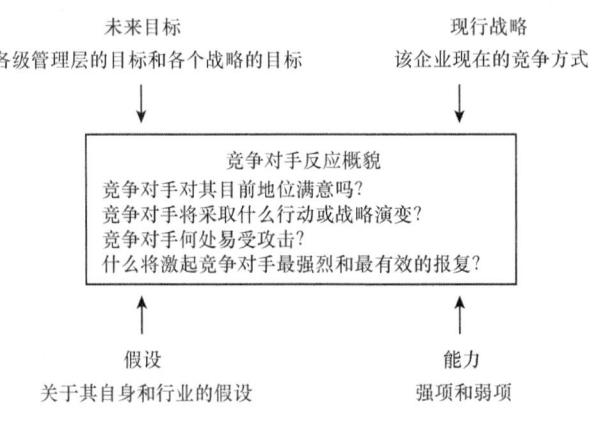

图2.5 竞争对手分析的内容

（1）竞争对手的未来目标。对竞争对手未来目标的了解可预测每位竞争对手对其目前地位和财务状况是否满意，从而可以预测这个竞争对手是否将改变战略以及是否有对外部事件或对其他企业的战略行动做出反应的魄力。对竞争对手目标的了解也有助于预测其对战略变化的反应。在其目标及所面临的母公司的压力下，某一竞争对手受到某些战略变化的威胁会比其他对手大得多，这种威胁程度将影响报复的可能性。对竞争对手目标的了解也有助于解释竞争对手初始行动的严重性。竞争对手为达到它的一个中心目标或寻求针对某一关键目标重振业绩而采取的战略行动绝非偶然事件，所以对其初始行动的目的充分了解后，便可预测其后续行动。同样，对竞争对手目标的了解有助于确定母公司是否会全力支持下属公司所采取的行动，或确定它是否愿做下属公司报复竞争对手行动的后盾。

（2）竞争对手的现行战略。为了把握竞争对手的情况，有必要列出每个竞争对手现行战略的清单。非常有用的一种方法是，把竞争对手的战略看成各职能部门的关键性经营方针的总和，了解它是如何寻求各职能部门的相互联系。

（3）竞争对手的假设。竞争对手的假设有两类：一是竞争对手对自己的假设。每个企业都对自己的情况有所假设。它可能把自己看成社会上知名的企业、行业霸主、低成本生产者或具有最优秀的销售队伍的企业等。例如，如果它自视为低成本的生产者，它可能规定一个削价条例使价格自行降低。二是竞争对手对行业及行业中其他企业的假设。正如竞争对手对它自己持一定假设一样，每个企业对行业及其竞争对手也持一定假设，这可能正确也可能不正确。对所有假设的检验能发现竞争对手的管理人员在认识经营环境的方法中所存在的偏见及盲点。竞争对手的盲点可能是根本看不清重大事件（如战略行动）的存在，也可能是没有正确认识自己，还可能只是在慢慢地认识自己。找出这些盲点可帮助企业采取不大可能遭到反击的行动或者采取即使有报复也不太奏效的行动。

（4）竞争对手的能力。竞争对手的目标、假设和现行战略会影响到它反击的可能性、时间、性质及强烈程度，而其强项与弱项，亦即它的实力将决定它发起进攻或反击的战略行动的能力和时间。

3. 判断竞争对手的类型

同样是竞争对手，但是其性质却可能差异很大。要特别关注两个问题：一是竞争对手是否也是一个合作者；二是竞争对手是一个好的竞争者，还是一个坏的竞争者。

1）竞争和合作

在行业中存在着许多竞争者，但是对于企业自身的影响却是不同的。我们可以把竞争者分为四类，如表 2.2 所示。尽管在现实中，同行业中的企业存在的主要是一种竞争关系，但是合作的契机也是存在的。一个企业可以根据竞争对手与自己在产品和市场上的重叠程度决定相互之间是竞争关系多一点，还是合作关系多一点。

表 2.2 竞争者之间的关系

合作关系	有竞争关系	无竞争关系
有合作行为	竞争、合作	合作者
无合作行为	竞争对手	无关者

一些企业之间既存在着竞争关系，同时又可能存在着合作关系。也有一些企业相互之间可能在一段时间内主要是合作关系。在同一行业内开展经营的企业，由于产品和市场定位的差异，可能并不存在着直接的竞争关系，如果这时建立一种合作关系，则对双方都是有益的。如果未来战略定位也不相同，那么合作的时间就会更长一些。

例如，早在1979年，三洋就在北京设立了"三洋电机贸易株式会社北京办事处"，正式进入中国市场。但是20多年过去了，三洋在中国的定位并不清晰，其影响远不如松下和索尼等日资企业。海尔已经成为中国的名牌产品，但是在日本市场的影响力还很小。正是基于此，2002年初，中国海尔与日本三洋电机公司实行业务合作，双方各自利用对方的销售渠道销售自己的产品。在2011年，海尔又收购了三洋在日本的洗衣机和家用冰箱业务以及在东南亚四国的白色家电业务。

2）好的竞争者和坏的竞争者

波特认为每个行业都有"好的"与"坏的"竞争者，一个企业应当明智地支持好的竞争者并攻击坏的竞争者。好的竞争者有一系列特征：它们遵守行业规则；它们对行业的增长潜力所提出的设想切合实际；它们制定的价格与成本相符；它们喜欢一个健全的行业；它们将自己限定在行业的某一部分或细分市场中；它们推动其他企业降低成本或提高差异化；它们接受正常水平的市场份额。坏的竞争者违反规则：它们企图花钱购买而不是赢得市场份额；它们冒着极大风险；它们在生产能力过剩时仍继续投资；通常，它们打破了行业的均衡。好的竞争者应当努力形成一个只有好的竞争者组成的行业。通过谨慎的许可证贸易，有选择地报复和联合，它们能形成一个具有良好生态的行业，因此竞争者既不谋求互相倾轧也不胡作非为。它们遵守规则，相互之间都存在某种程度的差异，力争赢得而不是购得市场份额。

选择竞争对手并制定竞争战略，必须了解和准确把握竞争对手的行为。一般来说，在企业竞争时，往往假定企业追求利润最大化的目标，但是许多企业往往并不是如此，一些传统国有企业表现得可能更加突出一些。由于治理结构和考核体系等方面存在的缺陷，一些国有企业的负责人往往追求所谓的"业绩"，甚至是为了满足政府决策者的短期业绩需要，将追求规模等能显示自身地位的目标作为企业的目标。更大的一个问题表现在，由于政府对企业的干预，那些经济效益连续不好的企业仍然能够从政府获得经营所需要的资源，而没有退出市场。当面临这样的竞争对手时，就不能按照市场的逻辑行事。

2.5 外部环境分析与战略决策

通过对外部环境的分析、预测和判断，找到影响企业的重要外部因素，识别机会和威胁，可以指导管理者提出有效的战略行动备选方案。例如，决定是进入还是退出特定的行业；确定企业在行业中的定位，以更好地应对当前各种竞争力量；预测和利用这些竞争力量的变化趋势；采取主动行动，塑造对自己更有利的行业结构。对于一些企业来说，也许需要对不同选择进行组合并创新。

1. 进入或退出行业

通过对外部环境的分析，尤其是通过对行业五种竞争力量的分析，可以对特定行业的盈利潜力进行判断。当行业结构不合理或者不断恶化，并且企业也没有希望找到一个绝好的定位去对抗这些力量时,则表明该退出。在考虑是否进入新的行业时,具有创造力的战略制定者可以利用五种力量模型,找出具有良好发展前景的行业。五种力量模型还会揭示出,有些行业虽然对一般进入者不一定有吸引力,但是企业有充分的理由相信,自己可以用比多数企业更低的成本克服这些行业的进入壁垒,或者自己拥有独特的能力来应对这个行业的竞争力量。

2. 确定企业定位

制定战略实际上就是针对竞争力量建立防御工事,或者找到行业内竞争力量最薄弱的位置。例如,帕卡公司(Paccar)在重型卡车市场中的定位。重型卡车行业面临着结构上的挑战,许多买方是大型租赁企业,或者经营着大型车队,重型卡车是它们最大宗的采购商品之一,因此它们有能力也有动机要求供应商降低价格。由于大多数重型卡车都是按照规定标准生产的,产品特性相似,因此价格竞争异常激烈。重型卡车属于资本密集行业,竞争对抗激烈,尤其是在周期性的低迷时期。此外,工会拥有强大的供应商议价能力。还有,虽然18轮卡车没有直接的替代者,但是卡车买家却面临重要的服务替代,如铁路货运。

在这种背景下,总部位于华盛顿州,拥有北美重卡市场约20%份额的帕卡公司,决定只关注客户群体中的个体经营者(owner-operator)。这些司机拥有自己的卡车,并直接与托运人签订运输协议,或者成为大型货运企业的分包人。作为卡车买家,这些小型运营者的影响力有限。他们对价格也不太敏感,因为他们与卡车有感情,在经济上也依赖它们。他们很看重自己的卡车,而且将自己的大部分时间都花在它身上。

帕卡公司站在个体经营者的角度,投入巨资开发了一系列产品特性:豪华卧舱、豪华真皮座、隔音驾驶舱、美观的外部造型等。在公司庞大的经销商网络中,潜在买家可以利用软件从数千种选项中做出选择,还可以把自己的个性化签名印在卡车上。这些定制卡车按订单生产,而不是按库存生产,6~8周即可交货。帕卡公司的卡车还采用了空气动力学设计,降低了油耗。与其他卡车相比,帕卡公司的卡车转售价值更高。帕卡公司的道路援助项目以及零配件分销IT系统,缩短了卡车停运时间。对个体经营者来说,所有这些都是关键考虑因素。客户会支付帕卡公司10%的溢价,公司生产的肯沃斯(Kenwoh)和彼得比尔特(Peterbilt)卡车在停车场被认为是地位的象征。

帕卡公司的例子说明了在既定的行业结构中企业定位应遵循的原则。帕卡公司找到了业内竞争力量较为薄弱的部分,可以避开买方议价能力和价格竞争。它还调整了价值链的各个环节,以更好地应对所在细分市场中的竞争力量。最终,帕卡公司连续68年保持盈利,长期权益回报超过20%。

3. 利用行业变化

如果战略制定者对竞争力量有深刻的了解,行业变化就能给他们带来机会,让他们发现和拥有具有良好前景的新的战略定位。例如,在20世纪90年代末期,美国的音乐公司一直在努力自己开发数字化发行技术平台,但是大型音乐公司不愿意通过竞争对手的平台来销售自己的音乐。面对这一真空领域,2003年苹果公司推出了iTunes音乐商店，以支持自己生产的 iPod 音乐播放器。大型音乐公司同意了新的强势"守门人"的出现，也就允许了行业结构朝着不利于它们的方向转变。但是过去多年间，由于我国未授权下载的现象普遍存在，我国音乐网络发行企业只能在艰难中前进。2015 年 7 月 9 日，我国国家版权局发布了《关于责令网络音乐服务商停止未经授权传播音乐作品的通知》。这个被人们称为"史上最严版权令"的通知瞬间改变了互联网音乐的格局，各大互联网音乐服务商争相购买版权以规避自身风险。

在行业结构经历调整的时候，新的具有发展潜力的竞争定位可能就会出现。结构变化会开启新的需求并提供满足现有需求的新方法。成熟的领先者可能会忽略这些变化，或者受到过去战略的制约，无法去追求这些新的机会，而行业内的小型竞争者则可以利用这些变化，新的进入者也很可能会"乘虚而入"。

4. 构建行业结构

利用行业结构的变化说到底还是一种被动的做法，因为它是当企业发现行业的必然趋势后才做出的反应。其实，企业完全可以主动去构建行业结构。企业可以引导行业采用新的竞争方式，改变五种力量格局，从而达成更好的平衡。在重建行业结构的过程中，企业会希望竞争者紧跟其后，从而转变整个行业。虽然很多行业参与者都可能从这个过程中受益，但是如果革新者能够把竞争引向自己最具优势的方向，它的受益无疑会最大。

重建行业结构有两种途径：一是以有利于现有企业的方式重新分配行业获利能力；二是扩大整体利润池。重新分配行业获利能力，旨在提高行业竞争者的总体利润份额，而不是供应商、买方和替代品的利润份额，同时将潜在进入者拒之门外。扩大利润池，就是要增加行业创造的总体经济价值，并让竞争对手、买方和供应商都能分享这些价值。

1）重新分配行业获利能力

要想让行业竞争者获取更多的利润，要确定目前哪一种或哪几种力量制约着行业获利能力，然后加以解决。纵然只是一家企业，也完全有可能影响所有的竞争力量。战略制定者的目标应该是：减少流失到供应商、买方和替代品的利润份额，以及为威慑进入者而牺牲的利润份额。例如，企业可以将零部件规格标准化，以此来削弱供应商议价能力，这样就更容易更换供应商。它也可以培养其他供应商，或者改变技术以彻底避开强势供应商群体。要想降低客户的议价能力，企业可以扩大服务，提高买方转换成本，或者寻找其他获取客户的途径，从而削弱强势渠道的力量。价格竞争会损害利润，要想减少这类竞争，企业可效仿制药企业投入更多的资金开发独特产品，或者给客户提供更多的支持服务。要想吓退潜在进入者，现有企业可以提高竞争的固定成本，如增加研发或营销支出。要想减少替代品威胁，企业可以提供新的产品特性，或者扩大产品分销渠道，从而提升产品的价值。例如，软饮料生产商推出自动贩卖机并打开便利店这一销售渠道后，软饮料的市场覆盖面相比其他饮料有了大幅提升。

行业领先者对完善行业结构负有特殊的责任。要做到这一点，常常需要一些只有大型企业才拥有的资源。行业结构的完善是一项公益之举，因为它将惠及行业内的每一家企业，而不仅仅是率先推动行业结构完善的企业。通常，致力于公益之举更多的是为了行业领先者的利益，而不是为了其他行业参与者的利益，因为行业领先者通常从中受益最大。事实上，完善行业结构可能是领先企业最有利可图的战略机遇，因为如果领先企业不是力争把行业蛋糕做大，而是试图抢占更多的市场份额，那么它只会激起竞争者的强烈反应。

构建行业结构也有不利的一面。例如，在 PC 行业发展初期，IBM 为了弥补后来者劣势，提供开放式架构，设定行业标准，吸引应用软件和外围设备的互补生产商。在这个过程中，IBM 把 PC 关键组件操作系统和微处理器的所有权拱手让给了微软与英特尔。通过实行 PC 标准化，IBM 推动了以价格为基础的竞争，同时使议价能力向关键零部件的供应商转移。最终，IBM 暂时占据了行业主导地位，但整个行业结构却长期缺乏吸引力。

2）扩大整体利润池

当行业的总体需求增长、行业产品质量水平提高，或者成本降低时，整个行业蛋糕就会变大，竞争者、供应商和买方可以获得的总体价值便会增加。例如，当行业发现了目前尚未发掘的潜在买方时，整体利润池就会扩大。当企业与供应商合作，共同促进协调和降低供应链中不必要的成本时，行业总体价值也会增加。这可以降低行业固有的成本结构，从而增加利润或者通过降价扩大需求，或两者同时提升。另外，就质量标准达成一致，可以提高整个行业的质量和服务水平，进而推升价格，这对竞争者、供应商和客户都有利。虽然扩大整体利润池为行业多方参与者创造了双赢机会，但不会降低行业结构的重要性。蛋糕变大后的分配问题，最终将由五种竞争力量来决定。最成功的企业，是那些扩大整体利润池后自己能获得最大利益份额的企业。

习　　题

1. 解释外部环境分析的逻辑关系。
2. 选择一个行业进行总体环境分析。在该行业中，哪些是影响行业的关键环境因素？推动变化的主要力量有哪些？
3. 用波特的钻石模型分析一个区域的竞争力。
4. 用波特的"五力"模型对一个行业进行分析，对行业的吸引力进行评估。
5. 什么是双边市场？平台表现出的网络效应有哪些？
6. 进入壁垒和退出壁垒如何影响行业内部的竞争？
7. 选择一个行业，找出最能区别各企业的战略特点，以此为基础，画出一个或多个战略群组图。
8. 用竞争对手分析模型对一个企业的竞争对手进行分析，并预测其行为趋势。
9. 基于企业的外部环境分析，企业可以提出哪些类型的战略备选方案？

案例2　民营快递巨头顺丰

1. 抢滩通港快件

王卫1971年出生于上海，父亲是一名空军俄语翻译，母亲是江西一所高校的教授，但生于典型知识分子家庭的他却没有上过大学。王卫7岁的时候，全家人从内地移居到香港，但是父母内地的学历到了香港却不被承认，这使他们不得不去做工人，挣着微薄的工资。从小尝尽贫穷滋味的王卫在高中毕业之后不再读书，而是选择早早走入社会。他当过清洁工，当过搬运工，在叔叔手底下干过活儿。十几岁的时候，王卫在顺德的印染厂做工人，令他开启了人生中这份最重要的事业。

20世纪90年代初期，受邓小平南方谈话影响，香港上万家制造工厂移到内地，其中大部分集中在珠三角地区，香港与珠三角之间的信件、货运业务量开始暴增。一开始，王卫受人之托，在广东和香港之间夹带点儿货。慢慢地，东西越来越多，用拉杆箱也装不下的时候，王卫意识到这是一个商机。

1993年3月26日，王卫拿着跟父亲借的10万元钱，在顺德注册了顺丰速运——一个只有6个人的公司。同时，他在香港油尖旺区的砵兰街租了一间几十平方米的店面，专替企业运送信件到珠三角。王卫和员工们早出晚归用背包和拉杆箱运货，被称为"水货佬"。"别人70块一件货，顺丰收40块。"王卫"割价抢滩"的策略吸引了大批客户，甚至带旺了冷清的砵兰街。由于市场需求旺盛，顺丰很快将触角延伸到广东各地。当时，顺丰每建一个点，就注册一个新公司，分公司归当地加盟商所有，这使得顺丰在几年的时间内，便将珠三角一带的快递市场牢牢抓在自己的手上。但也因这样野蛮的增长方式，顺丰一度被业内称为"老鼠会"。同年，申通于浙江成立，起步阶段专营上海和杭州之间的报关急件直送业务。

20世纪90年代后，中国经济全面进入新的快速发展时期，特别是珠三角和长三角地区依托独特的资源和要素优势、灵活的机制，成为新一轮国际制造业转移的理想目的地，也成为中国外向型经济最活跃的地区。沿海地区经济贸易迅速发展，"前店后厂"和"香港制造"等概念点明了香港与珠三角之间的密切联系，此时大量的企业需要通关报关业务，这催生了对商务件运送的大量需求。顺丰由于所提供的快递服务价格便宜、服务到位，得以迅速占领商务件市场。在这样疯狂的抢滩下，到了1997年，顺丰几乎垄断了所有的通港快件。据悉，当时行驶在通港公路上的快件货运车有70%属于顺丰。

2. 变加盟为直营

1996年，顺丰深港货运发展形势喜人，于是开始涉足国内快递，以佛山顺德为起点，将网络触角延伸至广东以外，通过向长三角地区复制业务模式，进而扩张到华中、西南、华北。在顺德之外，顺丰新建的快递网点多数采用合作和代理的方式，即每建一个点就注册一家新公司，分公司归当地加盟商所有，相互连成一个网络，顺丰各地网点负责人是公司中坚力量，他们上缴一定数额的利润，剩余的则自由支配。

尽管加盟商为顺丰扩张立下汗马功劳，但其形成的服务网络并没有长远规划，而更像是自然延伸，哪里有市场哪里就有网络，造成地区发展不均衡。例如，广东下属县城几乎都有顺丰站点，而经济欠发达省区却只有省会城市才有网点。同样是加盟模式，顺丰比其他企业更为松散。事实上，在当时快递行业高速发展的大背景下，步入快速上升通道的顺丰把全部精力放在市场拓展上，试图将行业蛋糕做大。除了王卫是超级工作狂，每天工作十五六个小时，一线业务员也拼劲十足，收发件时身体受伤时常发生，以换取不菲的收入。2000年，顺丰在广东一些城市月收入上万元的业务员比比皆是，形成示范效应，其他地区的业务员也发展得顺风顺水。

对地方代理放权管理，使顺丰形成自下而上的发展动力。不过，任何事物都有两面性，随着顺丰网点和人数迅速增加，加盟模式的弊端逐渐凸显出来。例如，被承包的片区转向各自为政，员工只认自己的经理，却不知王卫的存在。更有甚者，部分分公司负责人行为出格，大有诸侯割据之势，出于利益驱使，加盟商擅自在货运中夹带私货，这招致顺丰的强烈不满，双方关系日趋紧张。更让顺丰头疼的是，个别权力和影响力举足轻重的地区负责人选择出走，自己延揽业务当上"土霸王"，直接从顺丰的合作伙伴变成竞争对手。

1999年，王卫本已淡出公司日常运营管理，但在接到一通投诉电话后，他展开了顺丰成立以来的最大改变，开始强势收权，目的只有一个：放弃加盟制改为直营制。王卫采用激烈且简单粗暴的收权方式，用钱来解决问题：想留下来的加盟商，产权全部被顺丰回购，否则走人。在收权过程中，顺丰遇到极大阻力，王卫受到各种威胁、恐吓，甚至传闻被香港黑社会追杀。王卫曾直言："顺丰提出差异化经营后，承包网点收回直营便遇到了很多麻烦。当时一个承包网点就是一个小王国，根治这些问题，压力非常大。"

经过近3年整顿，顺丰架构和各分公司的产权明晰起来，为了强化对公司的掌控和话语权，王卫铁了心成为"独裁者"，即便是跟随他创业10多年的下属、父亲和姐姐，都不分给其一分钱股份，顺丰从上到下成为王卫"一个人的公司"。扛住了压力的王卫，在2002年成功收权，顺丰迎来了第一个重大转折：从加盟代理制转为直营制。同时，成立了深圳总部，定位于国内高端快递，这标志着王卫收权行动的胜利和结束，也代表经历组织架构大变革的顺丰已脱胎换骨。

中国邮政速递物流公司所提供的快递服务价格较高，运送不够及时，导致既有的服务难以满足当时经济发展的需要。在这种背景之下，韵达（1999年8月）、圆通（2000年5月）、中通（2002年5月）也先后诞生。2003年，"非典"席卷全国，人们都不敢出门，疫情期间，航空公司的生意非常萧条。借航空运价大跌之际，经历组织架构大变革的顺丰顺势与扬子江快运签下包5架飞机的协议，第一个将民营快递业带上天空，为顺丰的"快"奠定江湖地位。此时，顺丰的经营思路也开始奠定。王卫坚持只做快递，而且只做小件，不做重货，与四大国际快递重叠的高端不做，五六元钱的同城低端也不做，剩下的客户被锁定为唯一目标，1kg内收不超过20元的邮费。由于坚持只做小型快递，顺丰甚至拒绝了摩托罗拉这样的"肥"订单。

3. 拥抱电商

2007年后，我国电商市场爆发式增长，由2007年560亿元的规模增长至2015年的3.8万亿元，增长了将近67倍，网购市场的高速发展带来了对快递的大规模需求。

2010年，顺丰的销售额达120亿元人民币，拥有8万名员工，年平均增长率50%，利润率30%，开始电商产业链化布局。顺丰首先开始着手建立"顺丰E商圈"，并于2011年底正式推出了自己的支付系统"顺丰宝"，正式进军电商市场，但该网站很快在内地消失，只在香港地区提供服务。不久，顺丰又推出了"尊礼会"，这是一个主要为商务人士提供专业礼品服务的网站，看似是个不错的定位，可"尊礼会"上线不久也悄无声息地消失了。2012年，顺丰上线了第三个电商平台"顺丰优选"，主打生鲜食品。"顺丰优选"定位于中高端食品网购，物流配送人员和设备均是顺丰优选单独拥有。然而1年后"顺丰优选"却入驻了天猫。

2013年，意识到电商巨大价值的顺丰选择在仓配解决方案上打个翻身仗。仓配对资本投入和服务深度要求更高，批量发件也可大幅降低成本。凭借在资金、技术、团队、品牌的优势，面对"三通一达"，顺丰有大概率获胜。可惜冒出局外人——菜鸟，携阿里在人、钱、名方面的支持，打破物流界的封闭圈，纵横捭阖。互联网巨头介入后，物流界早就不是物流人内部的天下，顺丰在物流界的优势，被另一种玩法挑战。菜鸟整合资源、统一标准、推动实现电子化，加强大数据应用、协调多种运力分工，在全国大肆建仓，收购各种干线/仓储/设备/落地配、推广各种创新技术。几年间就将淘宝物流提升一大截，带飞了"三通一达"。顺丰全国建了近百个电商仓，组成巨大的一张仓网，但架不住菜鸟一手拿淘宝流量威胁，一手拿极致成本绞杀，且顺丰没有任何电商经验，几场仗后一败涂地。

2014年，顺丰模仿"美国+日本"的"快递+便利"模式，开启了"顺丰嘿客"。嘿客是顺丰O2O（online to offline，线上到线下）的敲门砖，也是低利润的快递行业不得已为之的跨界探索。嘿客颠覆传统理念，集合了快递业务、虚拟购物、金融服务、便民服务、JIT（just in time，准时制生产方式）服务等综合社区服务功能。按照顺丰计划，这样的嘿客便利店要在全国开到3万家。在线上线下融合的大背景下，顺丰嘿客这种跨界的经营模式备受瞩目。但是，重金打造的社区O2O门店"嘿客"经营不善，狭窄的体验店里摆了零星几个商品让人网购，或者在店里上网购物，这种流量转化效率很差，没法和网购平台竞争，也不是真正对线下到店流量的有效利用。1年过后，王卫针对2014年顺丰一系列举措的沉重反思的话语中表示："2014年是顺丰成立20多年以来创新变革最多的一年，虽然创新很多，但是在我看来，差不多有一半是不成功的。"而顺丰嘿客无疑成为2014年顺丰最大的不成功。

从业务量的角度上看，顺丰早已不是行业第一，但却依旧是全中国最能赚钱的快递公司。2015年，顺丰快件业务量达到17亿件，背靠阿里的圆通是30.3亿件，市场占有率达到14.7%，超过申通的26亿件成为行业第一。而顺丰的经营收入超过473亿元，是圆通的4倍、申通的6倍，"吸金能力"令竞争对手难以望其项背。过去3年，顺丰快递业务的平均单价维持在24元上下，毛利率保持在20%以上，"三通一达"由于受到电商的盘剥和中小快递公司的恶性竞争，平均单价和毛利率都呈现下降的趋势。以圆通速递为例，圆通70%的业务来自电商，其中六七成来自阿里系。过去短短3年，圆通的主营业务毛利润率从21.5%一路下滑至13.4%，每件快递的单价从大概5.4元进一步被挤压至只有4元，每件快递的毛利润只有0.5元。

在电商快递方面，顺丰控股坚持中高端电商快递市场定位，向目标客户提供高质量、全方位的综合物流服务，极致客户体验，与苹果、华为、小米、中兴、优衣库、李宁等企业的电商平台保持着紧密的合作关系，在中高端电商快递市场中占据领先地位。而且，顺丰早在2013年就成立了深圳市丰泰电商产业园资产管理有限公司，到2016年在全国近20个城市设立了电商产业园。和快递业务不同，电商产业园的服务对象是电子商务及其上下游企业，满足电商配套服务需求。相比于"三通一达"，顺丰拥有更为完整的供应链解决方案。

4. 资本之战

顺丰作为行业老大，却是启动上市较晚的一家。此前，王卫在谈到企业上市时曾公开表示："上市的好处无非是圈钱，获得发展企业所需的资金。顺丰也缺钱，但是顺丰不能为了钱而上市。顺丰在短期内不可能上市，未来也不会为了上市而上市，为了圈钱而上市。"

与顺丰的做法相反，2015年12月2日，申通快递宣布借壳艾迪西上市，12月14日成功登陆资本市场，成为快递第一股。2016年4月，圆通速递借壳大杨创世上市。2016年10月27日晚，中通快递成功登陆纽约证券交易所，成为首家在美国上市的中国快递服务提供商。2017年1月18日上午，韵达控股股份有限公司在深圳证券交易所挂牌上市，正式登陆资本市场。

对于顺丰而言，优势虽在，但是众多竞争对手都已经得到了资本市场的助力。除了这些对于快递业老大地位虎视眈眈的竞争对手，顺丰还面临着阿里巴巴的菜鸟网络和京东自营物流的入侵，这些互联网巨头的实力不容小觑。显然，王卫已经意识到了竞争格局微妙的变化可能带来的影响。激烈的市场竞争和竞争对手的动作也给顺丰带来了刺激。2016年2月18日，顺丰速运发布了上市辅导公告。2017年2月24日，顺丰控股在深圳证券交易所举行重组更名暨上市仪式，正式登陆A股。24日上午10点50分左右，顺丰控股报55.21元/股，总市值达2310亿元，超越万科A和美的集团，成为深市第一大市值公司。

5. 三网合一

"我们推动的仓网时代"，这是2015年在"互联网+"大旗下顺丰喊出的新口号。顺丰仓配CEO曾治平告诉《中国经营报》记者："顺丰为仓网准备多年，已基本建成了覆盖全国的电商仓储配送体系，形成以区域配送中心和配送中心为骨架、全国范围的调拨转运能力为血脉、大数据支持的信息系统为神经的仓网格局。在全国完成7个区域配送中心的布局，以及53个一、二线城市的布仓，配以数万网点，覆盖全国2500个区县，实现90%城市24小时送达。"

"不只做快递"已经成为顺丰控股和"通达系"共同的目标。2016年,"通达系"全部在加强跨境物流、快运、仓配、智慧物流信息一体化的布局。例如,圆通速递战略并购香港先达国际,韵达定增39.2亿元投入智能仓配一体化转运中心等项目建设,申通快递投资设立了上海申雪供应链管理有限公司以进军冷链业务。2016年9月22日,顺丰仓配的全系产品集体亮相,涵盖电商专配、云仓产品、增值服务三大板块。顺丰将原有业务板块划分为五大业务事业群进行独立运营,包括速运事业群、商业事业群(嘿客、优选)、供应链事业群(普运、冷运)、仓配物流事业群(电商、海淘)、金融服务事业群(顺手付)。这一裂变也被业内人士认为是传统物流快递时代的升级换代,快递企业开始从单纯的"收运转派",向综合物流服务供应商转变。作为顺丰裂变后的五大业务事业群之一,顺丰仓配与传统的顺丰速递并驾齐驱,主攻电商和海淘,显然是顺丰战略布局的重心。除此之外,在快运与快递行业界限越发模糊的背景下,市场规模是快递行业3倍的快运领域正在被民营快递巨头们垂涎。

目前,顺丰拥有通达国内外的庞大物流网络,是一家天网、地网、信息网三网合一,可覆盖国内外的综合物流服务运营商。从全货机数量和航线数量以及运力来看,顺丰是国内最大的货运航空公司,也是国内航空货运最大货主。业务覆盖全国334个地级市、2656个县区级城市,近13 000个自营网点,并向全球主要国家拓展。自主研发的一整套完整运营管理系统,实现了订单全生命和可视化管理。2017年12月,顺丰控股对外宣布其全资子公司深圳顺丰泰森控股(集团)有限公司计划出资23亿元,参与设立湖北国际物流机场有限公司。该合资公司将全面负责鄂州机场的建设和运营,成为顺丰航空快递运输体系布局建设的核心。2018年3月13日,顺丰控股发布的2017年年度报告显示,公司实现年营业收入710.94亿元,比上年增长23.68%;归属上市公司的净利润47.71亿元,比上年增长14.12%。

资料来源:该案例由本书作者根据众多公开资料整理而成

【问题】
1. 影响快递行业盈利能力的主要因素有哪些?
2. 针对企业外部影响因素的变化,顺丰在不同历史时期采取了哪些战略行动?

第3章 内部环境分析

通过对企业内部环境的分析，可以发现企业的强项和弱项，可以决定企业能够做什么，即它独特的资源、能力和核心竞争力所能支持的行为。核心竞争力是企业可持续竞争优势的来源，识别企业的核心竞争力是制定战略的前提，培养核心竞争力是企业战略设计的一项重要内容。本章首先介绍企业资源、能力和核心竞争力的主要内容，随后介绍企业价值链分析工具，最后探讨资源视角下的战略决策问题。

3.1 资源和能力

3.1.1 概念和分类

在资源基础观的理论发展过程中，不同的学者使用了不同的术语描述相关的人力、财务、实物以及组织特性。沃纳菲尔特是最早在战略管理中提及这些组织特性的人之一，他简单地称这些组织特性为资源。巴尼等人采用了沃纳菲尔特的这一术语。在关于多元化的研究中，普拉哈拉德（C. K. Prahalad）和哈默尔（G. Hamel）把企业的这些内部特性叫作核心竞争力。斯铎克（Stalk）、埃文斯（Evans）和舒尔曼（Shulman）在一些非常相近的研究中称这些组织特性为核心能力。

在实践中，这些概念的差异很小。有人提出，企业"资源"包括企业的财务、实物、个体和组织资本特性。与此相比，"能力"是企业协作和利用其他资源的内部特性。尽管在理论上能够对资源、能力以及竞争力之间的差别进行区分，在实践中这些差别可能会变得模糊，尤其是对于特定的企业属性到底是资源还是能力，或者是竞争力的争论，对于经理人员和企业来说，似乎并没有多大价值。在本书中，照顾大家的习惯，还是把资源和能力分开介绍。

1. 资源

企业资源就是企业所拥有的、能够为企业利用，并能带来价值的一切因素，包括全部的财产、能力、竞争力、组织程序、企业特性、信息和知识等。从战略的角度来说，企业资源既包括组织拥有的资源，也包括组织能够获得的、可用于支持自身战略的资源。一些重要的战略资源可能是组织所有权之外的，如关系网络或客户网络等。

一般说来，资源可以分为五类：人力资源、财务资源、实物资源、组织资源和知识资源。

（1）人力资源，包括企业拥有人员的数量和素质（知识、技能和适应能力等）。企业的人力资源既包括组织内部的员工,也包括组织网络中的其他人。在知识经济社会中,人才确实变成了最有价值的资产,但是,如果要使其成为竞争优势的来源,就需要将人力资源战略和组织的整体业务战略很好地结合起来。

(2)财务资源,包括来自创业者、投资人、债权人以及银行的各种货币资源。财务资源既包括企业实际拥有的、以各种方式存在的货币资源,也包括企业的融资能力。

(3)实物资源,包括厂房、机器和生产设备等。这类资源的特点(如年限、状态、功能和地理位置)决定了资源的用途。

(4)组织资源,是组织内部个体的集合属性,包括企业的正式报告系统、正式和非正式的计划、控制和协调系统、企业的文化和声誉及企业内部群体之间的非正式关系等。

(5)知识资源,包括专利、商标、业务系统、客户数据库以及与合作伙伴的关系等。在知识经济社会中,知识资源很可能是许多组织的主要资源。知识资源有些为企业员工个人所拥有,有些为组织所拥有。关于企业的知识资源,目前的一个重要争论是,组织员工所掌握的知识,从所有权讲,它们在多大程度上属于员工个人所有及组织对此是否依法拥有所有权等问题,通常在员工跳槽到竞争对手那里工作时就会显现出来,保密协议就试图保护这种组织知识不被泄露。

在战略分析中,通常按照资源是否可以识别,把资源分为有形资源和无形资源。顾名思义,有形资源是看得见、摸得着的资源,如机器和设备等。无形资源是看不见、摸不着但对企业有价值的资源,如品牌、声誉等。实际上,许多资源在有形和无形之间,如技术资源。当技术以机器设备体现的时候,往往是有形的;当技术以绝活的方式发挥作用的时候,往往表现为无形。

2. 能力

能力是指企业获取资源、使用资源,从而创造价值的能力。企业所具有的能力分为多个方面,如营销能力、研发能力及制造能力等。在战略分析中,可以按照波特的价值链的结构,把企业的能力分为基本活动方面的能力和辅助活动方面的能力。基本活动方面的能力包括输入物流能力、生产作业能力、输出物流能力、营销和销售能力及服务能力;辅助活动方面的能力包括采购能力、技术开发能力、人力资源管理能力和企业基础设施能力。

能力取决于组织能够获得的资源,因为组织能力是由配置在组织各项活动中的资源创造的。市场上不同组织间的业绩差异很难用它们在资源基础上的差异来解释,因为资源通常是可以模仿或者交易的。优异的业绩取决于可以创造组织能力的组织资源在各项活动中的配置方式。例如,员工个人掌握的知识并不能帮助组织提高业绩,除非他被指派(或者允许)去做某项可以发挥个人知识的具体工作,或者更重要的是其他同事能分享并相互传播他的知识。业绩还受到将组织内部和外部不同领域的活动与知识联系起来的流程的影响。尽管所有与组织的产品和服务相关的活动及流程都必须达到一定的最低能力,但是只有其中一部分活动和流程可能发展成能够带来可持续竞争优势的能力。

3.1.2 知识资本

在农业社会，第一生产要素是土地；在工业社会，最重要的生产要素是资本；在知识经济时代，第一生产要素是知识，有了知识，就可以有资本，就能创造价值。知识对于所有组织都是重要的，但在知识经济时代，从根本上说组织能力取决于组织的知识水平。

知识是从经验或者学习中获得的意识、感觉或者熟悉程度。知识与众多内容相关。例如，掌握哪些是客户认为有价值的知识是很重要的，既包括了解客户最低限度的基本要求，也包括了解他们认为哪些方面特别具有价值。

知识与资源相关。知识的获取也需要资源的支持，没有资源就不可能满足客户的需要。一些知识本身就是独特的资源，如某些特别有才能的个人所掌握的知识，从事研究的科学家，或者组织的知识产权。知识可以通过系统或者商业流程（如市场研究或者采购流程）来获取，而这本身也是一项很重要的能力。由于组织之外也存在着很多很重要的知识，因此将各组织之间的知识整合起来的过程也很重要，这是开展业务的一项基本要求。例如，原材料采购和产品分销的知识与如何生产产品的知识同等重要。有形资源可以随着时间而消失，但建立在知识基础上的能力却会随着经验的积累而不断提高。

组织中的知识是重要的，是企业可持续竞争优势的重要来源。因此，如何创造知识，如何管理知识，就成为企业提高竞争优势的一项重要工作。关于组织内部如何创造知识，野中郁次郎（Ikujiro Nonaka）和竹内弘高（Hirotaka Takeuchi）提出了自己的观点。他们把知识分为两类：显性知识和隐性知识。显性知识是标准化的、客观的知识，可以通过规范的、系统化的语言进行传播；隐性知识是高度个人化和难以格式化的知识，难以规范化和传播。

野中郁次郎和竹内弘高认为，真正意义上的创新型企业是那些能够对员工个人的知识进行调整和放大，在隐性知识和显性知识之间创造一种"互动式螺旋"的企业。知识管理的过程也就是实现四个转化的过程。这四个转化分别为从隐性知识到隐性知识、从隐性知识到显性知识、从显性知识到隐性知识、从显性知识到显性知识。知识的创造过程如表 3.1 所示。

表 3.1 知识的创造过程

知识类型	隐性知识	显性知识
隐性知识	社会化（共同认可的知识）	外部化（概念性知识）
显性知识	内部化（操作性知识）	组合（系统化的知识）

在知识管理的四个转化过程中，社会化是指个人之间相互分享经验的过程。它使人们可以不通过正式的系统或者文字就可以从别人那里获得隐性知识，如手工业中的师徒模式。在一些管理领先的企业往往也对新进员工培训实行导师制，以使员工更好地适应企业特定的运作方式和文化。外部化是将隐性知识清楚地表述为显性知识的过程。

这可能非常困难，还可能需要同时使用几种不同的方法，如建立模型、暗喻或者类比等。组合是将概念加以系统化，使之成为知识体系一部分的过程。例如，将不同的显性知识体系结合起来。个人可以通过正规的方式，如会议、文件或计算机网络来完成这个过程。内部化是将显性知识转化为隐性知识的过程，这与"干中学"密切相关。只有把知识转化为隐性知识，知识才能为个人所掌握，并最终通过个体发挥知识的效用。

3.1.3 社会资本

社会资本是企业竞争优势的一个重要来源。在我国，社会关系被部分人用于损公肥私，侵犯了制度的权威，因而应该限制其使用的范围和领域，以促进社会文明和政治文明。在西方，社会资本被定义为"整个组织的个人网络关系"。这种关系在运用和共享知识及获得资源方面具有价值。"社会资本"一词也被用于表述跨越组织边界的关系网络，包括企业与其供应商、客户和联盟伙伴之间的关系。

企业社会资本为企业带来的经济利益包括两种：一种可以称为"合作利益"，是由于企业社会资本的存在，加强了企业之间的相互了解和信任关系，促进了企业（或其内部成员）之间的合作，降低了交易成本；另一种是"位置利益"，它来源于企业（或其内部成员）在关系网络中的位置，不同位置的企业可以获得不同的"位置利益"，一般来说，居于网络中心位置的企业能够获得更多的"位置利益"。

社会资本理论的应用越来越广。例如，在对集群的解释上，除了来自地理集中的优势外，基于社会资本的信任与合作能够实现和维持集群内部企业间的有序竞争，实现集群的可持续发展。研究同时发现，创业者良好的个人社会网络对创业取得成功有很大贡献。

人才之间的社会网络为今天的企业组织带来新的挑战和机遇。企业招聘到一个具有丰富社会网络的人才，那么企业就可能因得到这个人才而获得一个新的社会网络。社会网络导致人力资本流动的一个例子是一个组织中的人才"移民"建立新的企业。微软也许是出现这种现象最多的企业。专业人士常常离开微软，集体去成立一个新的风险投资和技术型的创新企业，核心团队由软件开发人员组成。企业必须将专业人士的社会关系看作招募和维护人力资本的机制。对于专业人士来说，好的建议是不要把所有的时间和精力都投入到个人的人力资本（技能和竞争力）上，还应该投入到社会网络关系的建立上。

3.2 核心竞争力

核心竞争力是普拉哈拉德和哈默尔于 1990 年在《企业的核心竞争力》一文中提出的一个概念。他们把核心竞争力定义为组织的一种学习能力，它有三个标准：有价值的、稀缺的和可延展的。资源基础观的代表人物巴尼在 1991 年提出了产生可持续竞优势的资源所需要满足的四个标准：有价值的、稀缺的、难以模仿的和不可替代的。在 1996 年的文章中，巴尼对模仿进行了重新定义，包括直接复制和替代，同时，又增加了组织支持，形成了其著名的 VRIO（value、rareness、inimitability、organization）框架。

希特（M. Hitt）等在《战略管理：竞争与全球化》中，把核心竞争力定义为能够为企业带来竞争优势的资源和能力。并非企业的所有资源和能力都可以转化为竞争优势，只有符合四个标准——有价值的、稀缺的、难以模仿的和不可替代的，才可能创造可持续的竞争优势。当资源和能力符合以上四个标准时，便成为核心竞争力。

3.2.1 核心竞争力的判别标准

1. 有价值的

有价值的资源和能力是指那些能为企业利用环境机会、降低威胁而创造价值的资源和能力。那些不能用于利用环境机会或者应对环境威胁的资源和能力，可以看作企业的弱项；反之，则是企业的强项。因此，价值问题将企业内部强项与弱项和外部环境威胁与机会联系起来。

企业的资源和能力在过去有价值并不意味着在未来一直有价值。客户需求偏好、行业结构或者生产工艺的改变都能导致企业资源和能力价值的下降。当且仅当企业的资源和能力能够降低企业成本或提高企业收入的时候，企业的资源和能力才有价值。

2. 稀缺的

如果一个特定的资源和能力为大多数企业所掌握，那么资源就不太可能成为任何一家企业的竞争优势的来源。这就导致了稀缺性问题：有多少竞争企业获得了特定有价值的资源和能力？

有价值并且稀缺的资源和能力至少是暂时竞争优势的源泉。例如，为控制存货和产品订货而开发和使用的进货点数据收集技巧，给予沃尔玛公司相对于凯马特公司的竞争优势。很久以后凯马特公司才获得获取及时信息的方法，并且着手开发了类似的技巧和能力。如果凯马特公司能够成功开发出这种能力，这些资源就不再是沃尔玛公司独有的稀缺资源，不再是竞争优势的源泉。换言之，沃尔玛公司建立在这些能力基础之上的竞争优势是暂时的。

需要指出的是，管理者不应该把不能产生竞争优势的资源和能力看作不重要的资源和能力而不加理睬。企业有价值的但是普通的资源和能力能够帮助企业确保生存，在对等竞争条件下，尽管企业没有获得竞争优势，企业也确实提高了它的生存概率。

3. 难以模仿的

有价值的稀有组织资源可能是竞争优势的一个源泉。实际上，企业能够构思和实施其他企业无法构思或实施的战略，具有这些资源的企业常常是战略创新者，因为其他企业缺乏相关的资源和能力。

面对这一企业的竞争优势，它的竞争对手至少可以用两种方法做出反应：第一，它们可以忽视这一企业的竞争优势如往常一样经营。当然，这一行动可能使它们处于竞争劣势并赚取低于正常水平的经济利润。第二，这些企业可能试图理解企业获得成功的秘诀，然后模仿成功企业的资源并实施与成功企业相似的战略。如果这些竞争对手在获取或者开发所需资源的过程中不存在成本劣势，那么，这一模仿性的方法将在该行业产生正常的经济绩效。

然而，在模仿成功企业的有价值资源的过程中，竞争企业会遇到重要的成本劣势。如果出现这样的情况，这一创新性的企业将获得可持续的竞争优势，这是一个不会因为战略性模仿而消失的竞争优势。拥有模仿成本高、稀缺的并有价值的资源的企业，会把这些资源用于选择和实施可能给企业带来可持续竞争优势和超额利润的战略。如果其他企业直接复制具有竞争优势企业的资源或者能力的成本高于具有竞争力的企业研制这些资源和能力的成本，那么，优势企业的这一优势可能继续维持。如果直接复制成本比原始的开发成本还要低，那么，这一竞争优势只是暂时的。

4. 不可替代的

不可替代的资源和能力是指那些不具有战略等同作用的资源和能力。如果两种资源或能力在执行相同战略的情况下，能够产生相同的价值，那么它们就称作战略对等的资源和能力。

实施模仿的企业还能够用其他的资源对优势企业拥有的复制成本高昂的资源和能力进行替代。如果一个企业的竞争优势来源于其高层管理团队的沟通技巧，竞争企业可能试图用一个复杂的管理信息系统替代人际交流技巧。如果人际交流技巧和复杂管理信息系统效果是一样的，那么这两种资源就可以被看作是能够相互替代的。如果实施模仿的企业在获得这种替代资源时不存在成本劣势，那么其他企业的竞争优势只是暂时的。然而，如果不存在替代资源，或者是获得这种替代资源的成本比获得原始资源的成本高，那么竞争优势就是可以维持的。

尽管核心竞争力是企业持续竞争优势的来源，但是若想使核心竞争力转化为竞争优势，还需要组织结构和运作体系的支持。也就是说，企业应该围绕着充分利用其资源和能力进行组织安排。例如，企业的正式报告系统、管理控制系统和激励系统等都必须有利于企业核心竞争力的发挥。

3.2.2 隔离机制

竞争优势是否可持续，取决于产生竞争优势的来源能否被竞争者轻易模仿。鲁梅尔特把生态词汇"隔离机制"引入到组织环境中，表示阻止竞争者模仿的一系列机制因素。下面讨论四个最重要的隔离机制：独特的历史条件、模糊的因果关系、社会的复杂性和排他的所有权。

1. 独特的历史条件

特定企业在获取或者开发某一资源方面的低成本可能依赖于该企业独特的历史条件。企业获取、开发和利用资源的能力常常依赖于企业的时间和空间条件。一旦时间和空间成为过去,没有时间和空间依赖性的企业就会在获取与开发资源时面临明显的成本劣势,因为完成这些工作需要其他企业重新创造历史。

独特的历史条件可以从两个方面创造可持续的竞争优势:一方面,一个行业中的企业可能首先认识和利用一个机遇,并且先行者可能会获得一个或多个先发优势。因此,尽管行业中的其他企业也能够利用这一机遇,但只要有一个企业利用了这一机遇就会使其他企业的模仿成本比最先利用这个机遇的企业成本高。另一方面,历史能够对企业产生重要影响是以路径依赖概念为基础的。如果企业早期发展过程中的事件对后续事件有显著影响,那么这一过程就可以说是路径依赖。在竞争优势的演进过程中,路径依赖意味着企业可以凭借过去获得或者开发的资源为基础获得当前的竞争优势。在早期,常常难以清楚地认识到特定资源产生的全部价值。由于存在这种不确定性,企业能够以低于未来全部价值的成本获取或者开发资源。然而,一旦这些资源的全部价值为人们所共知,寻求或者开发这些资源的企业就必须支付与这些资源的全部价值相等的成本,这一般会高于企业在更早时期获取或者开发这些资源的成本。一旦资源的全部价值为人们所共知,获取资源、复制资源或者替代资源的成本都会上升。

2. 模糊的因果关系

企业资源模仿成本高的另一个原因是,模仿企业不能理解这一企业的资源和能力与这一企业竞争优势之间的关系,即企业竞争优势与企业资源和能力之间的关系可能存在着因果关系的模糊性。有时,本企业的经理人员也不能完全把握自己企业的竞争优势与企业所控制的资源和能力之间的关系。导致不能理解这种因果关系的原因至少有三个。

(1)企业把产生竞争优势的资源和能力看作理所当然的事情。因为这部分资源和能力不过是企业经理人员日常经验的一部分而已。伊托米(Itami)将这些企业认为理所当然的组织特性称为无形资产。从这一意义上讲,如高层经理人员之间的团队工作、组织文化、其他雇员之间的关系以及与客户和供应商之间的关系,都可以看作无形资产。如果拥有这些资源的企业经理没有理解这些资源与竞争优势之间的关系,其他企业的经理人员在理解自己应该复制哪些资源的时候就会遇到巨大的挑战。

(2)经理人员可能会对哪些资源和能力使企业具有竞争优势存在多种假设,但他们不能评价这些资源的价值,也不知道实际上是哪一种或者是哪几种资源使得企业具有竞争优势。例如,一个成功的企业家可能把自己的成功解释为"努力工作"的结果,但是一个失败的企业家可能说"尽管工作很努力,但是运气不好"。工作努力对于成功是很重要的因素,但是企业间业绩差异的原因可能并不是工作努力程度的不同。

(3)竞争优势不是企业的某种资源和能力导致的,而是上千种企业特性联合作用的结果。Dierickx 和 Cool 强调了相互联系的资产存量与资产累积效率对模仿的壁垒作用。如果产生竞争优势的资源和能力是个体、群体和技术之间的复杂网络关系，模仿的成本可能会很高。

3. 社会的复杂性

企业资源模仿成本高的原因还在于高水平的社会复杂性。通常，这种社会现象超出了企业系统管理或影响的能力。如果竞争优势建立在这种复杂性基础之上，那么其他企业非常难以模仿。

各种各样的企业资源可能被认为是非常复杂的。例如，企业内部管理者之间的人际关系、企业文化以及企业在客户和供应商中的声誉。许多情况下，毫不费力就可详细说明这种社会复杂性资源如何为企业增加价值。因此，这些资源和竞争优势之间的因果关系可能是十分明确的。但是，了解某些企业特征，如管理者之间的良好关系，可以提高企业效率并不必然导致系统地模仿它们。一个企业的领导人能够改变企业具有社会复杂性的资源和能力，并不意味着其他企业的领导者可以低成本地对其进行复制。

尽管设备技术的模仿成本一般都不高，但设备技术的应用常常需要多种社会复杂性的资源和能力。这些组织资源和能力的模仿成本可能相当高，并且，如果这些社会复杂性的资源和能力是有价值的、稀缺的，设备技术与复杂社会性的资源和能力的结合就能成为竞争优势的一个源泉。

4. 排他的所有权

企业对稀缺资源的垄断或者专利也是隔离模仿的一个原因。在某些行业，专利确实有这种效果。例如，医药行业的专利有效地阻碍了其他企业在专利到期之前在市场上销售同样的产品。然而，另一种观点认为，企业的专利不是增加了模仿成本，而是降低了模仿成本。如果企业为获得专利保护而提出申请，就会被迫公布大量有关其产品的重要信息，因为政府需要这些信息以确保申请的项目值得授予专利。通过获得专利，企业可能向竞争对手提供了模仿其技术的重要信息，增加了功能对等的技术替代的可能性。

虽然专利不能够防止低成本复制和替代，但是企业能够在短时间内开发大量新产品或服务的技巧或能力，可能成为可持续竞争优势的一个源泉。历史上，每当索尼公司推出新产品之后，新产品的独有特性都会给公司带来利润的增加。然而，索尼公司的这一利润增加会导致其他企业通过对索尼公司的产品进行逆向工程分析后推出自己的版本，导致新产品利润的下降。因此，从单个产品的层次上看，索尼公司明显只具有暂时的竞争优势。然而观察索尼公司通过新产品获得的总回报，就可以清楚看到，索尼公司具有维持自己取得竞争优势的能力。通过利用其"微型化"的能力，索尼公司可以不断地推出令人激动的新型电子产品。这些电子产品虽然不能产生可持续的竞争优势，但随着时间的推移，不断地推出这种类型的新产品，索尼公司的这种"微型化"能力导致了可以维持的竞争优势。

3.2.3 核心竞争力与核心僵化

企业实践表明，对核心竞争力作为竞争优势来源的价值，永远不能想当然，另外，也不能假设某种特别的核心竞争力能够为企业带来永久性的竞争优势。这是因为在把核心竞争力作为竞争优势的来源使用时，会造成一种两难困境，即所有的核心竞争力会潜在地造成核心僵化。一位公司老总说："成功并不总能带来成功，成功会招致失败，因为你越是认为一件事情能良好地运作，你越不会认为它不能运作。如果你拥有了长时间的胜利，你会很难看到自己的脆弱点。"因此，每种能力既是一种优点，也是一种缺点。说它是优点是因为它是竞争优势的来源；说它是缺点是因为当它不再带来竞争优势时，对它过分地强调会为组织埋下惰性的种子。

企业外部环境的变化可能使企业的核心竞争力变成核心僵化因素，会造成惯性以及阻碍创新。不利的情况是，当新的竞争对手找到一种新的服务方式来服务于企业的客户，新技术出现或者政治和社会事件悄悄地改变了环境，会揭示出企业核心竞争力存在的问题。从本质上来说，并不是外部环境使核心竞争力变成核心僵化因素，而是企业部分经理的战略短视和企业的灵活缺失使他们过于强调核心竞争力，造成了企业对外部环境变化的惰性，阻碍了企业通过创新寻求发展的能力。

3.3 价值链分析方法

3.3.1 波特价值链分析

在分析企业的强项和弱项时，仅仅分析企业的几个综合性财务指标是远远不够的。对企业资源和能力的分析，要深入到企业内部，落实到企业内部的重要和关键的活动上。

波特提出的价值链分析方法，现在已经成为企业内部分析中的一个有用工具。每一个企业都是包括设计、生产、营销、交货以及对产品起辅助作用的各种活动的集合。所有这些活动都可以用价值链表现出来，如图 3.1 所示。

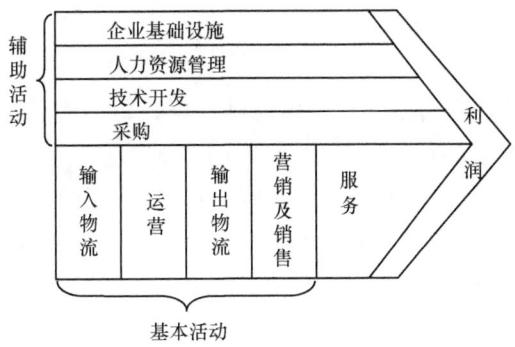

图 3.1　波特价值链分析模型

一个企业的价值链和它所从事的单个活动的方式反映了其历史、战略、推行战略的途径以及这些活动本身的根本经济效益。虽然同一产业内不同企业的价值链有许多相似之处，但仍然存在着很大的差异，而这个差异又是竞争优势的一个关键来源。

价值链展示了企业总价值的构成，包括价值活动和利润两大部分。价值活动是企业所从事的物质和技术上界限分明的各项活动；利润是总价值与从事各种价值活动的总成本之差。供应商和销售渠道的价值链也包括一个差额，这对于认识影响企业成本地位的各种资源非常重要，因为供应商和渠道利润都是最终购买者所承担成本的一部分。

在应用价值链框架分析企业的资源和能力的时候，一般从四个角度展开，即企业价值链的构成、价值链特定环节的运行、价值链的内部联系、企业价值链与关联企业价值链的联系。通过这四个方面的对比分析，可以找出本企业与竞争对手在价值活动、资源和能力方面的差异。

1. 价值活动的分类

价值活动是由创造竞争优势的各种活动组成的。价值活动的组成和完成方式决定了企业成本水平，决定了能否创造差异化价值并满足客户的特定需求。对不同企业的价值链进行比较，就可以揭示出企业竞争优势来源的区别所在。

波特把价值活动分为两大类：基本活动和辅助活动。基本活动涉及产品的实物生产、销售、配送以及售后服务。辅助活动是辅助基本活动的活动。

1）基本活动

基本活动包括五种基本类型。每种类型又可依据行业特点和企业战略划分为若干不同的活动。

（1）输入物流，包括原材料的接收、入库、库存控制和运输规划等。

（2）运营，包括把输入的物资转换为最终产品所必需的行为，如加工、包装、组装、设备维护、检测、印刷和各种设施管理等。

（3）输出物流，包括收集、储存以及发送最终产品给客户的行为，如产品仓储、产品搬运、订单处理等。

（4）营销及销售，包括为客户提供采购产品手段的行为以及诱导其采购的行为，如广告、促销、销售队伍、定价、渠道选择、渠道关系等。

（5）服务，包括用于维持和扩大产品价值的行为，如安装、维修、培训、零部件供应和产品调试等。

2）辅助活动

辅助活动包括四种基本类型。与基本活动一样，每一类辅助活动也可以按照行业的不同分为若干个不同的活动。

（1）采购，包括购买用于企业生产产品所需要的各种投入的行为。采购的物资包括生产过程中要消耗的材料，如原材料、机器、实验设备、办公设备和建筑物等。

（2）技术开发，包括用于改进企业的产品以及工艺过程的行为，如设备改良、基础研究、产品设计和服务等。

（3）人力资源管理，包括员工招聘、培训、职业发展、考核与激励等。人力资源管理不仅对单个基本和辅助活动起到辅助作用,而且支撑着整个价值链。

(4)企业基础设施,包括总体管理、计划、财务、会计、法律支持及政府关系等所有对整个价值链起支持作用的行为。

3)活动类型

在每一类基本活动和辅助活动中,有三种类型的活动分别对竞争优势起不同的作用。

(1)直接活动,包括直接涉及为买方创造价值的各种活动,如总装、零部件加工、销售业务、广告、产品设计、招聘等。

(2)间接活动,包括使直接活动的持续进行成为可能的各种活动,如维护、进度安排、设施管理、销售管理、科研管理及销售记录等。

(3)质量保证,包括确保其他活动质量的各种活动,如监督、视察、检测、复查、核对、调整和返工。

2. 价值链内的联系

虽然价值活动是构筑竞争优势的基石,但是价值链并不是一些独立活动的集合,而是相互依存的活动构成的一个系统。价值活动是由价值链内部的联系联结起来的。这些联系是某一价值活动的完成方式和另一种价值活动的成本或效益之间的关系。竞争优势既来自单项活动本身,也来自各项活动之间的联系。

联系可以通过最优化和协调一致这两种方式带来竞争优势。联系常反映为实现企业总体目标的活动之间的权衡取舍。例如,成本更高昂的产品设计、更严格的材料规格或更严密的工艺检查也许会减少服务成本。联系也反映为协调各种活动的需要。例如,按时发货会要求生产作业、输出物流和服务(如安装)这些活动协调配合。协调各种联系的能力常常能削减成本或者增加经营差异性。例如,协调的改善会降低企业库存的需要。一个企业的成本或特色不仅仅是削减成本或改善每一个单独价值活动效果的结果,重视价值链内部的联系可能对降低成本和增加产品特色更有帮助。

联系的数量众多,其中一些是许多企业中普遍存在的。最显而易见的是价值链中辅助活动和基本活动之间的各种联系。例如,产品设计常影响一种产品的生产成本,而实际采购则常常影响外购投入的质量以及生产成本、检查成本和产品质量。更微妙的是各种基本活动之间的那些联系。例如,加强对投入部件的检查会降低随后生产工艺过程中的质量保证成本,更好的维护保养会减少机器故障造成的停工。良好的订单处理系统使得销售人员可以更快地处理订单,而无须跟踪解决各种询问和问题,从而减少销售人员为每个买主所花费的时间。对产品更为精细的检查可以提高该产品的可靠性,降低服务成本。向客户频繁发货会降低库存,减少应收账款。

3.3.2 价值链与价值系统

1. 价值系统

按照波特的说法,价值系统是包含企业价值链的范围更广的一连串活动。如图 3.2

所示。供应商拥有创造和发送用于企业价值链之中外购投入的价值链（上游价值链）。供应商不仅提供原材料，还能以其他多种方式影响企业的效益。此外，产品通过一些渠道的价值链（渠道价值）到达买方手中。渠道的附加活动影响着买方，也影响着企业自身的活动。企业的产品最终成为买方价值的一部分，差异化的基础归根到底是企业和其产品在买方价值链中的作用，这决定了买方的需求。获取和保持竞争优势不仅取决于企业对于自身价值链的理解，而且取决于是否了解企业怎样适合于某个价值系统。

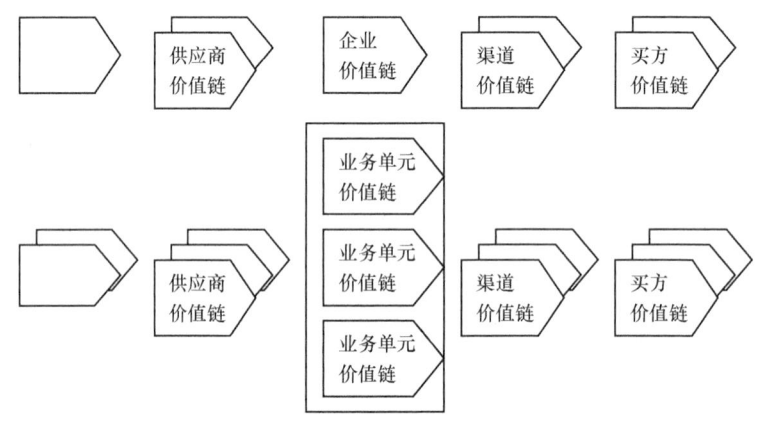

图 3.2　价值系统

在同一个行业里，不同企业的价值链有所不同，这反映了它们各自的历史、战略和实施战略的成果。一个重要的区别是一个企业的价值链在竞争范围上与其竞争对手不同，这代表了竞争优势的一种潜在资源。仅仅服务于一个特定的细分市场也许能使企业将其价值链与该细分市场相适合，并在服务于该市场时带来低成本和差异性。扩大或缩小所服务市场的地理范围也能影响竞争优势。各种活动的集中程度对竞争优势起着关键的作用。最后，协调一致的价值链，将支持企业在相关的竞争中取得竞争优势。企业可以从其内部扩大范围获益，也可以与其他企业结成联盟获益。

2. 价值系统中的纵向联系

联系不仅存在于一个企业价值链内部，而且存在于企业价值链与供应商和渠道的价值链之间。这些联系，我们称为纵向联系。纵向联系与价值链内部的各种联系类似，即供应商或渠道的各种活动的完成方式影响企业活动的成本或收益，反之亦然。供应商生产某个企业用于其价值链的产品或服务，供应商的价值链也在其他接触点上影响着企业。例如，一个企业的采购和输入物流活动与供应商的订单处理系统相互作用，同时，供应商的生产流程设计人员与企业的技术开发和生产人员之间也是协同工作的。供应商的产品特点及其与企业价值链的其他接触点能够十分显著地影响企业的成本和差异性。例如，供应商频繁的运输能够降低企业库存的要求，供应商产品的适当包装能够减少搬运费用，供应商对发货的检查能够减少企业对于原材料进行检查的需要。

供应商价值链和企业价值链之间的各种联系为企业增强其竞争优势创造了机会。通过影响供应商价值链的结构，或者通过改善企业和供应商价值链之间的关系，常常可能使企业和供应商双方受益。供应商联系意味着与供应商的关系并非一方受益、另一方蒙受损失的零和游戏，而是一种双方都能够受益的关系。

销售渠道的各种联系与供应商的联系类似。销售渠道具有企业产品流通的价值链。销售渠道在企业售价上的抬价常常在最终用户的购买价格中占很大比例。销售渠道中进行的活动，如销售及广告等可以替代或补充企业的各种活动。企业和销售渠道价值链之间也有大量的接触点，如销售队伍、订单处理和输出物流。与供应商联系一样，对销售渠道的联系进行协调和综合优化能够降低成本或者增强差异性。

与供应商和销售渠道的联系也常常涉及完成各种活动的各种技术之间的依赖性。例如，企业价值链与买方价值链的各接触点，决定了技术相互依赖的潜在范围；企业的产品技术影响着买方的产品和工艺技术，反之亦然。企业的订单处理技术既影响买方的采购方式，也受买方采购方式的影响。其结果是，技术开发的范围超出了传统上为研发所确立的界限，而自然涉及供应方和买方。

3. 价值链与客户价值

在任何细分市场上，客户对于产品和服务的所有特性都有一些基本要求。如果其中的一项或多项不能得到满足，则供应商就必须放弃这个市场。但是，客户可能更加看重产品的一部分特性，这种偏好随着细分市场的不同将会有一些变化。例如，一部分客户可能对价格特别敏感，一些客户则关心产品可靠性，而另外一些客户则强调交货时间等。客户会根据这样一个简短的"清单"从满足他们基本需要的生产厂商中进行挑选。这些要求被称为成功的关键因素，也就是被客户认为特别有价值的产品特性，而企业正是凭借这些因素得以超越竞争对手的。

一个企业能以自己的价值链影响买方的价值链，从而达到减少用户成本和提高用户效益的目的。企业通过产品和其他活动影响买方。例如，物流系统、订货制度、销售队伍以及工程设计队伍等对买方的价值链产生影响。有时，客户与企业的销售队伍等发生个别接触，而在其他情况下，客户只观察一组活动的结果（如极端准时或推迟发货）。

企业对买方价值链的每一个影响，包括企业与买方价值活动的每一个联系都代表了形成竞争优势的机会。一种产品对买方价值链的直接或间接影响越多，形成差异化的可能性就越大。企业可以有效地设计价值链，降低用户成本和提高用户收益，从而增加客户价值。

（1）降低用户成本。任何一件可以降低用户产品总费用的事情都是有价值的。降低用户成本，而这部分成本又占用户总成本的相当大部分，这样的举动就包含大量的机会。如果企业能够好好地了解用户是怎么使用产品的，企业的各种市场营销、发货以及这些活动又是如何影响用户成本的，就会有很多办法用来降低用户成本。例如，降低发货、安装及筹资成本，降低产品的直接使用费用，降低产品的间接使用成本或产品对其他价值活动的影响，降低产品失败的风险和用户预计失败的费用。

（2）提高用户收益。提高用户收益的关键在于从用户角度了解什么是最理想的价值。必须理解用户的需要并采取与用户相同的价值分析方法。用户不容易事先分析企业提供服务的价值，只有充分使用后才能搞清楚一种产品是怎样影响用户效益的。另外，即使用户已经购买和使用了企业的产品，也不能经常做到全面和客观衡量一个企业的行为及产品。也就是说，用户并不全部了解什么对他们更加有价值，不明白应该从供应商那里寻求什么。这为企业制定差异化战略提供了机会，因为企业可能在采取新的差异化方面先发制人并说服用户重视新形式。

3.4 内部环境分析与战略决策

企业的核心竞争力不仅解释了企业竞争优势的来源，而且可以为企业战略决策指明方向。在对企业业务进行定义时，考虑到企业所处的环境正在快速变化，过窄地定义企业的产品和市场，则可能因市场的萎缩而制约企业的发展。西奥多·莱维特解决外部变化问题的方法是，企业应该广泛而不是直截了当地定义它们的服务市场："铁路公司应该认识到自己是在做交通而非铁路业务。"但是，这一做法取得成功的前提是企业有能力开发出满足广泛的客户需求所需要的能力。对于铁路公司来说，成功地开发出卡车运输、航空和汽车的租赁业务所需要的能力，会面对极大的挑战。也许铁路公司的资源和能力更适合于房地产开发、石油和天然气管道的建设与管理。一些企业采用的战略是基于开发和利用明确界定的内部能力，并擅长适应和利用外部环境的变化，取得长期竞争优势。例如，日本本田公司专注于四冲程发动机的技术优势，从摩托车、汽车到各种汽油发动机产品。美国3M公司在将黏合剂和涂层技术应用于新产品开发方面具有专业知识，这使其通过扩大产品范围实现了有盈利的增长。

在考虑企业的资源、能力和核心竞争力与企业战略设计之间的关系时，有这样几个视角：一是在选择新的战略方案时，最好基于企业的核心竞争力，以确保企业战略能取得竞争优势；二是对于有意抓住市场机会选择了新战略方案的企业，要确保在战略实施过程中筹集到确保战略得以实施所需要的资源和能力，并能够打造支撑竞争优势的核心竞争力；三是对于核心竞争力不强的企业来说，要有意识地打造核心竞争力，为构建企业的可持续竞争优势打下强有力的基础。

为了创造、维持和更新企业的竞争优势，为客户创造价值，实现企业的增长，企业必须加强企业内部资源的管理。资源管理是构建企业资源组合的综合过程，包括结构化资源组合（structuring the resource portfolio）、捆绑资源去构建能力（bundling resources to build capabilities）和杠杆利用能力去利用市场机会（leveraging capabilities to exploit market opportunities），从而创造和维持客户价值，实现企业盈利（Sirmon et al.，2007）。结构化资源组合是指企业得到资源的过程，包括获取（acquiring）、积累（accumulating）和剥离（divesting）。捆绑资源去构建能力是指整合资源以形成能力的过程，包括稳定（stabilizing）、充实（enriching）和开拓（pioneering）。杠杆利用能力去利用市场机会是指利用能力抓住特定市场机会的过程，包括调动（mobilizing）、协调（coordinating）和部署（deploying）（表3.2）。

表 3.2　资源管理过程

资源管理过程	子过程	具体含义
结构化资源组合	获取	从战略要素市场上购买资源
	积累	从内部发展资源
	剥离	放弃企业所控制的资源
捆绑资源去构建能力	稳定	对现有能力做出改进
	充实	拓展现有的能力
	开拓	创造新的能力
杠杆利用能力去利用市场机会	调动	识别能力配置所需要的能力
	协调	把能力整合进能力配置中
	部署	应用能力配置支持所选择的战略

3.4.1　结构化资源组合

结构化资源组合是企业控制资源的总和，决定了企业在特定时期抓住机会并为客户创造价值的上限。结构化资源组合是一个过程，包括获取资源、积累资源和剥离资源。企业外部环境，如战略要素市场的效率、客户需求变动程度等，影响到企业结构化资源组合的方式，进而影响到结构化过程对企业潜在价值创造的贡献。因此，管理者必须根据环境的不确定性和包容性的程度来调整，这也会影响企业通过捆绑和杠杆利用创造价值的能力。

1. 获取资源

获取资源是指在战略要素市场上购买资源。企业可以从战略要素市场上获得商品性资源（如设备）、无形资源（如知识资本）、有形资源和无形资源的复杂集合（通过并购其他企业）。为购买资源所支付的价格极大地影响到资源对创造价值的贡献。如果战略要素市场的效率高，那么资源的价格将包含了对竞争优势的贡献，因此购买资源对竞争优势的贡献有限。然而，受到信息不对称的影响，在新资源或者老资源的新用途的战略要素市场上，企业可能有机会以低于真实的市场价值的价格获得资源。但是，新资源在未来能够产生的价值，老资源被应用于新市场的价值，都存在着不确定性，这种不确定性也使得企业在对建立和维持竞争优势所需要的资源上产生了模糊性。为了更好地应对环境的变化，为了抓住未来的机会，企业需要为未来的发展准备相对宽松的资源。

2. 积累资源

积累资源是指在企业内部发展资源。由于战略要素市场不可能提供企业发展所需要的所有资源，尤其是在环境的包容性较低的时候，积累资源就成为必要的选择。由于因果关系的模糊性，资源的内部开发进一步强化了隔离机制。而隔离机制又进一步降低了模仿的威胁,从而增加了基于资源的竞争优势的维持。

积累资源常常要求学习。例如,为了开发企业的智力资本,强化管理技能,员工必须增加隐性知识。组建由非管理者、经验相对缺乏的管理者与有经验的管理者构成的项目团队,有助于增加员工所需要的隐性知识。也许,企业没有所需要的隐性知识,这时可以与有相关知识的企业建立联盟。

3. 剥离资源

剥离资源是指企业放弃控制的资源。由于企业资源有限,它们必须积极评估当前资源,剥离低价值资源,为获得或积累高价值资源创造有利条件。对于那些不能为建立和维持竞争优势做出贡献的资源、不能用于捆绑和利用的资源,都可以列入剥离对象。例如,裁员、剥离非核心业务、抛售特定资产、业务分拆和职能外包等,都属于战略性的资源剥离。

然而,由于沉没成本偏爱或组织惯性,企业通常会延迟剥离表现不佳的资产。此外,在不确定的环境条件下,选择哪些资源来剥离是一项挑战。由于资产的未来价值很难评估,为了应对竞争或经济条件的变化而急速降低成本,企业有可能剥离宝贵的资源。例如,在经济陷入衰退时,企业通常会裁减大量员工,这可能会降低企业的智力资本,损害其在经济反弹时抓住机会的能力。

3.4.2 捆绑资源去构建能力

捆绑资源去构建能力就是对不同资源进行整合并形成能力的过程。企业采取的每一项创造价值的行为(研发、市场营销等),都需要能力的支持,而每一项能力又都是对多种资源进行整合的结果。任何能力都有其环境适用性,环境不确定性越高,越需要创造新的能力。

捆绑资源去构建能力有三种子过程,包括稳定、充实和开拓。

1. 稳定

稳定是指对现有能力进行微小的渐进式改进。例如,要求员工每年必须参加一定时间的培训,以使他们的知识和技能保持在最新状态。通常情况下,当前具有竞争优势,同时又希望保持竞争优势的企业使用稳定的方式。在环境不确定性较低和环境的包容性较高的情况下,稳定可以对价值创造做出贡献。

2. 充实

充实是指扩展和精制当前的能力。通过学习新的技能,或者把资源组合中与现有能力互补的资源整合到现有能力中,可以充实企业的能力。例如,一家制药公司通过收购一家生物技术公司或者与其建立联盟关系,获得知识,增强研发能力。把新获得的资源与现有能力进行整合类似于嫁接,旨在创造互补资源之间的协同作用。制药公司把生物技术能力嫁接到自己强大的分销能力上,从而创造出一种新的高阶的产品市场化能力。但是,由于充实仅仅意味着能力的扩展,很容易被竞争对手模仿。若想在较长的时期内保持竞争优势，需要通过开拓获得新的能力。

3. 开拓

开拓是指为适应竞争环境的变化，创造新的能力。开拓不是基于现有知识的扩展，而是需要探索性学习（March，1991）。开拓需要整合一些熊彼特式创新，整合一些与企业现有资源完全无关的资源，这往往需要经验丰富的经理人组成异质性的团队来完成。在不确定的环境中，为了抓住崭新的市场机会，企业对新能力的需求更加显著。

3.4.3 杠杆利用能力去利用市场机会

杠杆利用能力去利用市场机会意味着应用企业的能力为客户创造价值，为所有者创造财富。有三种杠杆利用能力去利用市场机会的战略，不同的战略要求不同的能力配置（capability configurations）。

一是资源优势战略（resource advantage strategy）。资源优势战略的目的是利用能够产生独特竞争力的能力配置。独特的竞争力使企业优于竞争对手向客户提供价值，从而带来竞争优势。通常，具有独特竞争力的企业采用这种杠杆策略。例如，当美国烟草公司菲利普·莫里斯收购米勒酿酒公司时，它调动了市场和分销方面的能力配置，从而在啤酒市场上获得了竞争优势。在这个案例中，资源优势战略的重点是菲利普·莫里斯公司的原有竞争力与啤酒市场形成了匹配。

二是利用市场机会战略（exploiting market opportunities strategy）。这要求企业仔细分析外部环境，识别企业通过能力配置能够利用的市场机会。通常企业管理者容易识别在相邻市场上出现的机会，却难以发现离企业现有市场较远的地方出现的机会。由于市场机会是新的，为了利用机会，企业可能需要丰富和开拓一些能力并创建必要的能力配置。例如，为了利用新的机会，企业可以杠杆利用其研发能力实现渐进式创新；或者可以把新的服务与现有产品进行打包，满足不断增长或变化的客户需求。

三是创业战略（entrepreneurial strategy）。创业战略涉及开发能力配置以生产新市场所需要的新产品或新服务。这样的机会可能取代现有的市场（在相机中使用数字技术创造了许多新市场，如安全监控和汽车摄像头等）。通常，为了设计出新的产品或服务，满足新市场客户的需求，企业需要对其研发、工程和市场营销能力进行配置。

杠杆利用能力去利用市场机会这一过程包括调动、协调和部署等子过程。一般来说，能力首先要被调动，才能被协调和部署，因此调动是企业成功地实施杠杆利用能力的第一步。在实践中，这些杠杆利用能力的过程可能遵循不同的路径。例如，在部署能力配置时，企业必须学习如何更有效地整合一个能力配置和其他的能力配置。此外，在协调多个能力去形成一个用于部署的能力配置时，这些需要协调的能力需要有效地被调动。所以，杠杆利用能力时，极可能是三个子过程依次进行，也可能同时进行，也可能通过反馈以相反的方式进行。

1. 调动

调动是指为了利用市场机会并获得竞争优势，确认企业所需要的能力并设计能力配置。调动能力的过程涉及设计杠杆利用能力的战略。在调动能力配置前，必须理解市场和客户需求，以便于更有效地竞争，更好地满足客户需求。在高度不确定的环境中进行竞争时，由于能力和价值创造之间存在着模糊关系，增加了确认合适的能力配置的难度。

2. 协调

协调是指有效地整合被调动起来的能力，创造能力配置。知道每个能力的价值，采用有效沟通方式去扩散这些知识，有助于把这些能力整合成为一种创造价值的组织能力。为了把能力整合成有效的能力配置，需要组织成员分享显性知识和隐性知识，而企业内部的社会网络有助于组织成员之间的知识分享。

3. 部署

部署是指利用能力配置去支持所选定的战略。只有成功地实施部署，企业才能最终为客户创造价值。同时，也只有在竞争对手缺乏进行部署所需要的特殊技能时，企业的部署才能增加企业的竞争优势。对能力进行部署，需要一套显性的和隐性的知识，而这套知识往往是复杂的。为了降低复杂性，企业会对知识进行编码，形成企业惯例。但是，成功地部署综合能力所需要的隐性知识是高度个人化的，并且深深植根于个人在特定环境下的行动，导致与部署能力配置相关的许多知识不能编码。所以，管理者协调和部署能力配置的技能高低，就成为企业能否利用杠杆能力创造价值的关键。

习　　题

1. 解释波特的价值链分析模型。
2. 举例说明价值链内部不同环节之间的关系。
3. 企业内部如何利用价值链系统中的纵向联系提高竞争优势？
4. 为什么不能将资源、能力、成功的关键因素与核心竞争力等同？
5. 选择一家知名企业，对其核心竞争力的来源进行分析。
6. 为什么说知识是核心竞争力的重要来源？
7. 社会资本对核心竞争力的贡献方式有哪些？
8. 为什么要防止核心竞争力成为核心僵化？
9. 资源管理过程的主要内容有哪些？
10. 杠杆利用能力的战略有哪些类型？

案例 3　星巴克门店

星巴克在 75 个国家有 2.7 万家门店，提供标准化流水线上的产品，正是看到很多客户对于高品质、独特性的追求，星巴克才于 2014 年在西雅图开设了全球第一家星巴克烘焙工厂门店。2017 年 12 月 5 日，在星巴克臻选上海烘焙工坊开业典礼上，创始人霍华德·舒尔茨说，他已经等不及要看中国消费者进入这座工坊时欣喜的表情了。他还在现场透露了星巴克未来在中国的发展计划，预计用 9 年时间让中国的门店从现在的 3000 家提升到 10 000 家。

1. 门店再造

2008 年金融危机引发的全球经济衰退让很多人缩减了消费，但似乎并未影响人们走进咖啡馆的热情。至少对星巴克来说是这样的，其发布的 2012 财年第一季度的财报（截至 2012 年 1 月 1 日）显示，星巴克过去 3 个月的总营收同比增长了 16% 至 34 亿美元。

是什么使星巴克能够在经济萧条的环境下仍然保持销售快速增长？星巴克咖啡公司亚太区总裁约翰·卡尔弗（John Culver）对《环球企业家》的回答是："关键不在于如何运营好 500 家门店，而是在于如何运营好'一家'门店，并且将同样的事情做 500 次，保证每次都能做好。"

运营好"一家"门店，当然也不是容易的事。2008 年舒尔茨归来之前，星巴克面临着过度扩张之后门店咖啡质量下降、产品创新乏力、企业灵魂丧失等一系列的问题。舒尔茨回归之后对每一家门店都进行了改造，如丢弃为了节省成本而购置的廉价桌椅。2010 年，星巴克在美国对 1700 家店面进行改造，大量购入充满田园气息的木头柜台、长条桌子以及手写的菜单，为的是让星巴克的门店看起来更有亲切感。同时，不同门店的创意形象也让消费者和星巴克之间产生了更多情感关联。

在中国，这样的门店改造亦在进行中。如在北京前门大街上的星巴克，是中国古典样式的建筑风格，灰色墙面上夹杂着华丽的雕梁画栋，无论是红色的窗棂还是淡绿色的墙砖都充盈着古典诗词的意境，就连星巴克的小美人鱼也跃上了中国传统的牌匾。这个来自美国的咖啡连锁品牌很愿意将中国元素充满这间门店，而淡化西式色彩。"在店铺设计中融入了本地的文化和元素，在为消费者提供舒适环境的同时也给他们带来更为熟悉和亲切的体验。"卡尔弗说，这使星巴克的消费者对品牌的忠诚度更强了。

更多创意的点子在星巴克门店涌现。2011 年 10 月，在纽约时代广场上的星巴克重新开张，门店内外各装有两台电脑，可以同步显示星巴克 Facebook 和 Twitter 账号上的最新动态，包括即时的促销信息。在门店的一角设立了拍照装置，客户可以从那里直接获得自己以时代广场星巴克为背景的照片，并且上传到自己的社交网络上。这种即时互动的方式可以使消费者在星巴克的参与感更强。美国的一些消费者在其门店主页下方留言说："我等不及要去那里看看！"

门店的改造让更多的消费者愿意进来坐坐，而后台系统的改善也帮助星巴克能以更高的效率和质量来服务客户。过去的 4 年中，星巴克更新了门店的销售系统，新的系统可以加快门店员工的点单速度并且提高下单的准确率。后台供应链的改善也帮助星巴克更好地管理库存，以避免出现因为缺少某种原料而无法为客户调配出想要的咖啡的情况。如果这种情况多次发生，会损害客户对于星巴克的信任感，并且最终导致客户流失。"新的系统还能帮助星巴克收集客户的数据信息，迅速了解客户的需求，使得星巴克在产品创新方面做出正确的判断。"卡尔弗告诉记者。

合适的产品能吸引消费者在不同的时段来店消费。舒尔茨曾发现中国星巴克的消费者更多在下午和晚上利用星巴克进行商务活动，而美国的消费者更集中于早晨。如果能吸引中国的消费者在早晨也能光顾星巴克的门店的话，便会给门店带来更多的客流以及销售额。为此，星巴克正通过系统提供的数据寻找适合每个时段的饮料和食物，如蛋糕以及其他单品。

储值卡的推广也给星巴克带来了更多的销售收益。根据《华尔街日报》的报道，星巴克卡的交易额高于任何同类充值卡。星巴克公司网站上独立于其财务报表的详细数据显示，截至2011年9月的一年时间里，星巴克卡总计充值金额为22亿美元，较2006年同期增长了151%。通过星巴克卡进行的消费占公司收入的18%。

在中国，星巴克通过"星享卡"作为加强客户忠诚度的工具。"星享卡"没有储值功能，但客户购卡后在相关网站完成简单注册即可成为"星享俱乐部"会员，获得相应的奖励回馈。客户持"星享卡"在门店内的每一笔消费会被一一记录下来。随着消费金额的累积，客户将能升为代表更高级别的玉星级会员和金星级会员，以获得更多的回馈体验，如免费咖啡赠饮、专属的咖啡教室、新产品体验会等活动将为普通中国消费者提供更多了解和感受星巴克的机会。此外，客户在门店的消费习惯和对产品的口味喜好等个性诉求会通过"星享卡"及时反馈给星巴克，使星巴克能更广泛全面地聆听客户的切实需求，并对产品和服务做出迅速有效的改善，推出更多深受客户喜爱的产品。

但舒尔茨也并不想在门店中满足客户所有的需求。如他曾极力推动取消美国门店中的加热三明治的服务，因为夹在三明治中的奶酪在加热后散发出的气味会弥漫整个门店，并且掩盖了星巴克最核心的产品——咖啡的香味。尽管这项服务深受消费者的喜爱，但舒尔茨对星巴克内任何与咖啡为敌的细节都保持着高度警惕。

在大多欧美连锁企业增长乏力的同时，星巴克取得业绩的快速增长，在某种程度上正是因为其违背了连锁行业的一些基本准则。2006年和2007年当星巴克以越来越快的速度增长时，为了保持内部财务增长而催生了拙劣的经营策略，几乎每一家连锁企业都看重的"同店销售额效应"就体现出诸多恶果。有一天舒尔茨走进一家门店，震惊地看到店内销售的毛绒动物玩具越来越多。"这是什么？"他指着一堆与咖啡毫无关联的可爱玩具问，经理不假思索地说："它们对销售额以及利润的增长有着极大的贡献。"当时，这种心态已经无处不在。为此，舒尔茨决定在报表中取消同店销售增长比的数据。类似的举措一度引起投资者的愤怒，但现在来看，舒尔茨显然更知晓该如何提升星巴克的利润。

2. 臻选烘焙工坊

2017年12月5日，星巴克亚洲首家全沉浸式咖啡体验门店——星巴克臻选上海烘焙工坊 Roastery 宣布开业，这也是继 2014 年总部西雅图首家 Roastery 后，全球第二家臻选烘焙工坊。

"物以稀为贵"，对比标准门店每年成千上百家的新增数量，时隔 3 年才诞生第二家的臻选烘焙工坊，在星巴克内部无疑是瑰宝，不论是选址还是开业时间都谨慎再三。而且，这条业务线也是星巴克咖啡公司董事会执行主席、前全球 CEO 霍华德·舒尔茨亲自带队。当日的开业庆典上，他也专程赶来站台，彰显出公司对于这个产品系列的无比倚重。

2016 年末，霍华德·舒尔茨提出卸任后，各方都关注着星巴克接下来的走向，现在看来，不管是他个人还是公司，都选择了以发展前景与利润业绩为重。那么，在星巴克的咖啡情怀之外，"臻选烘焙工坊"这条全新、高阶的业务线能否代表星巴克的"下一站"？

其实这几年，星巴克的日子并没有那么顺遂。鲜有亮点的财务数据、不达预期的销售表现，几乎每次财报发布会后，华尔街的分析师们都会对星巴克的当季表现给出一通差评，再加上星巴克灵魂人物舒尔茨的卸任，反映到资本市场，就是起伏波动的股价，确切说，是"伏多起少"。

在投资者面前屡屡挫败的星巴克，在消费者这里也因为产品涨价、会员制度改革等原因，险些失了民心。前不久发布的最新财报显示，2017 年第四季度，星巴克全球利润下滑 16.7%，这也是近几年来第一次利润出现如此严重的下滑。尽管官方说法是因为"锐减的商场客流与飓风天气"，但在路透社分析看来，包括 Intelligentsia 在内的精品咖啡馆，以及麦咖啡在内的低价产品，正在蚕食星巴克的市场，无论是在美国还是在星巴克的快速增长区——中国，只是面对问题的时间或早或晚。

不管这些品牌是否被业内看得起，历史或者咖啡制作如何简陋，都必须承认，市场偏好开始出现倾斜。相比开局时，星巴克攻城略地的红利期，如今增多品类或是开设新门店，能释放的销售与利润空间都开始收窄了，全新、能带来利润快速增幅的新业态成了必需品，高端门店臻选烘焙工坊在此时开业，是张好牌。

新开业的臻选烘焙工坊，整体看，装修风格与内饰，都是标准门店的高阶版，强调体验式消费与特供产品。约 2700 平方米的面积远超西雅图店，被打造成一座"咖啡奇幻乐园"，拥有两个咖啡吧、一间主题商店、一个挑高图书馆和一个透明的咖啡烘焙厨房。

在店内，消费者可以体验多个咖啡工坊，也可以在 3D 打印而成的茶瓦纳（Teavana）吧台品味茶饮，还能够享用到星巴克收购后首次亮相亚洲的焙意之（Princi）的纯手工美食。此外，门店内还有售众多独家限定的星巴克周边产品。如此精心安排，为的自然是可以带给星巴克更好的财务回报。

星巴克总裁兼 CEO 凯文·约翰逊此前在接受媒体采访时表示，臻选烘焙工坊可以实现双位数的可比同店增长，而且平均客单价是标准星巴克门店的 4 倍。以首家门店的表现来看，的确不凡，与全美门店全年平均 6%的同店营收增长率相比，西雅图臻选烘焙工坊门店达到了 24%，相当出挑。可想而知，复制在上海的首家海外烘焙工坊，其业绩目标必定是有增无减的。如果说标准门店已经在中国市场做足了消费认知与品牌培育，那么臻选烘焙工坊势必要为星巴克争下更好的市场地位，获得更高的利润回报。

如果说，2017年是星巴克的调整年，那么逐步到位的新管理层，势必想要把2018年打造成一个全新的投资年与突破年。新官上任三把火，在2017财年四季度业绩说明会上，约翰逊宣布了最新的长期财务目标——可比同店销售增长3%~5%，收入实现高个位数增长，每股盈利增长12%或以上。

在具体执行上，则是三步走：第一，星巴克要"投资于未来"，尤其在员工投入、食品饮料创新以及数字化创新和星巴克臻选门店Roastery上的建设；第二，公司需要适时调整成本结构；第三，精简业务、提高效率，一方面投资成长前景最好和回报最大的生意；另一方面退出长期增长前景较差的业务，无论是授权许可、出售剥离还是以其他方式。

简单说，就是增加赚钱手段，剥离亏损业务。星巴克的一系列举措，也都迎合了这个目标。星巴克一边将茶饮品牌Tazo卖给了联合利华，关闭了不赚钱的Teavana茶饮门店与果汁品牌Evolution Fresh的独立门店，一边又大刀阔斧花了近88亿元，将中国大陆的所有门店都收归己有。咖啡和茶饮料尤其是冷饮的更迭开始加快，网络渠道与数字化应用开始增加。

此前星巴克在中国的数字创新由于迟迟没有突破网络支付，一直被认为是鸡肋，但从2016年到现在，微信与支付宝的相继接入使得整个星巴克的数字化进入一个新阶段。在上海开业的这家臻选烘焙工坊，依托阿里巴巴的场景识别技术，与天猫全面合作，推出了"智慧门店"概念，消费者可以体验星巴克首个AR体验之旅，只需手机连接店内Wi-Fi或打开手机淘宝APP扫描二维码，登录上海烘焙工坊的手机版网页——"线上工坊"，通过AR扫描功能，便可进行在线菜单查询，以及工坊展览等。在指定的工坊景点打卡，还能获得虚拟徽章，解锁工坊定制款拍照工具，拍照并分享到社交媒体。

星巴克在打造一个新形象——高品位、体验感、数字化，似乎一切都被考虑在内了，大大提高了星巴克的门槛，接下去要等的就是消费者纷至沓来献上的销售额了。只是这招并非没有风险，更高端的业务线，最后是服务高消费的窄众群体，还是能打动中产们的心，还需要时间证明，毕竟如今的中国消费市场，早就不是近20年前星巴克刚入华时的空白区了。

资料来源：林仲旻. 星巴克仍掌握魔法. 环球企业家，2012-03-07.
http://www.gemag.com.cn/html/2012/chinese_company_0307/28559.html
韩璐. 星巴克的下一站. 21世纪商业评论，2018（1）：54-55

【问题】
1. 为什么星巴克要对门店进行改造？采取的主要行动有哪些？
2. 星巴克开设臻选烘焙工坊的主要原因有哪些？为什么4年只开了两家？

第 4 章 制度环境和企业合法性分析

企业的经营环境包括市场环境和制度环境,传统的企业外部环境分析重视市场环境。与此相对应,企业的能力也包括针对市场环境的经营能力和针对制度环境的合法性管理能力。考虑企业全球化经营背景下,不同国家的制度环境对企业经营的影响不同,需要企业提升合法性管理能力,而且对制度和合法性的分析逻辑与前两章的分析存在着极大的差异,因此单独列一章。本章首先介绍企业所面对的制度环境的构成要素及影响,然后分析企业合法性及合法性管理,最后探讨合法性视角下的企业战略选择问题。

4.1 企业制度环境

4.1.1 制度的含义及构成要素

制度(institution)是人类社会建构出来的要求大家共同遵守的行动准则。基于"游戏规则"的比喻,诺斯(D. Noth)给制度下的定义为:"决定人们相互之间关系的人为约束。"

根据是否是明文规定的,制度又通常被划分为正式制度和非正式制度。正式制度总是与国家权力或某个组织相连,是指这样一些行为规范,它们以某种明确的形式被确定下来,并且由行为人所在的组织进行监督和用强制力保证实施,如各种成文的法律、法规、政策、规章和契约等。非正式制度是指对人的行为不成文的限制,是与法律等正式制度相对的概念,包括价值信念、伦理规范、道德观念、风俗习惯和意识形态等。正式制度和非正式制度作为制度不可分割的两个部分,是一个对立的统一体,既相互依存,在一定的条件下又相互转化。

著名社会学家斯科特(R. Scott)将制度定义为:"受规则、规范和认知体系制约的结构与活动,这些结构与活动使社会趋于稳定,使社会行为产生意义。"

1. 规制要素

规制的特征是对活动的规则设计、监督和奖惩。这类过程包括确立规则,监督他人遵守规则,若有必要还会实施奖惩,以便于影响行动者将来的行为。这类活动既可能通过高度正式化的、专门设置的机构来实施,如公安局、法院等,也可能通过相对分散的非正式的机制来实施。

虽然规制概念经常会使人想到压制和约束的情景,但是很多规制性规则对于行动者及其行动具有使能作用,如许可某些类型的行动者采取行动、获得特殊权利或者收益等。制度既具有制约又具有促使某种经济行为发生的功能。

尽管规制的核心部分,包括强制性的暴力和奖惩等,但是作为统治者并不是把政体建立在强权暴力的基础上,他们往往试图在民众中培养出一种其统治是合法的信念。因此,有时具有权力的一方可能使用激励或者诱惑的方式,来获得别人的遵从。

在向市场转型的中国经济中,由于存在着大量的政府对经济的直接干预,因此可以归入规制性制度因素的除了法令以外,还有各类产业规划、"红头文件",甚至官员的讲话。对主要的规制性制度进行分类,大体可以分为四种类型(表4.1)。其中,进出壁垒性规制是指决定企业进入和退出行业的制度;成本收益性规制是指政府采取的经济奖惩制度;社会责任性规制是指企业开展经营活动需要承担的法定社会责任;基本行为性规制是指企业开展经营活动时必须遵守的基本规则。由于政府机构一直处于变革过程中,因此所涉及的政府部门或名称也在不断变化。

表4.1 中国企业所面临的规制性制度分类

规制类型		相关的政府部门	制度的表现形态
进出壁垒性规制	产业调控	发展和改革委员会、经济和信息化委员会等部门	综合规划、行业规划
	行业规制	发展和改革委员会、经济和信息化委员会、中小企业局、水利局、建设局、文化广电新闻出版局、质量技术监督局等部门	进入标准、企业资质、技术标准
	项目规制	发展和改革委员会、经济和信息化委员会、建设局、财政局等部门	项目审批、招商引资
成本收益性规制	财税	发展和改革委员会、税务局、财政局、科技局等部门	财政支持、税收优惠
	金融	发展和改革委员会、经济和信息化委员会等部门	贷款导向
	资源	发展和改革委员会、国土资源局、规划局等部门	资源控制
社会责任性规制	产品质量	质量技术监督局、市场监管局、建设局、农业局、卫生局等部门	质量标准与监督
	环境保护	经济和信息化委员会、环境保护局等部门	环境监督、审批
	安全生产	经济和信息化委员会等部门	生产监督、许可
	劳动保障	人力资源和社会保障局等部门	劳保监管
基本行为性规制	治安	公安局、市容市政管理局等部门	治安监管
	日常市场经营	科技局、工商行政管理局、物价局、文化广电新闻出版局、财政局、审计局、税务局等部门	产权、市场竞争、物价、财务监管

2. 规范要素

规范性的制度包括价值观和规范。所谓价值观,就是指行动者对周围客观事物的意义、重要性的总评价和总看法,以及用来比较和评价现存结构或行为的各种标准。规范则规定了事情应该如何完成,并规定实现目标的合法方式和手段。规范系统确定目标(赢得竞争、获得收益),但也指定了追求目标的适当方式(如规定竞争如何进行、交易公平等)。某些价值观和规范可能适用于一个集体的所有成员,但是另一些则可能仅适用于特定的行动者或者特定类型的职位。

社会的价值观念影响到人们对企业行为的判断。关于企业应该遵守的价值观念，有很多看法，其中有四种典型观点。

第一种观点认为，企业唯一的责任就是保证股东的短期利益。持这种观点的人认为，企业在满足各类法律和规章要求基础上，寻求个体利益的最大化。

第二种观点认为，企业应该追求长期价值。为此，应该维护好与其他利益相关者的关系。例如，向外部提供赞助或提供福利都会被认为是有意义的。

第三种观点认为，企业利益相关者的利益和期望应该更加明确地体现在企业的目标和战略中，这些利益和期望通常会超出法规与公司治理所规定的最低限度的义务。持这种观点的人认为，组织业绩的评价标准不仅仅是财务指标，而应该是多方面的。

第四种观点认为，企业作为社会组织之一，应该承担塑造社会的任务，财务因素被认为是次要的因素或者只是一种约束性因素。

每个企业遵循的价值观是不一样的，这又被称为企业的社会责任。企业社会责任（corporate social responsibility，CSR）是企业在创造利润、对股东承担法律责任以外，对员工、消费者、社区和环境所承担的责任。企业的社会责任要求企业必须超越把利润作为唯一目标的传统理念，强调要在生产过程中对人的价值的关注，强调对消费者、对环境、对社会的贡献。

3. 认知要素

认知要素指的是关于某类事情的共同理解。在大多数环境中，人们之所以遵守认知性制度，是因为人们难以想象到其他的行为类型，理所当然地认为一些惯例是我们做这些事情的恰当方式。斯科特用"文化—认知"词语描述认知要素，是指"内在的"理解过程是由"外在的"文化框架所塑造的。正如道格拉斯（2013）所指出的，我们应"视文化为认知的容器，在这种文化容器中，各种社会收益得以界定、分类、主张、谈判，并以斗争来解决"。不同文化要素的制度化程度存在差异，制度化高的文化要素往往会变成惯例或认知框架，不太需要人们的维护，不太需要通过仪式来巩固，不太需要用符号来阐释。例如，对于具备现代医学知识的人来说，急性阑尾炎病人必须赶快看医生治疗甚至要动手术。对急性阑尾炎需要医学治疗，这是一种共同的理解，采用迷信的方式找"巫师"跳大神是不能治病救人的。

4.1.2 制度的功能及对战略的影响

1. 制度的功能

制度的功能有很多，其关键的功能是降低不确定性。具体来讲，制度通过发出什么行为是可以接受的、什么行为是不可以接受的信号来影响个人行为的界限。

不确定环境下的经济交易会导致交易成本的产生。交易成本就是与经济交易活动有关的费用，或者更宽泛地讲，即商业活动的费用。交易成本的一个重要来源是机会主义，就是"用欺诈手段为自身牟利"。机会主义的例子包括交易活动中对其他有关方的误导、欺骗和混淆视听。为了减少这种非同寻常的交易成本，制度框架给出了商业交易的游戏规则。

没有稳定的制度框架，交易成本将会非常高，以至于无法达成某些交易。例如，缺少保护投资者的可靠制度框架，国内的投资者会选择去国外投资，而国外的投资者可以选择在其他投资者保护制度更为完善的国家进行投资。

制度与企业之间的交互作用降低了交易成本，规范了经济活动。此外，制度不是静止不变的。制度转型在全世界已十分普遍，尤其是在一些新兴经济国家。在一些新兴经济国家的制度转型中，尤其是从政府计划经济向市场经济的转变已深入人心，以至于它们简单地被统称为转型经济国家。在这样的转型过程中，管理者的战略选择必须考虑制度框架及其变化。

2. 制度对战略的影响

虽然战略研究人员很久以前就知道战略选择受到制度的影响，但是在学术界有关制度与战略之间关系的研究却是近些年才发生的事情。如今，当更多的企业在国外做生意的时候，这个观点变得更加重要。发达国家和新兴经济国家之间显著的制度差异将基于制度的战略研究推向研究的最前沿。基于制度的战略理论重点研究制度与企业之间的动态交互作用，以及这些交互作用所产生的结果（战略选择）。特别是，战略选择不仅受到传统战略观中市场机会和企业能力的影响，而且能够反映特定的制度框架下的正式制度和非正式制度的约束。彭维刚基于制度的战略观提出了两个核心假设。

第一个假设，管理人员和企业在制度约束下理性地追求他们的利益，并做出战略选择。例如，在制药业，美国的制度框架形成了以创新为中心的战略，而日本的制度框架不鼓励创新，因为创新会使得早期的药品变得过时，早期的药品通常获利巨大。这两种战略在它们各自的制度框架中都是合理的。

再如，全球数以千计的企业都在追求假冒战略，它涉及新兴经济国家的许多企业。理解这个战略的关键是要意识到选择假冒战略的管理者和企业家们并不是不讲道德的怪物，而是普通人。在缺少知识产权保护的制度环境中，企业拥有足够的制造与分销能力，他们这样做是理性的选择。虽然发达国家的企业和政府常常谴责这种战略，但是假冒产品在贫穷的国家是不受约束的。按照《经济学家》的观点，"倒退一两个世纪，欧洲和美国今天许多知识产权的坚决拥护者正忙着做同样的假冒伪劣之事。"当然，假冒战略是理性的观点并非承认它是合理或合法的。但是，如果不理解它的制度基础，要制定有效的对策是很困难的。

第二个假设，当正式制度和非正式制度共同支配企业的行为时，在正式制度约束失效的情况下，非正式制度约束在降低不确定性及坚定管理者和企业的信心方面发挥着更重要的作用。例如，在我国当前，由于存在着法规不健全之处，一些企业寻求与政府官员建立个人关系，通过非正式制度约束有效地促进了企业的权益保护。

非正式制度不仅与新兴经济国家有关，即使在发达国家，尽管正式规则所起的约束作用更加重要，但是非正式制度的约束也是普遍存在的。总体来说，如果一个企业没有领先的成本和差异化的优势，它仍然可以在其他领域击败竞争对手，这种领域就是以非正式关系为特征的非市场的政治环境。在一些国家，当其他市场竞争手段都失效时，善用政治手段的企业就会指控国外竞争者进行倾销，从而获得政府的保护。一项研究表明，对于美国企业来说，动用政治资源提交反倾销诉状是有利的战略，相对于其投资（提出诉讼的法律费用），可以产生200%的回报。

4.2 企业合法性及合法性管理

4.2.1 企业合法性

1. 合法性的含义和类型

合法性（legitimacy）的概念最早由帕森斯（Parsons，1960）提出，即"在特定的信念、规范和价值观等社会化建构内部，对行动是否合乎期望、是否恰当的一般认识和假定"，后来主要应用于组织社会学中的制度学派。梅耶（Meyer）和斯科特（1987）将组织的合法性定义为"社会文化观念对组织支持的程度，即已经建立的文化规范对组织的存在所提供的解释"。

在战略管理中，较为普遍接受的是萨奇曼（Suchman，1995）给出的定义："合法性是指在一个由社会建构的规范、价值观、信念和定义的体系中，一个实体的行为被认为是可取的、恰当的、合适的一般感知和假定。"合法性是普遍的评价而非就具体事件做出的评价，是"被客观地拥有而主观地创造的"。萨奇曼所谓的"社会建构的系统"，实际上就是制度性框架。合法性不是一种被占有或交换的日常用品，而是一种反映被感知到的、与相关规则和法律、规范支持相一致的状态，或者与文化—认知性框架相亲和的状态。与物质资源或技术信息不同的是，合法性不是一种为了生产某些新的、不同的产出而进行的投入，而是一种以外部可见的方式来展示的符号性价值。

学者们对合法性做出了不同的分类。斯科特把合法性划分为规制合法性、规范合法性和认知合法性；萨奇曼将合法性分为实用合法性、道德合法性和认知合法性。制度的三类要素规制、规范和认知，对合法性提供了三种相关的但明显不同的支撑。关注规制性制度要素的理论，强调遵守规则是合法性的基础，合法的组织是那些根据相关法律与准法律要求而建立的、并符合这些要求而运行的组织。关注规范性制度要素的理论，则强调评估合法性的较深层次的道德基础。关注认知性制度要素的理论，则强调通过遵守共同的理解和认知框架而获得合法性。

（1）规制合法性。一个组织是否具备规制性的合法性，在于一个组织是否是依法建立的，是否采取了与法律和规制一致的行为。如果组织的行为完全符合这些规章制度，那么组织在其外部利益相关者眼里也就相应具备了规制性的合法性。

（2）规范合法性。一个组织是否具备规范性的合法性，在于一个组织的存在是否有利于增进社会福利，其行为是否符合广为接受的社会价值观和道德规范。规范性的合法性反映的是组织忠诚于相对普遍的社会道德观念，而不是某一特定群体的价值观。一般来说，可以通过组织提供的产品和服务、组织采用的技术和作业流程、组织的结构类型三个方面是否符合公众的共同价值观和道德规范,来判断一个组织是否并在多大程度上具备规范性的合法性。

（3）认知合法性。认知合法性来源于有关特定事物或活动的知识的扩散。当一项活动被人们所熟悉时,它就具备了认知合法性。认知性的合法性与规范性的合法性的根本区别在于,认知性的合法性基于"广为接受",侧重于"被人们所理解和接受";规范性的合法性基于"评价",强调符合共同的道德规范和价值观。例如,有些活动虽然不符合人们的道德标准,受到的评价也很差,但却有可能是人们所熟悉的,并且是人们清晰了解的,也就是说这些活动尽管不具备规范性的合法性,但是具备认知性的合法性。

合法性有不同的来源,因此企业面临着不同的合法性要求,且这些合法性要求之间又存在着差异。萨奇曼认为不同的合法性之间有时是相互加强的,有时又是相互矛盾的,特别是当社会处于转型时期,不同合法性之间的摩擦就会增多。这种情况下,就可能出现这样的情形,对于一个组织采取的行动,按照某一组制度要素被判定为合法,而按照另外一组制度要素可能被判定为不合法。在此,我们把这种现象称为合法性冲突,即指因为不同制度主体和制度要素对企业的不同要求引起的,企业追求一个方面的合法性而造成对另一个方面的合法性的削弱。

2. 企业合法性

企业合法性包括企业整体和部分、企业现实经营活动与期望经营活动的合法性。从不同的角度,可以对企业的合法性进行分类,如规制合法性、规范合法性和认知合法性。企业的合法性越高,越容易得到社会各界的支持,其经营活动就有可能得以按照计划进行。反之,企业的经营活动会受到抵制。但是,企业合法性与企业盈利之间的关系却比较复杂,尽管总体上来看,企业的合法性越高,企业的经营活动越容易得到开展,经济效益越好。但是,反例也是大量存在的。一些企业经营活动的合法性很低,但是由于没有受到制裁,反而获得了更高的利润,甚至利用自己的成本优势打垮了合法经营的企业。

企业的规制合法性是指企业的行为是否符合各类规制性制度要求的程度。企业在经营活动中违法甚至犯罪的现象频频出现,如2013年2月,江苏无锡公安机关出动200余名警力,在无锡、上海两地统一行动,打掉一个特大制售假羊肉犯罪团伙,抓获犯罪嫌疑人63名,捣毁黑窝点50余处,现场查扣制假原料、成品半成品10余吨。经查,2009年以来,犯罪嫌疑人卫某从山东购入狐狸、水貂、老鼠等未经检验检疫的动物肉制品,添加明胶、胭脂红、硝盐等冒充羊肉销售至苏、沪等地农贸市场,案值1000余万元。据2013年3月18日《中国环境报》报道,许多钢铁企业的环境指标不达标,其中的原因在于现行审批监管考核处罚体系不能有效震慑违法企业。我国对钢铁项目的国家审批制度十分严格,但对违规项目却缺乏进行处罚的有效手段,最终导致审批制度事实上只能管住守法企业,但对违规项目却不能及时制止,造成了一种"谁先上、谁快上就能得益"的怪现象。为尽快收回投资、产生效益,这些违规项目中有相当一部分选择的是规模较小、污染较重的生产装备,而且环保设施能不上就不上,能不运行就不运行,最大限度降低环保成本,合法企业的生存和发展空间也因此受到了挤占。同时，我国的环保法律法规和考核制度还不够严格，企业环境违法成本过低。例如，1台360平方米烧结机脱硫设施每天的运行费用约8万~10万元，而不运行脱硫设施的罚款一般就在20万~50万元，只要少运行1个周，节省的运行成本就足以抵消罚款。再加上钢铁企业对地方财政贡献巨大，在地方保护主义等因素影响下，环保部门的有效监管不足，甚至个别地方政府反而成了这些违法排污企业的保护伞。

企业的规范合法性是指企业的行为符合价值观和道德的程度。2008年5月12日，汶川大地震发生的当天，万科向灾区捐出200万元后，不少网友质疑其捐款数额太少。素来喜欢与网友在博客中交流的王石，在5月15日发表博文称，中国是个灾害频发的国家，赈灾慈善活动是个常态，企业的捐赠活动应该可持续，而不应成为负担。万科对集团内部慈善的募捐活动中，有条提示：每次募捐，普通员工的捐款以10元为限。其意就是不要让慈善成为负担。此话一出，这位被称为"中国最具传奇色彩的企业领袖"，随即被网友推上"国内铁公鸡老总排行榜"榜首，并被冠以"王十""王10元"等绰号。在这一事件中，王石的行为并没有违背规制性制度，但是却与"一方有难，八方支援"的价值观相冲突，也就是其行为丧失了规范合法性。这一规范合法性的丧失，对王石及其所属企业万科的品牌造成了不利影响。

企业的认知合法性主要是指企业所从事的经营活动所需要的相关知识的普及程度，它代表了对特定经营活动的边界和存在合理性的共同感知（shared perception）。当针对某种既有技术、产品或组织形式的知识越是被普遍接受并被认为是"理所当然"（take for granted）时，其认知合法性表现得越强，就越是难以被改变。作为产业中新进入者和创新者出现的创业企业往往被认为是新的参与者而缺乏这种普遍认知。例如，今天被视为创业传奇人物的阿里巴巴总裁马云和他的互联网事业在创业初期就经历了这样一个阶段，有媒体曾经这样描述："1995年他开创企业黄页网站，每天出门对人讲互联网的神奇，请人家心甘情愿同意付钱把企业的资料放到网上去。没有人相信他，1995年的杭州，人们不知道互联网是什么东西。在那段时间里，马云过的是一种被人视为骗子的生活。"

4.2.2 合法性管理

企业创新行动的出现或企业所处制度环境的变革，使企业战略行动的合法性也处于不断变化中，把合法性保持在一定水平上就成为企业在合法性管理上所需要解决的问题。在这里，所谓企业合法性管理就是企业为了维持合法性而采取的各种行动和策略。萨奇曼把合法性管理划分为合法性获取、合法性维持和合法性修复三个阶段。

1. 合法性获取

在企业开始一项全新的战略行动，尤其是新企业在创业阶段，相较于既有企业，不仅缺乏行业经验，而且需要承担许多新的角色与任务。由于缺乏稳定的客户关系，难以建立与投资者的信任关系，难以建立外部联系，需要承担很大的心理冲突，在短期内效率低下，这被称为新进入缺陷（liability of newness）。其中，企业在合法性方面面临的挑战有两个：第一，企业要花大量的气力去说明建立新部门或者新组织的必要性。例如，核技术最早用在军事上，为了促进核能技术在民用事业上的发展，在20世纪50年代，美国政府及产业部门的许多官员花了许多精力建构起了"民用核能"的概念，并说明这不仅有助于核技术的发展，而且能够与核武器的制造相分离。第二，企业需要创造新的、忠实的支持者，同时又要说服现有的合法实体给予支持。如果企业的技术存在不确定性甚至风险，组织目标存疑或非常规，或者当与企业之间的关系很模糊时，创造新的支持者或者说服现有的合法实体给予支持都变得很勉强。

对于新进入者来说，获取合法性的策略分为三种类型：①遵从现有环境下既有受众的要求；②在多种环境下选择能够支持企业行动的受众；③创造新的受众和新的合法性信念以操纵环境结构。这三种策略都需要组织采取实际的变革，并做好有说服力的沟通工作。

2. 合法性维持

由于受众的多样性和变化，规制、规范和认知三类制度要素都会变化。为了维持合法性，企业的策略有两个：预知未来的变化和保护过去的成就。尽管这两个策略都没有前述获取合法性的策略那样主动，但保护过去的成就通常比纯粹的预知未来的变化需要更强的主动性。

预知未来的变化。这种策略集中于加强企业识别受众的能力和预知新兴挑战的能力，把环境变化的因素吸收到组织决策过程中，使企业未雨绸缪，主动地适应、选择和操作，来保持合法性地位。管理人员必须防止对某种合法性的固执和迷恋，避免对影响合法性的外部因素变化视而不见。预知变化的策略包括监视各类制度因素，普遍的方法是通过使用跨边界人员发挥桥梁作用来知晓受众的价值观和信仰的变化。

保护过去的成就。这种策略强调对已经获得的合法性进行加固，通常采取使组织的单一事件合法性转化成连续形式的合法性的方法，规范内部运作，使得公开的合法性努力隐性化，并加强关于组织及其行为的信仰、特点和原因解释的防御性储备，如加强与社会环境的交流，不断地将对组织及其行为的怀疑消除在萌芽状态。

3. 合法性修复

合法性修复的任务与合法性获取的任务，在许多方面是相似的。然而，与合法性获取不同的是，合法性修复通常是对合法性危机的被动反应。通常情况下，当管理人员陷入自己的合法性神话，而没有注意到外部的支持下降时，合法性危机就降临了。这一危机的降临将直接影响到企业的正常运营，阻碍企业目标的实现。等到管理者开始处理这些问题的时候，他们所熟悉的合法化策略或者合法性主张都已经受到了怀疑。突然之间，过去的成功变成了未来的阻碍。

从理论上来说，大多数前述的合法性构建策略也可以应用到合法性的重建过程中。然而，失去合法性的企业在重建整体上的合法性之前，必须应对受到严重破坏的部分。企业必须建立防火墙，把受众对企业过去特定事件的评估与对企业经营活动本质的评估隔离开来，避免对企业整体合法性的质疑。

合法性修复策略有多种：第一，对引发的损害勇于承担责任，缓和外部对企业的声讨；第二，对危机做出有利的解释，把对事件本身的评价与对企业的整体评价分割开来；第三，针对经营过程中存在的缺陷，实施结构重组，如通过设立监控机构避免再犯类似的错误，通过更换负责人或把不合法的机构或活动迁离总部，把负面影响与企业整体进行隔离。

4.3 合法性视角下的战略选择

4.3.1 企业应对制度压力的战略

在传统的战略设计理论中，强调适应制度环境的要求。在组织社会学制度学派的早期研究中，也认为所有组织或迟或早都会简单地遵守制度的要求，都逃不出制度的影响。与此相反，一些学者关注到了组织的力量和能动性，特别是个人与组织在面对制度要求时的力量和能动性。奥利弗（Oliver，1991）对组织可能做出的各种应对战略进行了归纳分类，彭维刚也对企业如何应对制度压力做了实证分类。

1. 奥利弗的战略分类

按照组织相对于制度环境的主动性程度，从低到高可以依次把组织应对制度环境的战略分为默从战略、妥协战略、回避战略、抗拒战略和操纵战略。每种战略又分别包含不同的战术选择（表4.2）。

表4.2 奥利弗的战略分类

应对制度的战略	具体战术选择	举例
默从战略	习惯	追寻无形的公认规范
	模仿	模仿常规的制度模式
	顺从	遵守规则和规范
妥协战略	平衡	平衡不同参与群体的期望
	安抚	安抚和满足不同制度要素的要求
	讨价还价	与制度主体讨价还价
回避战略	隐藏	掩饰现有组织与制度要求的分歧
	缓冲	降低组织与环境之间的联系程度
	逃避	改变目标和行为
抗拒战略	不理会	忽视明确的规范和价值观
	挑战	挑战现有的规则和要求
	进攻	对制度压力的来源进行主动进攻
操纵战略	选派	引入有影响力的参与群体
	影响	塑造价值观和标准
	控制	主导制度构成要素和形成过程

1）默从战略

应用这种战略的组织会选择其他样板组织进行模仿，或者遵守其所感知到的各种文化、规范或规制性权威的要求。默从战略包括习惯、模仿和顺从。习惯是指无意识地追随制度；模仿是无意识地或者有意识地模仿成功的组织或者符合制度的典型；顺从是指有意识地按照制度要求去做。组织之所以选择和实施这种应对战略，可能是出于增强合法性、担心受到制裁、希望得到额外资源等单一的或综合的动机。

2）妥协战略

这种应对战略整合了组织的各种反应，包括对制度要求进行权衡，展开协商和讨价还价等。当企业处在多种相互冲突的制度要求中，企业不得不对多种制度要求进行权衡，以便于既能够适当满足制度的要求，也能够避免受到制度的制裁。有时企业在强大的制度压力面前，完全遵守制度的要求将妨碍自身目标的实现，而完全背离制度又将受到强烈的打击，这种情况下企业往往会与制度主体进行协商，甚至通过讨价还价的方式，按照制度的要求对自身的行动做出适当调整，争取到制度对自己的宽容。例如，一些企业通过与政府沟通，说明企业的特殊情况，最终被制度主体作为"特例"而放行。

3）回避战略

应用这种战略的组织往往试图隐藏自己，并防止组织的某些部分受到必须遵守的制度要求的影响。Meyer 和 Rowan（1977）关于制度环境的研究认为，有些组织在面临十分繁杂的环境要求时，往往会使其结构特征与技术活动相"解耦"。虽然出于制度要求或压力而采取特定结构或者程序，但是更有可能以仪式性的方式来应对环境要求，对它们的正式结构进行变革以表现出自己对环境的遵守，会使内部单元不受这些环境要求的影响而独立运行。Westphal 尔和 Zajac（1994）对美国 1970～1990 年 570 家公司的研究发现，此期间这些公司正在采纳对长期任职的 CEO 进行激励的计划，但是其中大部分公司在采纳这项计划两年后，都没有通过这些计划重新调整对 CEO 的报酬。研究发现，尽管这些计划的实施可能对 CEO 的激励产生消极影响，但是所采纳的这个计划不管是否被这些公司真正地实施，都会提高股票的市场价格。

4）抗拒战略

这种战略是指组织不仅会抵制而且会十分公开地抵制制度的要求。当企业的利益与制度要求存在很大分歧，违背制度的成本较低，且能够证明行动的合理性和正当性的时候，企业往往采取这种策略。例如，吉利的李书福在当年没有获得轿车许可证的情况下就私下开始了造车行动，但是造车是难以隐藏的，既然已经大白于天下，就在多种场合开始呼吁政府应该允许民营企业造车。

5）操纵战略

这种战略是指企业有目的地与制度的控制者进行合作，并使得制度朝有利于自己的方向做出改变。企业为谋求有利于自己的外部环境而影响政府政策与法规制定和实施过程的策略称为企业政治策略（corporate political strategy），实施上述策略的行为称为企业政治行为（corporate political action）。Hillman 和 Hill（1999）将企业政治战略划分为三种类型：信息策略、财务刺激策略和选民培养策略。其中，信息策略是指向政策制定者提供与决策有关的信息；财务刺激策略是指向政党组织或者政策制定者个人提供合法甚至非法的经济支持；选民培养策略是指借助公众舆论或选民的选票影响制度。

2. 应对制度的二维战略模型

彭维刚在《企业全球战略》一书中把企业应对制度的战略划分为四种类型：反应战略、防御战略、调和战略和超前战略；在 2011 年对中国玩具产业的案例研究基础上，又根据事先和事后、否定责任和接受责任对战略进行了划分。在借鉴彭维刚分类的基础上，按照合法性危机产生前后和是否接受制度要求两个维度，对企业应对制度的战略进行分类（图 4.1）。

	不接受制度	顺应制度
危机后	被动防御战略	被动适应战略
危机前	积极防御战略	积极适应战略

图 4.1 企业应对制度的二维战略模型

在这里，合法性危机前后是指企业在合法性危机前还是在合法性危机后，对经营活动进行调整和采取合法性管理行动；是否接受制度要求是指企业接受制度使行动与制度要求一致，还是对抗或逃避制度的监管。

1）被动防御战略

企业在没有陷入危机，也没有遭遇到来自各方的强烈不满的情况下是没有压力去采取应对措施的。甚至当问题出现时，企业的第一道防线也只是否定问题的存在。如在 2009 年，谷歌公司不能按照中国政府的要求对其搜索到的结果进行审查和筛选，受到来自中国政府的强大压力。在制度压力面前，谷歌没有按照制度要求对搜索结果进行过滤，而是动用美国政府官员对中国政府施加压力，最终谷歌搜索因不能满足中国政府的要求退出了中国内地市场。

2）被动适应战略

企业在危机出现后，由于受到制度的强大压力，按照制度的要求对经营活动做出调整。例如，从 2009 年 1 月开始到 2010 年 2 月，因油门踏板和制动系统等故障，丰田连续在全球范围内召回 850 万辆汽车，主要涉及凯美瑞、卡罗拉和雅力士。在中国内地则召回了约 7.5 万辆 RAV4，当时丰田在华召回因"慢半拍"而备受国内诟病。2010 年 3 月 1 日，丰田总裁丰田章男在出席美国国会听证会后，直接从美国飞到北京，向中国消费者说明情况。为了重新获得消费者的信赖，丰田章男提出采取三项措施加强质量管理：一是成立由社长直接管辖的"全球质量特别委员会"，从汽车的设计、制造、销售、售后服务等工序进行汇总并加以改善；二是加强对客户车辆进行实地技术调查的体制，更直接、更迅速准确地把客户的声音传达到公司的质量本部、开发本部；三是加强质量管理方面的人才培养。

在 2011 年 2 月 24 日，因油门踏板等缺陷，丰田在全世界召回 239 万辆汽车。该次召回主要面向北美和欧洲国家，涉及雷克萨斯 GS、RX 等 6 个车型。其中美国最多，约为 217 万辆，加拿大和欧洲约 22 万辆。同日，中国国家质检总局要求丰田对全球范围的召回为何不涉及中国做出解释。2月25日，丰田中国对外发布了正式的召回通知，内容包括：由于地毯压板可能干涉油门踏板，自2011年3月23日起召回部分进口2003年至2006年款雷克萨斯RX300/350汽车，在中国内地涉及5202辆。

3）积极防御战略

积极防御在现实中存在多种类型，有的是在经营活动实施之后，采取措施回避制度的约束；有的是在经营活动之前就对制度进行研究，通过项目的重新设计使其规避制度的制裁。前一种做法，往往用在非正式制度方面。如农夫山泉瓶装水早期的水源地主要在千岛湖，产品包装的标志图案为千岛湖实景图，在消费者的认知层面已经建立了农夫山泉来自千岛湖的印象。但是在农夫山泉开辟了广东和长白山两个新的水源地之后，原有的标志已经不合适。为此，农夫山泉在2010年改变了图案标志，用虚拟的山水画代替了原有的千岛湖实景图。这是在消费者对其进行质疑之前进行改变的，是为了避免原有的消费者认知对自己产生不利影响。后一种做法往往用在正式制度方面。例如，我国住房和城乡建设部出台规定，自2006年6月1日起，凡新审批、新开工的商品住房建设，套型建筑面积90平方米以下住房（含经济适用住房）面积所占比重，必须达到开发建设总面积的70%以上，即"90/70政策"。出台这一政策的初衷，是增加中小户型房源的供应量，解决中低收入家庭住房难题。但是一些开发商为了应对"90/70政策"对户型面积的严格限制，在委托建筑设计公司做方案时就开始做手脚：房子还是按大户型设计，但其中要设计分隔墙，建成后可以随时变成两套，这样就符合"90/70政策"的报批、报建要求。虽然这种设计施工会增加不少土建成本，如增加厨房、卫生间的管线，以及分隔墙等，但却可以让开发商达到按大户型销售的目的。

4）积极适应战略

采取积极适应战略的企业总是致力于预测制度的变革和创新，并事先调整自己开展的经营活动。彭维刚在对中国玩具企业进入国际市场的案例研究中发现，采取这种战略的企业并不多。一个原因是这些企业对全球制度缺乏认知，另一个原因是对于单个企业来说，了解国内制度和全球制度的区别将付出太高的成本。因此，来自国内政府的信息对于这些企业采取这种战略是有帮助的。如果政府向国内企业提供有关外国制度的必要知识，企业在制定进入国际市场的战略决策时就会更有效地对国外制度进行考量。企业也可以通过其他方式学习国外的制度，如向外国合作伙伴和在国外成功开展经营活动的国内竞争对手学习。采用这种战略的企业，通常在合法性危机发生前就修正了经营战略，不仅能够获得先行优势，而且有助于长期保持合法性。

4.3.2　合法性不完备的战略行动

对处于制度转型期的中国企业来说，能否适应法律法规以及国家政策的变化和发展，是企业战略行动能否实施并取得成功的关键。但是，现实中一些企业为了获得市场先机，在法律法规或国家政策空白或给予限制的条件下，就开始采取战略行动，有时反而也能取得不错的经济利益，甚至最终获得制度的认可。对于各类合法性不完备的经营行动，尽管社会公众和媒体给予批判，政府也给予打击，但还是在各地、各领域不断出现。

1. 合法性不完备经营行动出现的背景

1）制度背景

Droege 和 Johnson（2007）的研究发现，中国在旧制度瓦解和新制度建立之间存在着大量空白，造成了"中间制度"（meso-institutions）状态。这一状态造成了让行动主导合法性，而不是制度引导行为；行动的多次重复成为规则；并形成事后追溯的合法化（retrospective legitimization）。正是中国当前的制度环境变革及特定的历史传统，使得中国情境下的企业比西方市场制度成熟国家的企业，在与政府的互动过程中、在超越制度约束和对制度的影响上表现出更复杂的特征。在特定的制度背景、市场背景和竞争情境下，一些企业采取了合法性不高的战略行动。

国内企业所面对的制度环境具有以下特点：一是不同制度要素相互冲突，表现在明文的法规、"红头文件"以及主管官员的要求有时不一致，甚至还存在冲突；二是制度不稳定，表现为制度一直处于变革过程中，一些详细论证之后推出的产业政策可能因新的宏观调控政策而被修改；三是制度的相对滞后，表现为制度的修订赶不上客观情况的变化；四是制度存在空白，表现为新的情况出现后缺乏相应的制度对其进行规范。

2）市场背景

改革开放后，许多企业借助机会导向战略成长起来。当面临巨大的市场机会时，总有众多企业一拥而上。但是，政府对很多行业采取许可证制度，导致许多企业在采取战略行动时遇到了制度约束。在这种情况下，企业完全按照国家法律法规展开行动，将面临着失去市场先机的危险。为了突破政府的管制政策，一些企业采取各种方式、动用各种资源去游说政府，从而获得机会。许多企业采取边建设、边行动、边争取制度支持的方式，也就是先突破制度约束行动起来，同时再争取合法性。

3）竞争背景

在中国制度背景和市场背景下，企业往往会采取超越制度约束的竞争行为。尽管这些行为有可能在事后受到制裁，但受到制裁的毕竟不是全部。这使得一些企业抱有法不责众心理，并采取随大流的行为。如果把自己的行为完全限制在合乎规定的范畴，企业可能根本不能采取市场竞争所需要的战略行动，或者因行动迟缓而丧失机会。因此，无论是内资企业还是跨国公司，当看到自己的竞争对手因超越制度约束而提升竞争优势时，出于生存和发展的考虑，往往也会做出超越制度约束的经营行为。

2. 战略行动的合法和不合法

1）战略行动的类型

在预期战略行动合法性不足的情况下，企业会对是否继续采取行动做出选择。研究发现，企业的选择有四种：第一，主动影响制度主体，进而获得战略行动的完备合法性。在这种情况下，该战略行动就是一种合法的战略行动。第二，主动影响制度主体但没有获得合法性，或者不打算立即去获得现实的合法性，但是希望在采取战略行动后，未来再去影响制度主体使其战略行动合法化。我们把这种战略行动命名为私下战略行动。第三，在考虑到企业的自身力量后，没有采取针对制度主体的追求合法性的行动，而考虑到战略行动的合法性风险难以控制，从而取消了行动。第四，企业感知到战略行动不可能获得合法性，但是采取行动受到制裁的可能性不大，或者通过对非法行为的制裁结果进行评价，发现即使受到制裁，仍有利可图。

2）私下战略行动的概念和特征

企业私下战略行动是在中国情境下的特有行为，是企业在不具备完备合法性的情况下，为了追求先行优势，抓住稍纵即逝的市场机会，而实施的具有隐蔽性的经营活动，同时企业在实施该活动时，也伴随着将此活动"合法化"的目的。这种行为可能有两种结果：一种是在得到政府认可的情况下，企业在名为改革的旗帜下取得发展，并最终成为制度安排的一部分而被接受；另一种是企业不具备合法性而导致行为不能持续，甚至涉嫌违法而受到制裁。

私下战略行动具有以下一些特征：第一，这类行为与企业的长期竞争优势有紧密的关系，甚至其行为的成败直接决定了企业的生死存亡；第二，这类行为与外部利益相关者对企业的要求和期望不是完全符合，或者说不具有完备的合法性；第三，这种行为的实施往往较为隐蔽，或者披着合法性的外衣，并尽量不让外界所知其真实意图；第四，组织具有使此行为"合法化"的意图，并采取相应的措施在合适的时候促使该行为的合法化，以规避因违背制度所受到的制裁。

3）私下战略行动与企业其他行为的区别

私下战略行动与非法行为的区别。非法行为是违反现有法律、规则的行为，不仅会给组织带来负面的评论，失去外部利益相关者的支持，而且对组织在社会中的名誉也有较大影响。非法行为不仅违背了规则，有时也违背了道德以及公众利益。私下战略行动虽然违背了法律规则，但是大多数这类行动可能并不违背道德。采取非法行为的企业会对其行为进行掩饰，并没有使其合法化的意图，但是采取私下战略行为的企业却要以最终获得合法性为归宿。严格来说，私下战略行为与非法行为的区别既表现在合法性的程度高低不同，也表现在是否在行动之初就考虑到了最终去获得合法性。

私下战略行动与非市场行为（non-market action）的区别。非市场行为是发生在非市场中的企业行为（Baron，2007），如起诉（litigation）以及游说（lobbying）等（Baron，1993）。田志龙和樊帅（2010）在分析和总结文献的基础上，认为企业非市场行为是指企业应对与影响社会及政治环境从而构建对企业有利的生存空间的战略行为，如游说、公益行为、参与政府政策制定等。私下战略行为主要是一种经营行为，是一种不具备完备合法性的市场行为。但由于私下战略行为要求自身在未来取得合法性，因此，企业为了提高私下战略行为的合法性，需要采取相应的合法性管理行为，而这种合法性管理行为在很大程度上是一种非市场行为。

私下战略行动与企业政治行为的区别。对比企业政治行为和企业的非市场行为，可以发现企业政治行为是企业非市场行为中的一种。正像前面分析所揭示的，企业的私下战略行为是制度因素和非制度因素共同作用的结果,且制度因素又包括规制、规范和认知。企业为了获得私下战略行为的合法性,需要针对规制因素采取相应的政治策略,也需要针对规范和认知因素采取其他的合法性管理策略。而在私下战略行为的合法性管理中,考虑规制、规范和认知的相互作用并综合施加影响,是确保私下战略行动最终取得合法性的关键。

由此可见,政治行为属于企业非市场行为的一种,目标是营造对企业经营活动有利的制度环境,但行为本身往往具有合法性;而私下战略行为属于经营行为,活动本身的合法性不足,其行动的目标是获得市场竞争优势,但是私下战略行动本身的成功实施及形成经营成果需要企业采取相应的合法性管理工作,这其中的合法性管理工作包括了企业可能采取的政治行为和其他合法性管理活动。

3. 私下战略行动的合法性管理

为了提高私下战略行动的合法性程度,企业往往在采取行动之前和之中,甚至在采取行动之后,有意识地去获取私下战略行动的合法性。在实际经营活动中,私下战略行动与争取该战略行动合法化的行动是密切结合的,有时战略行动及其结果本身,可能就是企业争取合法性行动的一部分。

由于私下战略行为本身不具有完备合法性,因此存在其行为被追究的可能。为了提高行为的合法性程度,避免被追究,企业往往在采取私下行动之前和采取行动过程中以至于在采取行动之后,有意识地就私下战略行为的合法性进行管理。也就是说,在企业为获取竞争优势而通过私下的方式采取战略行动的同时,企业还采取着试图影响制度主体而获取合法性的行动。

经过对大量企业案例的分析,根据私下战略行为随时间展开的先后顺序,把企业对私下战略行为合法性的管理划分为四个阶段:评估合法性阶段、获得行动默许阶段、获得结果认可阶段和获得行动支持阶段。

1)评估合法性阶段

评估合法性阶段发生在企业私下战略行为酝酿时期。私下战略行为的合法性评估与战略行动本身的决策是很难分开的,甚至可以说合法性评估是私下战略行动决策过程中的一部分。但是,这不意味着战略行动决策中一定伴随着合法性评估,因为一些企业的决策者并没有把合法性问题纳入决策过程中。即使在一项战略行动的决策阶段没有合法性评估,但是在战略行动开始实施后,仍会碰到合法性问题,因而随后这样一项战略行动可能就转变成以私下方式开展,并引出战略的合法性获取问题。

在这一阶段,对合法性的评估不是对该战略行动合法性的时点评估,而是对企业采取的不具有完备合法性的行动在未来获取合法性的可能性评估。这一阶段评估的重心是未来预期,其中包括:制度环境改变的可能性及走向;国家对违规行为制裁的可能性和程度;企业依靠自身力量回避制度制裁的可能性和程度;通过私下战略行动,或者通过获取合法性的行动获得合法性的可能性。

2)获得行动默许阶段

在由政府、公众和媒体等主体构建的制度环境中,影响企业生存的关键是地方政府。因此，企业在采取战略行动的初期，往往把争取合法性的重点放在与自身有利害关系的地方政府上，更加重视地方政府对战略行动的默许。这一阶段的时间起点最早可能在私下战略行动实施之前，最晚也应该发生在私下战略行动开始实施之时。若在私下战略行动开始实施之时还不能获得关键制度主体的认可，则合法性风险将会放大到难以控制的程度。企业获得行动默许的主要手段是利益互换或利益捆绑，这一做法也被称为争取实用合法性。但是，不同企业争取默许的手段是有差异的。由于历史、利益等方面的原因，地方政府所属国有企业在寻求合法性时天然地依靠其所属政府。当地方国有企业无法突破部分制度主体特别是中央政府设置的约束时，也往往会以地方政府为保护伞，借以规避该部分制度约束。而对于民营企业而言，由于企业产值和效益与地方政府的财政税收有直接关系，因此，民营企业获取政府支持的一个方式就是向政府显示实力或自身具有强大的发展潜力。例如，部分民营企业虚报工业产值争排名或者制定宏大空洞的发展战略吸引地方政府的注意。

3）获得结果认可阶段

随着企业战略行动的实施，战略结果也得以显现。如果这种行动不能尽快展现出制度主体所希望的结果，则会受到制度主体的制裁。例如，一些企业实施的大型投资项目，由于涉及大规模固定资产投资、大规模资金占用、大规模就业，地方政府出于发展经济的考虑，往往在初期给予支持。但是，当涉及更高层的制度主体时，若不能及时产生正面成果，同样会引发合法性危机。地方政府对中央政府必须无条件支持，在极端情况下，地方政府也无力对企业进行保护。

如果战略实施的结果表现出较好的经济利益、社会利益和政治利益，制度主体就会对行动结果给予表扬，甚至有时将其作为改革的典型。我国转型期的特殊提法，如"摸着石头过河"，"不管黑猫、白猫，抓住老鼠就是好猫"等，在某种意义上就证明了这一点。一旦私下战略行动的结果被认可，将引发大量企业模仿行为，则这类行动的制度风险会大幅度降低。对于采取私下战略行动的企业来说，这一阶段的重点是宣传战略行动结果符合更广泛的社会利益要求，进而让公众在价值判断上认同企业所采取的行为，争取规范（或称道德）合法性的支持。

4）获得行动支持阶段

私下战略行动的最好结果是能够从制度上获得认可，在制度层面对企业采取的行动给予支持，并对早期战略行动的合法性给予追认。在转型的中国社会，政府部门提出"摸着石头过河""解放思想""与时俱进"的改革思路，不断废止和修订旧规则并出台新规则。这就是中国企业私下战略行为被追溯完备合法性的大前提。制度上的合法性极可能是来自整体经济制度变革的结果，也可能是相关企业积极采取政治行动的结果。正常情况下，这一阶段的时间起点可能出现在私下战略行动结果被认可之后。在极少数情况下，可能在私下战略行动开始后而成果并没有出现前，制度主体就修正了制度，使得私下战略行动具备了完备合法性。

习 题

1. 何为制度？制度的构成要素有哪些？
2. 中国企业所处制度环境的特征有哪些？
3. 何为合法性？描述合法性的分类。
4. 企业合法性管理分为哪几个阶段？
5. 企业应对制度的战略有哪些？
6. 何为私下战略行动？私下战略行动的获取合法性的方式有哪些？

案例 4　网约车合法化

自 2010 年 10 月 Uber 在旧金山正式推出网上预约打车后，中国也陆续出现了多家网约车公司，如滴滴、快的、易到、神州等。经过激烈的市场竞争后，国内已经形成滴滴一家独大的局面。但是，自 2017 年美团出行业务推出以来，为争夺客户而进行的补贴大战又硝烟四起。

2018 年 4 月初，上海交通执法部门开展了网约车非法客运专项整治行动。累计查处利用网约平台从事非法客运的案件 37 件，其中滴滴 29 件、美团 6 件、神州 1 件、嘀嗒 1 件，对美团、滴滴平台各处以罚款 10 万元的行政处罚。上海市交通委员会表示，如网约车平台企业不履行相关法规，将依法采取注销、吊销行政许可等处罚措施。

自网约车问世以来，针对网约车的争议就一直不断，传统出租车和网约车的冲突也从未停息。作为全球专车行业内的先行者，Uber 先是在其诞生地美国本土遭遇出租车公司抵制，而后在向全球扩张的过程中，又遭遇重重阻力。我国天津、武汉等地的出租车司机曾经接连罢工示威，要求政府封杀滴滴、神州等打车软件。一直到 2016 年 7 月 28 日，《网络预约出租汽车经营服务管理暂行办法》发布，才标志着中国成为第一个承认网约车合法性的国家。

1. 2015 年北京打击专车

继沈阳、南京、上海等多地叫停专车业务后，2015 年初，北京也针对私家车通过专车软件提供出租车服务的行为加大打击力度。

（1）北京官方认定滴滴等专车为黑车。

2015 年 1 月起，北京市交通执法总队将大力打击利用互联网和手机软件从事非法运营的社会车辆。相关负责人表示，多个软件提供"专车"服务，实际上就是变相为乘客提供了黑车。这是北京首次公开认定私家车通过打车软件拉活属于非法运营。

北京市交通执法总队开始严查机场、火车站和繁华商业街区利用互联网与手机软件从事非法运营的车辆，一旦被核实从事非法运营，提供服务的主体将收到 2 万元以内的罚单。

据北京市交通执法总队队长、新闻发言人梁建伟介绍，一些私家小轿车或社会车辆借助网络平台和手机软件预约租车从事非法运营行为非常突出，其中不乏"克隆出租车"，对此收到很多乘客的投诉和举报。依照当时还在生效的《无照经营查处取缔办法（中华人民共和国国务院令第370号）》第4条（注：该办法2017年10月1日已废止，由新办法替代），这种行为属于未取得运营资格擅自从事非法运营，也严重影响了出租汽车的正常运营秩序。

2015年1月起，结合即将到来的春运保障工作，北京市交通执法总队将集中主要执法力量加大对各类"黑出租车"的打击，并有针对性地重点检查"易到用车""滴滴专车"等利用叫车软件非法运营的"黑出租车""克隆出租车"，盘踞在重点场站地区扰序"黑出租车"等三类严重扰乱出租汽车运营秩序的行为，一经发现一律依法从严查处、高限处罚。事实上，北京2014年全年共查处借助网络平台和手机软件从事非法运营的黑车47起。

（2）查获两辆"专车"。

2015年1月6日下午1点左右，在首都机场T3航站楼，一辆正在使用手机软件和乘客进行交易的速腾车主被市交通执法总队首都机场大队执法人员查到。执法人员查获的"易到用车"司机账单上显示，乘客从三里屯附近到首都机场，订单金额为171元，除去易到的补贴，乘客支付91元，比正常的出租车贵十几元。据查，从早晨开始到被查获为止，该司机一共接了8单，除去油费等费用，获利800多元。

随后，一辆帕萨特车主被执法人员查到。乘客向执法人员出示了订单短信。从一家酒店到达首都机场，在使用了50元代金券情况下，乘客实际支付196元。据乘客介绍，自己从福建出差到北京，是朋友从携程网上订的专车给自己。"我觉得很方便，服务态度也很好。并没有考虑到车辆是否具有资质的问题。"据查，这个司机在2013年就曾经因为开黑车被罚。

执法人员表示，根据相关法规，在核实确实存在非法运营的情况后，提供服务的主体将会被处以两万元的罚单，车辆也会被扣。上交罚款之后，车辆才会被退回。据执法队员介绍，目前司机注册各类专车软件时，软件运营方审核并不严格，私家车很容易混入。以前的黑车司机也可以借助这个平台为自己洗白。对于专车司机来说，拉活获得了一份可观的兼职收入。但由于私家车上保险普遍较低，与正规的运营车辆不具有可比性。一旦发生事故，乘客权益无法保障。同时，专车收费较高，也破坏了正常的运营秩序，对正规运营的车辆，尤其是出租车并不公平。

《北京青年报》记者在采访中发现，认定是否具有非法运营行为，需要司机的笔录和乘客的证明。也就是说，如果乘客一口咬定与司机认识，是"朋友"提供的接送服务，即使执法人员认识"黑车司机"也无法进行执法。

与交警可以拦车不同，执法队员无法上街拦车，只能在火车站、落客区等便于执法的地方进行执法。由于和"克隆出租车"不同，这类黑车和普通社会车辆"长相"一样，难以识别，只能靠执法人员依据经验判断。

而在当时，北京尚没有专门的法律针对各类专车软件，只能从路面执法角度对司机进行罚款。对于互联网和手机上提供软件的运营商，相关部门尚缺乏有效的约束。

(3) 官方称"专车"属于无资质的非法运营。

据市交通执法总队队长、新闻发言人梁建伟介绍，依照《无照经营查处取缔办法（中华人民共和国国务院令第370号）》第4条，利用网络平台和手机软件预约租车属于未取得运营资格擅自从事非法运营。

"专车"给乘客提供的是门对门、按次计费、按里程计价的服务，实际上就是提供出租车服务。根据《北京市出租汽车管理条例》，除了正规出租车之外，任何单位和个人不能提供出租车服务。

根据2014年市交通委运输管理局发布的《北京市交通委员会运输管理局关于严禁汽车租赁企业为非法营运提供便利的通知》，严禁把私家车辆或其他非租赁企业车辆用于汽车租赁经营。

此前，"易到用车"曾表示公司参加营运的车辆全部来自租赁公司，而司机则来自劳务公司。他表示，"易到用车"实际上与租赁公司、劳务公司和用户签订了四方协议，而其公司不会与作为个人的私家车主直接签订合同使用其车辆进行营运。

但梁建伟认为，无论签订什么样的协议，只要从事出租车服务就是非法营运。而事实上从2014年全年查获的47起非法营运的案例来看，全部是社会车辆，执法人员没有看到过和租赁公司签订的合同。

在实际执法过程中，即使是遇到真正的租赁公司的车从事营运活动，也会按照黑车处理。根据自2012年5月1日起施行的《北京市汽车租赁管理办法》，汽车租赁是指经营者在约定时间内将汽车交付承租人使用，收取租赁费用，不配备驾驶人员的经营活动。其中明确指出营运的车辆应该归汽车租赁营运者所有，且需要满足较私家车更加复杂的安全技术规范。

"在实际执法中，我们会调查到底是谁提供的这种服务。若查到租赁公司的车，我们会调查到底是谁组织的这种服务，如果是租赁公司就会罚租赁公司，如果是司机私下从事营运，则会处罚司机。"市交通执法总队首都机场大队副大队长边京军介绍。

(4) 软件运营方称"专车不能与黑车画等号"。

对于北京市交通执法总队此次加大对专车的查处力度，"易到用车"相关负责人回应称，"专车不能与黑车画等号"。专车服务是出行服务升级的大趋势，是市场所需，要多听消费者的声音。"人们可以通过APP轻松叫到专属化出行服务，为消费者提供一种除了公交地铁及出租车外的品质出行选择，符合也顺应消费升级时代人们对于出行需求的升级。车辆更舒适，服务更人性，安全性也更多保障，消费者还有更多类似机场专属CIP快捷安检等的专属权益，在国外这类服务已经成为城市交通的重要组成部分。这点是所谓的黑车不能比拟的。"上述负责人介绍，专车除了满足差异化出行市场需求外，更加能整合优化盘活传统汽车租赁市场，有效提高其闲置车辆的使用率，也能间接减轻交通压力。此外，更可以作为公车改革、企业用车的有效解决方案。

尽管滴滴和快的此次并未回应，不过，此前针对上海市交通委员会明确表示滴滴打车为黑车，并查扣该公司专车，滴滴打车当时发布声明回应称，滴滴和所有的合作公司都依法签订了合同，确保满足用户多维度用车、个性化用车、安全性用车的现实需求，全程透明、公开、规范、可控，这和没有服务规范、没有定价标准、没有安全保障的黑车是截然不同的。

（5）乘客称"专车虽有隐患，但不应一棍子打死"。

比出租车更容易打上、服务周到、坐得舒服是一些使用过专车软件的乘客的共同体验。一些乘客表示，在高峰时段、客流量较大的闹市区，专车服务很好地解决了打车难的问题。但有不少专车软件的"尝鲜者"坦言，虽然专车可以让自己享受坐宝马回家的感觉，但仍然担心万一发生事故，究竟应该向谁追责、如何索赔，都是问题。

对于专车严打，不少乘客都认为，虽然可以理解，但是难免有些遗憾，希望能有相关的规定，帮助专车留下来。一位乘客说，在跨年夜的时候，在路上基本不可能拦上车，用打出租车软件也打不上车，于是她选择了用专车软件叫车，"虽然比打车贵了不少，但是很舒服，一上车就有水，我看他们还要求给乘客开门，一般出租车哪里能提供这些服务。"对于严打专车的消息，这位乘客说："考虑到安全我可能会觉得可以取缔，但考虑到服务和便利，我会觉得可惜。如果只是因为无运营资格，我对这个取缔理由不满意，不能为了所谓的名正言顺，而使服务质量没有改善。"

使用过各类专车软件的一位乘客说，如果专车被取缔，他想要在高峰时段打到出租车的话就要通过提高小费的方式，所以他希望能够出台规定，让专车名正言顺起来，"专车虽有隐患，但不应一棍子打死，对于想要做好的公司，应该给机会让它们取得合法的资格，进行整改，到时候再对不合规定的车辆进行打击。"

（6）专家观点：要用好互联网，按照法规方便交通。

中国道路运输协会秘书长王丽梅认为，专车这样的打车软件在各国都引发过讨论，情况不同。在印度，由于发生过一些恶性事件，已经在全国范围内叫停。专车就像是"游医"，"'游医'可以给偏远地区的人治病，但是无从医资质、有风险，所以需要打击和规范。专车可以给人们带来方便，但是没有依法取得执照，不合规范。"最近各地发生多起大学生失联事件，有的涉及命案，这些大学生打车，可能是在路边拦车，也可能是通过软件，无论通过什么方式，他们乘坐的车是没有执照的，这样发生意外就很难追责，而且发生事故保险如何赔偿也没有很明确的规定，"目前还没有公司对这些有明确的规定，没有公司公开表示他们的车取得了执照。"

全国多地都出台了严打专车的规定，将专车纳入黑车的范围。然而，专车较一般的黑车而言，辨识度较低，乘客也很难承认，打击起来具有困难。王丽梅认为，打击专车一方面是规范市场，更重要的是保护消费者的安全，"乘客应该明白这一点，进行配合"。

既然打击专车如此困难，为何有关部门不直接叫停打车软件呢？对此，王丽梅认为，互联网只是一种工具，应当依法依规用好，而不是应当有人用它犯罪就要被封杀，"就像许多诈骗行为利用互联网进行，但是打击的是诈骗，而不应是互联网"。

王丽梅认为，如何利用互联网给人们带来更多方便，还需要法律和规范，如果车辆希望参与运营，应当依法取得执照，纳入管理立法需要有一个过程，"目前的打击专车，我想应该是规范的一个过程，关键还是要申请执照，使专车合法运营。"

2. 网约车获合法地位

（1）新规出台。

2016年7月28日下午，酝酿两年、备受关注的出租汽车改革和专车（网约车）新政方案浮出水面，交通运输部等七部委正式公布了《国务院办公厅关于深化改革推进出租汽车行业健康发展的指导意见》和《网络预约出租汽车经营服务管理暂行办法》（以下简称《暂行办法》），明确网约车合法地位，满足条件的私家车可按照一定程序转为网约车，从事专车运营。并鼓励私人小客车合乘，新政设有3个月缓冲期，正式实施日期为11月1日。

根据新规，拟从事网约车经营的车辆，其使用性质应登记为出租客运。根据我国法律规定，营运车辆报废年限不超过8年，也就是网约车登记为出租客运后也要遵从该标准。在2015年的意见征集中，最大争论焦点就在于8年报废期。部分专家认为网约车8年报废期应更改，原因就在于可能存在很大部分网约车并非专职运营，因此该改为按照实际运营里程进行报废。而现在的规定是60万公里报废，8年是退出网约车经营而非报废，这是一个大利好。此外，新政规定3个月过渡期，要求各地政府在3个月内拿出本地细则；3个月后，专车平台、车辆、驾驶员的资质也将陆续获批。届时，专车合法化将真正地从条文落到现实之中。

（2）网约公司回应。

作为专车市场的重要参与者，在上述新政出台后，滴滴出行方面表示，网约车合法是国家对发展分享经济的肯定和鼓励。不过，网约车只承载了中国每天城镇人口出行需求的1%左右，未来还有巨大发展空间。滴滴出行将按照《暂行办法》要求，规范运营，积极申请网约车平台公司相关经营许可，亦将积极与相关政府部门、出行行业相关企业一同探索，加大技术创新，提高交通资源利用和城市交通效率，改善出行体验，为社会创造更多灵活的就业机会，更好地为亿万群众提供安全、便捷、舒适的出行服务。

优步中国方面则表示，新规的出台体现了政府对网约车新业态的认可和支持，使我国成为全球主要经济体中首个颁布此类全国性法规的国家。优步中国将全力配合各城市制定相应的实施细则，并有信心第一时间取得地方政府颁发的运营许可。优步同时表示，"优步已在超过60座城市提供出行服务，预计到2016年底，产品服务将覆盖超过百城。"

除网约车合法化外，配套的《国务院办公厅关于深化改革推进出租汽车行业健康发展的指导意见》对出租车行业也做了相应的调整。一直以来，出租汽车企业向司机收份子钱，很大一部分要用于向政府交纳经营权使用费。但根据出租车改革方案，新增出租汽车经营权全部实行无偿使用，且一律实行期限制。如此一来，出租车企业的经营成本低了，份子钱也将大幅降低。值得注意的是，原本实行经营权有偿使用的城市还需要些时间，合理确定经营期限，逐步取消有偿使用费。

此外，改革方案也提出，鼓励、支持和引导出租汽车企业、行业协会与出租汽车驾驶员、工会组织平等协商，合理确定并动态调整出租汽车承包费标准或定额任务，现有承包费标准或定额任务过高的要降低。总的讲，份子钱很可能会降低，只不过会有个过程。

对此，深圳市政协委员、深职院交通运输研究中心主任王雪在接受《证券日报》记者采访时表示，网约车合法化将打破行业封闭和利益格局固化的局面，两项政策出台将"优秀驾驶员和运营管理经验变成稀缺资源，未来将成为出租车或网约车行业的核心竞争力"。

资料来源：赵婧姝. 2015-01-07. "专车"被认定属非法运营. 北京青年报.
http://auto.people.com.cn/n/2015/0107/c1005-26339499.html
刘斯会. 网约车获合法地位新政 11 月执行，滴滴优步回应称将积极申请许可证. 证券日报，2016-07-29（C01）

【问题】

1. 为什么滴滴等网约车的行为在初期被认为不合法？
2. 在网约车合法化过程中，哪些主体起到了积极推动作用？

第 5 章　业务层战略

在对企业的外部环境和内部环境进行分析后，下一步就是设计企业的战略。战略的核心在于设计一组系统的经营活动向客户提供价值，并形成竞争优势。那么，竞争优势有哪些类型？如何构造竞争优势？如何实现竞争优势的可持续？这些正是本章要解决的问题。本章将针对单一业务企业如何构建竞争优势展开分析，主要包括基本战略定位、竞争战略和行业生命周期阶段。

5.1　基本战略定位

5.1.1　产品和市场定位

企业凭借比竞争对手更好地满足客户的需要而赢得客户，取得竞争优势，从而获得超越竞争对手的利润。为此，企业要明确满足哪部分客户的哪种需要，以什么价值去满足目标客户的这种需要。在这里，把企业在产品和市场上的对应关系的选择与确认，称为产品和市场定位。

从客户的角度来说，企业提供给客户的，为客户带来价值的产品表现为多重属性，具体包括产品（产品的性能、质量、花色、包装等）、服务（售前、售中和售后的服务）、品牌（品牌知名度、美誉度、象征意义等）、便利性（是否容易获得）和合法性（购买和使用产品的正当性）。企业提供的价值，是需要客户付出代价的，这一代价是通过价格体现的。

企业为了在产品定位上与竞争对手有所区别，可以使用价值曲线。所谓价值曲线，就是企业把自身向客户提供的与竞争对手提供的价值在图中给予表示，更好地看出企业向目标客户提供的价值诉求。例如，美国西南航空公司的价值曲线，如图 5.1 所示。

从美国西南航空公司的价值曲线，可以看出，该航空公司的价值曲线与传统的航空公司有本质的差别。美国西南航空公司打破了客户在飞机的速度和汽车旅行的经济与便捷之间所做出的权衡取舍，从而开创出一片蓝海。它在中等城市和大城市中的二级机场之间开设短程、低成本的点到点的飞行服务。它主动避开大机场，也不设远程航班。它的客户中有商务乘客、家庭和学生。它以高密度的航班和低廉的票价吸引那些对价格敏感的乘客（如果价格高，他们就会选择乘坐巴士或驾车）以及那些图方便的乘客（如果不方便，他们就会选择那些能够提供全面服务的航空公司）。通过剔除和减少传统航空业的某些元素，增加另一些元素，并对汽车旅行这一替代性产业兼收并蓄，创造新元素，美国西南航空公司得以向乘客提供前所未有的价值，同时保持了低成本结构，实现了价值的飞跃。

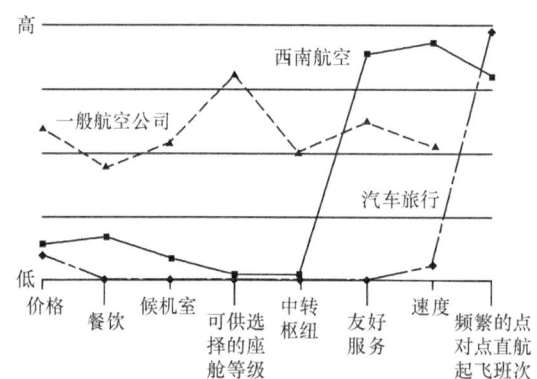

图 5.1 美国西南航空公司的价值曲线

创造新的价值曲线，有助于对企业与竞争对手进行区分，塑造特定的竞争优势。为了重新构建买方价值因素，塑造新的价值曲线，挑战行业现有的战略逻辑和商业模式，可以采用剔除、减少、增加和创造四步动作。

（1）哪些行业中被认为理所当然的因素应该被剔除？这个问题促使企业考虑剔除在行业长期竞争中攀比的因素。这些因素通常是想当然的，但其实已不再具有价值，甚至降低了价值。有时候，购买者所重视的价值发生了变化，但企业只顾相互竞争，而没有采取任何行动应对变化，甚至对变化毫无察觉。

（2）哪些因素的含量应该减少到行业标准以下？这个问题促使企业考虑产品或服务是否过度设计。如果企业提供给消费者的超过了实际所需要的，那就是徒然增加成本却没有任何收益。

（3）哪些因素的含量应该增加到行业标准以上？这个问题促使企业发现和消除消费者不得不做出的妥协。

（4）哪些行业内从未提供过的因素应该被创造？这个问题帮助发现客户价值的新来源，以创造新的需求。

前两个问题可以帮助企业将成本水平降低到竞争对手之下。研究发现，在习惯于攀比竞争的因素方面，企业很少会系统性地尝试剔除和降低投资，结果是成本不断增加，商业模式也日趋复杂。与之相对，后两个问题启发企业如何提升购买者的价值，创造新的需求。总的来说，这四个问题帮助企业系统地探索如何超越现有行业边界，重组购买者价值因素，向购买者提供全新的体验，同时又将成本结构保持在低水平。特别重要的是剔除和创造这两个行动，它们将企业推上了超越现有竞争、追求价值最大化的轨道。它们驱使企业改变竞争元素本身，从而使得既有的竞争规则变得无关紧要。

每一项伟大战略都有其重点。在价值曲线上，美国西南航空公司明显不同于竞争对手。该公司只强调三个因素：友好服务、速度和频繁的点对点直航起飞班次。美国西南航空公司在突出这些重点的同时，比照汽车运输的费用进行定价。它没有在食物、候机室和座位选择上进行额外投资。相反，美国西南航空公司的传统竞争者都在行业的大多数竞争因素上进行投资，投资重点过于分散，被竞争牵着鼻子走，最终导致了高昂的成本结构。

5.1.2 价值链构成

有吸引力的产品和市场定位需要企业价值链的支持。在经营实践中，企业对产品和市场定位的设计是与价值链设计同步进行的。企业的价值链不仅要对产品和市场定位提供支持，而且价值链内部的各项活动应该是相互协调和相互支持的。

在美国西南航空公司，为了支持企业独特的产品市场定位，它对自己所有的运营活动进行了精心的设计，一切都以低成本和便捷性为中心。飞机停靠在航站楼的周转时间只有短短 15 分钟，因此美国西南航空公司飞机的飞行小时数就比竞争对手更多，可以用更少的飞机提供更多的航班。美国西南航空公司不提供餐饮、指定座位、联运行李托运或高级舱位服务。不仅如此，它还在登机口设立自动售票处，鼓励乘客跳过旅行社直接购买美国西南航空公司的机票，这样就省下了一笔佣金。另外，全公司整齐划一地选用波音 737 客机，从而大大降低了维护成本。

美国西南航空公司所提供的便捷性正好与低成本相一致，其频繁的班次得到了好几种低成本做法的支持，如快速的周转和自动售票。通过缩短飞机周转时间增加了班次，提高了飞机的利用率，这是它实施便捷性和低成本这一定位的关键。但是，它是如何做到这一点的呢？一部分靠的是地勤人员，较好的薪酬福利和灵活的工会制度极大地提高了他们的生产效率。但是，更重要的还在于美国西南航空公司实施其他运营活动的方式。由于不提供餐饮、指定座位以及行李联运服务，它就省却了一些可能耽搁其他航班的活动。同时，美国西南航空公司还对机场和航线进行精心选择，目的就是避免因航线密集而造成的航班延误。此外，它还对航线距离和类型实行了严格的限制，这样它就可以统一使用波音 737 机型。

美国西南航空公司的战略建立在这样一套特制的运营活动基础之上，这样的战略定位不仅独一无二，而且给公司带来了巨大的价值。它的竞争优势来自各项活动之间的相互协调和相互加强。例如，某项活动的成本因为其他活动的实施方式而降低；同样，某项活动对客户的价值也可借助其他活动得到增强。正是价值链内部活动的相互协调和相互加强，以及对产品市场定位的支持，美国西南航空公司也获得了旅客的好评，成为美国民航界唯一连续多年获得行业"航班准点率冠军""顾客满意率冠军（投诉率最低）""行李转送准确率冠军"三冠王称号的公司。西南航空公司的各运营活动相互补充，创造了真正的经济价值。在西南航空公司服务的航线上，无论是成本还是便捷性，提供全面服务的公司都无法与之比肩。

5.1.3 盈利模式

对于传统制造企业来说，企业的盈利模式是很清楚的，无论是设备还是原材料，凡是购买来的东西都要以某种形式转变成产品的成本，对所有向市场提供的、满足了客户需要的产品都要收取一定的价格，价格减去成本自然就是企业的利润。但是，随着企业商业模式的不断创新，许多企业采用了不同的盈利模式，并最终取得了市场竞争优势。例如，美国吉列公司在推出可更换刀片的刮胡刀时，因为刀架和刀片是分开购买的，为了争取客户使用自己的产品，考虑到客户购买刀架后，还会配套购买企业所生产的刀片，因此对单价较高的刀架采用了相对较低的价格以锁定客户，对刀片采用了相对较高的价格以获得利润。

平台型企业的盈利模式和传统企业的盈利模式存在着质的差异，平台型企业尽管为两类客户都提供了服务，但往往仅向一类客户收费，而对另外一类客户进行补贴。例如，美国谷歌和中国百度等网络企业有两类客户：一类是搜索信息的网民，另一类是广告主。企业向网民免费提供信息搜索服务，而对广告主进行收费。

企业的产品和市场定位、价值链构成和盈利模式之间是一个整体系统，企业需要对此进行创新性的设计。把这些东西整合在一起，也被通俗地称为商业模式（business model）。企业在商业模式上的创新，有可能为客户创造新的价值，完全区分于现在的竞争对手。一个企业通过价值曲线的创新或者通过商业模式的创新，获取了一个不同于现有市场的全新市场。对于采用这种做法开展经营的策略，也被称为蓝海战略。

5.1.4　商业模式

商业模式这个词组是 20 世纪末之后，随着电子商务活动的影响逐渐流行起来的。许多基于 IT 技术发展起来的业务，用户数和点击量都很高，但是企业如何赚钱，企业经营中的各项活动到底该如何安排，往往并不成熟。因此，对于这类企业来说，商业模式尤其是盈利模式的完善是其生存的关键。最近几年，互联网尤其是移动互联网的快速发展，传统的经营模式，无论是在价值链环节还是在产品的市场定位方面都在不断出现新的形式，因此商业模式的热潮不仅没有淡化，反而越来越热，以至于许多企业把商业模式创新作为企业创新的重点。

关于商业模式，有许多不同的定义，可以简单地把商业模式定义为一个企业创造价值、传递价值和获取价值的基本原理，具体由上述的产品和市场定位、价值链构成和盈利模式三个方面构成。奥斯特瓦德和皮尼厄设计了一个商业模式画布（business model canvas），作为一个视觉化的描述、分析及设计商业模式的工具。

商业模式画布由 9 个模块组成（图 5.2），分别为客户群体（customer segments）、价值主张（value propositions）、渠道通路（channels）、客户关系（customer relations）、收入来源（revenue streams）、核心资源（key resources）、关键活动（key activities）、重要合作（key partnerships）和成本结构（cost structure）。

其中，客户群体是指企业服务的一个或多个类型的客户。价值主张是指为客户解决的问题或满足的客户需求。渠道通路是指沟通目标客户和交付价值的方式。客户关系是指与每一个客户细分市场建立和维系的关系。收入来源是指为客户提供价值所收取的价格。核心资源是指企业有效运转所需要的重要资源。关键活动是指必须开展的重要活动。重要合作是指所需要的供应商与合作伙伴。成本结构是指为获取核心资源、实施关键业务、展开重要合作而产生的费用。

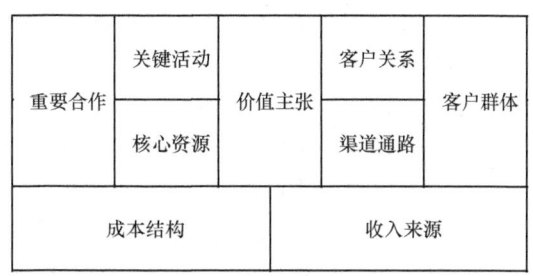

图 5.2　商业模式画布

5.2　竞争战略

5.2.1　竞争战略的分类

一个企业如何与竞争对手进行竞争呢？我们可以对此进行分类，如图 5.3 所示。按是否有不同的重点划分，可以分为两类：一是有与众不同的重点，二是无与众不同的重点。无与众不同的重点，是模仿，是千篇一律，在竞争的世界中，不会产生竞争优势。如果有与众不同的重点，那么企业选择的重点又是什么呢？按侧重点不同划分，可以分为重视成本和重视价值差异（价值独特性），或二者兼而有之。另外，根据从事竞争的市场范围，分为广泛目标和狭窄目标。据此，我们可以形成多种不同的战略。

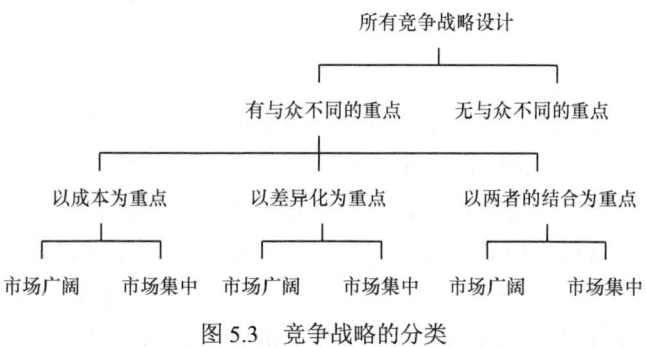

图 5.3　竞争战略的分类

波特对竞争战略的分类舍弃了模仿。波特认为，战略的核心在于定位，在于选择与竞争对手不同的活动。波特认为，要长期维持高于行业平均水平的绩效，其根本基础就是可持续的竞争优势。虽然一个企业与其竞争对手相比可能有无数个优势和劣势，但它所拥有的优势总可以归为两种，即低成本或价值差异化（简称差异化）。一个企业无论拥有哪种竞争优势，都是由其自身对影响两种优势的内部活动的设计和实施所决定的。

低成本战略和差异化战略在为客户创造价值上，采取的逻辑是不同的（图 5.4）。

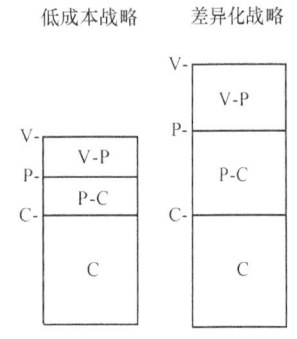

图 5.4 低成本战略和差异化战略的获利机制

一般情况下，在低成本战略中，通过降低成本，从而以比较低的价格向客户提供满足客户基本需求的产品，其获利来自低价格和低成本；而差异化战略通过强化价值链，加大研发和营销投入，尽力为客户创造高价值，通过高价格和高成本获取利润。

在图 5.4 中，V 为客户价值，P 为产品价格，C 为企业产品成本，V-P 为消费者剩余，P-C 为企业边际利润，V-C 为企业创造的价值。

两种基本的竞争优势与企业谋求获得优势的活动范围相结合，就使得我们得出了为在产业中取得高于平均水平的绩效的三种通用战略：成本领先战略（overall cost leadership）、差异化战略（differentiation）和集中战略（focus）。集中战略具有两种形式，即集中成本领先和集中差异化。图 5.5 表明了三种通用的竞争战略。

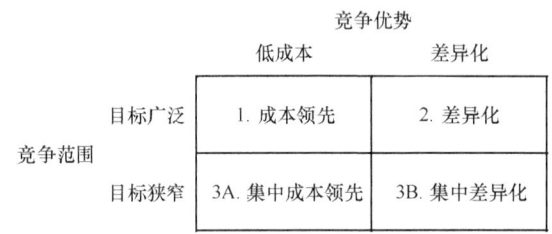

图 5.5 三种通用的竞争战略

将对追求的竞争优势形式的选择和对取得竞争优势的战略目标范围的选择结合起来，则每种通用战略都包含着通向竞争优势的一条迥然不同的途径。成本领先战略和差异化战略是在广泛的产业部门范围内谋求竞争优势，而集中战略则着眼于在狭窄的范围内取得成本优势（集中成本领先）或差异化优势（集中差异化）。实施某种通用战略要求采取的具体措施在各产业间差异很大，正像每个产业切实可行的通用战略互不相同一样。然而，尽管选择和实施一种通用战略并非轻而易举，它们却是任何产业都必须深入探索的通往竞争优势的必由之路。

通用战略思想的基本观念是，竞争优势是一切战略的核心。一个企业要获得竞争优势，就必须在争取哪一种竞争优势和在什么范围内争取优势的问题上做出选择，并在完成哪些活动和如何完成活动上做出取舍。"万事都要领先，事事都要每个人满意"的想法只会造成战略上的平庸和经济效益的低下，因为这往往意味着一个企业根本没有竞争优势。

5.2.2 成本领先战略

1. 成本领先战略的概念

成本领先战略又称低成本战略，是指企业通过有效途径降低成本，致力于成为行业中的低成本生产商甚至是最低成本生产商，提供与竞争对手性能和质量相当的，能够为客户接受的产品，从而获取竞争优势。这种战略在20世纪70年代由于经验曲线概念的流行而得到日益普遍的应用，即通过采用一系列针对本战略的具体政策，在产业中赢得成本领先。成本领先要求积极地建立起达到有效规模的生产设施，在经验基础上全力以赴降低成本，抓紧成本与管理费用的控制以及最大限度地减少研发、服务、推销、广告等方面的成本费用。为了达到这些目标，有必要在管理方面对成本控制给予高度重视。尽管质量、服务以及其他方面也不容忽视，但贯穿于整个战略的主题是使成本低于竞争对手。

2. 成本领先企业的优势

尽管可能存在强大的竞争压力，处于低成本地位的企业仍可以获得高于产业平均水平的收益。成本优势可以使企业在与竞争对手的争斗中受到保护，因为它的低成本意味着当别的企业在竞争过程中已失去利润时，它仍然可以获取利润。低成本地位有利于企业在强大的买方威胁中保卫自己，因为买方的压力最多只能将价格压到效率居于其次的竞争对手的水平。低成本也构成对强大供方威胁的防卫，因为低成本在对付卖方产品涨价中具有较高的灵活性。导致低成本地位的诸因素通常也以规模经济或成本优势的形式建立起进入壁垒。低成本地位通常使企业与替代品竞争时所处的地位比产业中其他竞争者有利。由于议价使利润蒙受损失的过程只能持续到效率居于其次的竞争对手也难以为继时为止，而且在竞争压力下效率较低的竞争对手会先遇上麻烦，因此，低成本可以在全部五类竞争力的威胁中保护企业。

3. 成本领先的途径

企业获取成本领先的途径有以下两个。

（1）控制成本驱动因素。企业可以在总成本中占有重大比例的价值活动的成本驱动因素方面获得优势。这种途径特别关注企业价值链的特定环节。

（2）重新配置价值链。企业可以采用不同的、效率更高的方式来设计、生产、批发或销售产品。这种途径特别关注企业价值链的构成、价值链的内部联系及企业价值链与关联企业价值链的联系。

这两种成本领先的来源并不相互排斥。在价值链的构成方面有很大差异的两个企业，还是会存在许多相同的价值链环节，在这些价值环节上，相对成本地位既能加强也能削弱全面成本地位。

成本领先战略的成功企业，通常是从价值链中的多个来源取得成本优势。持续的成本优势并不是来自一种活动，而是来自多种活动，而重新配置价值链在创造成本优势中起着一定作用。实施成本领先战略的企业，高层管理者往往把降低成本作为一种文化，并且伴有一些象征性的做法，如简朴的办公设施、有限的经理特权等。

降低成本可能会也可能不会削弱差异化的形象。每一个企业都应该在那些不影响差异化的活动中积极降低成本，而在那些有助于差异化的活动中可以有意识地做出选择，牺牲全部或部分差异化的形象使之改善相对成本地位。

4. 成本领先的前提

赢得成本最低的地位通常要求具备较高的相对市场份额或其他优势，如良好的原材料供应等。这可能要求产品的设计要便于生产制造，保持一个较宽的相关产品系列以分摊成本，并为建立批量而对所有主要客户群进行服务。由此，实行低成本战略的企业就可能需要前期大量投资购买先进的设备，采用侵略性的定价策略，并承受初始亏损，以攫取市场份额。高市场份额有助于提高采购经济性，从而使成本进一步降低。一旦赢得了成本领先地位，所获得的较高利润又可用于新设备、现代化设施的再投资，以维护成本上的领先地位。这种再投资往往是保持低成本地位的先决条件。

成本领先战略的有效决策前提是，企业本身就是成本领先者，而不仅仅是竞争领先地位的几个企业之一。一些企业未能认识到这一点，从而在战略上铸成大错。当雄心勃勃实施成本领先战略的企业不止一家时，每一份市场份额都是至关重要的，企业相互之间竞争激烈。如果没有一个企业能获取成本领先并且"劝阻"其他企业放弃它们的成本领先战略，就可能对盈利能力和长期产业结构造成灾难性影响。所以，在没有重大技术变革允许企业从根本上改变竞争地位的条件下，成本领先战略的成功特别依赖于先发制人。

5. 成本领先的风险

成本领先给企业带来要保持这一地位的沉重负担。这意味着要为设备现代化再投资，坚决放弃陈旧的资产，避免产品系列扩张以及对技术上的进步保持敏感。成本不会随着累计产量的增加而自动下降，规模经济也不会随着规模的扩张而轻易到手，要想实现成本领先，需要企业在内部经营活动的设计和完成上做出巨大努力。

实施成本领先战略的风险包括以下几方面。

（1）技术上的变化将过去投资学到的经验一笔勾销。

（2）产业的新进入者或追随者们通过模仿或者以其对高技术水平设施的投资能力，而用较低的成本进行学习。

（3）由于将注意力放在成本上，因而无法看到所需产品或市场营销的变化。

（4）成本膨胀削弱了企业保持足够价格差的能力，难以抵消竞争对手的品牌形象或其他差异化努力的影响。

成本领先战略既可以为企业带来巨大的成功，也可能导致企业陷入困难的境地。1908年初，福特汽车公司根据当时大众消费者的需要，做出了战略性的决策，致力于生产规格统一、品种单一、价格低廉、大众需要且买得起的汽车，1908年10月1日，采用流水线生产方式的著名T型车被推向市场。此后十多年，由于T型车适销对路，销量迅速增加，产品供不应求，福特汽车公司在商业上取得了巨大的成功。20世纪20年代中期，随着美国经济的快速增长和百姓收入的增加、生活水平的提高，汽车市场发生了巨大的变化，买方市场在美国已经基本形成，道路及交通状况也发生了质的改变，简陋而又千篇一律的T型车虽然价廉，但已经不能满足消费者的消费需求。然而，面对市场的变化，福特汽车公司仍然自以为是，不顾消费者的需求变化，顽固地坚持生产中心的观念，就像它宣称的："无论你需要什么颜色的汽车，我福特只有黑色的。"这句话也成为营销观念僵化的"名言"。面对市场的变化,通用汽车公司及时抓住机会,推出了新的式样和颜色的雪佛兰汽车。雪佛兰一上市就受到消费者的追捧,导致福特 T 型车的销量剧降。到 1927 年,已累计销售了 1500 多万辆的 T 型车不得不停产,通用汽车公司也乘虚而入,一举超过福特汽车公司,成为世界最大的汽车公司。

5.2.3 差异化战略

1. 差异化战略的概念

差异化战略又称高价值战略,是指企业通过向客户提供具有独特价值的产品或服务,并获取更高溢价的经营方式。企业的价值差异表现在多个方面,如产品或服务本身、客户服务、品牌名声、客户的购买便利性和购买行为的合法性等。最理想的情况是企业使自己在几个方面都能与众不同。例如,卡特彼勒公司(Caterpillar)不仅以其经销网络和优良的零配件供应服务著称,而且以其极为优质耐用的产品享有盛誉。所有这些对于大型设备都至关重要,因为大型设备使用时发生故障的代价是昂贵的。需要指出的是,差异化并不意味着企业可以忽视成本,但此时成本不是企业的首要战略目标。

2. 差异化的优势

如果差异化战略可以实现,它就成为在行业中赢得超额利润的可行战略,因为它能建立起对付五种基本竞争力量的防御地位。差异化战略利用客户对品牌的忠诚以及由此产生对价格的敏感性下降,帮助企业避开竞争。它也可使利润增加,却不必追求低成本。客户的忠诚,以及某一竞争对手要战胜这种"独特性"需付出的努力,构成了进入壁垒。产品差异带来较高的收益,可以用来对付供方压力,同时可以缓解买方压力,当客户缺乏选择余地时其价格敏感性也就不高。采取差异化战略而赢得客户忠诚的企业,在面对替代品威胁时,其所处地位比其他几个竞争对手也更为有利。

实行差异化战略有时会与争取占领更大的市场份额相矛盾。它往往要求企业对于这一战略的排他性有思想准备,即这一战略与提高市场份额两者不可兼顾。较为普遍的情况是,如果建立差异的活动需要花费较高的成本,如广泛的研究、产品设计、高质量的材料或周密的客户服务等,那么实现产品差异化将意味着以成本地位为代价。然而,即便全产业范围内的客户都了解企业的独特优点,也并不是所有客户都愿意或有能力支付企业所要求的较高价格。

3. 差异化的来源

很多企业对于价值差异化潜在来源的认识过于狭隘。它们仅仅从有形产品或市场行为的角度看待价值差异化,而看不到价值链中任何一处都可能产生价值差异化。从企业整体的角度是不能理解差异化的,成功的差异化战略来源于企业所有活动之间的相互协调,而不仅仅取决于营销部门。

实际上,任何一种价值活动都是独特性的一个潜在来源。例如,原材料采购和其他投入能够影响最终产品的性能，并由此而影响价值差异化，而生产经营活动也会影响诸如产品外观、规格的一致性以及可靠性等独特性的形式。

价值链中任何一种活动都能够为企业的价值差异化做出潜在的贡献。即便产品是有形产品，其他活动也常常可以导致重大的差异化存在。同样，像维修或进度安排等间接活动也可以像装配或订单处理等直接活动一样对差异化做出贡献。

只占总成本一小部分的价值活动也可能对经营差异化产生重大影响。例如，检测费用可能只占总成本的1%，但是如果把不合格的药品，哪怕只是一包发给买方，也会对医药企业差异化的形象产生重大的消极影响。

差异化也可能来自下游。企业的销售渠道可能是独特性的一个有力来源，可以增强声誉、服务、买方培训及许多其他因素。例如，在软饮料行业，独立的制瓶商对价值差异化至关重要。可口可乐公司和百事可乐公司曾花费大量的精力与财力改造制瓶厂，提高效率。

企业在某种价值活动中的独特性取决于一系列基本的驱动因素，而这些独特性的驱动因素是某种活动之所以独特的根本原因。如果不能辨认这些驱动因素，企业就不能完全找到创造差异化的新形式，也不能找到把独特性保持下去的方法。

把独特性的主要驱动因素按显著程度排列如下。

（1）政策选择。企业要对完成什么样的活动和怎样完成做出政策选择。导致独特性的一些典型性政策选择包括：提供的产品特点和性能；提供的服务，如信贷、交货或修理等；开展某项活动的力度，如广告费的比例等。

（2）联系。独特性往往来源于价值链内部的联系或者企业与供应商和销售渠道的联系。例如，交货时间不仅取决于输出物流系统，而且取决于订单的处理速度和催促提货的销售电话的频率。

（3）时机。企业某项活动开始之日，就可能是独特性形成之时。例如，第一个改变产品形象，可能会防止其他企业效仿，从而形成企业的独特性。

（4）地点。独特性也可以来自地点。例如，银行可能因具有最方便的分支机构和地点最佳的自动存取机而具有独特性。

（5）相互关系。一种价值活动的独特性也可以产生于与兄弟业务单位之间的合作。例如，一些企业在保险和金融业务上共用一支销售队伍，这样便于销售人员向买方提供更好的服务。

（6）一体化。企业的一体化经营也可以使其具有经营差异化。一体化形成的新价值活动之所以能使企业独具差异化，在于企业能更有效地控制这些活动并使之与其他活动相互协调。一体化也可以增加更多的活动，从而成为企业差异化的来源。例如，万科不仅以高质量的房屋建造，而且以高水平的物业管理塑造其与众不同的形象。

（7）规模。大规模生产会具有小批量生产所不具备的特点。例如，对于传统银行来说，营业网点众多就是独特性的一个重要来源。

（8）制度因素。制度因素有时在企业如何创造独特性方面起作用。例如，与工会保持融洽关系的企业就可以给雇员制定个性化的工作规范。

这些驱动因素相互作用，决定了一种活动的独特程度。企业必须认真了解在这些独特性背后的驱动因素是什么，这对于价值差异化的持久性是至关重要的。

4. 差异化的风险

差异化战略同样包含一系列的风险，这些风险会影响战略的实施效果。而这些风险主要是由于企业对差异化的基础与成本的认识不全面造成的。

（1）无价值差异化。企业在某些方面具有独特性并不意味着独特的东西就能形成差异化战略。一般的独特性如果不能降低买方成本或是提高买方所认同的价值，就不可能形成有效的差异化战略。

（2）过分差异化。如果企业不懂得作用于买方价值的机制，那么企业可能会做出太过分的差异化来。例如，产品质量或服务水平超出买方需要，那么这个企业相对于产品质量适当、价格便宜的竞争对手而言就处于劣势。

（3）溢价太高。从差异化中获得的溢价如果太高，买方将抛弃已形成差异化的企业。如果企业利用自己的议价能力以过高的溢价向客户销售产品，受到利益盘剥的客户就会被迫实施后向一体化。

（4）不了解差异化的成本。除非差异化增加的买方价值超过成本，否则差异化不能带来显著的效益。而且，若实行低成本的竞争对手与实行差异化的企业之间的成本差距过大，以至于差异化不再能笼络客户。在这种情况下，买方会舍弃由差异化企业提供的某些特性、服务或形象的诱惑以节省大笔开支。

（5）只重视产品而忽视整个价值链。有些企业只从有形产品的角度看待差异化，而没有从价值链的其他部分发掘形成差异化的机会。

5.2.4 集中战略

1. 集中战略的概念与形式

集中战略是指企业主攻某个特定的细分市场，为其提供最适合的产品和服务而获得竞争优势的经营方式。低成本战略与差异化战略都要在全产业范围内实现其目标，集中战略却是围绕着更好地满足特定目标市场这一中心建立的，它所制定的每一项职能策略都要考虑这一目的。

集中战略有两种形式：集中成本领先和集中差异化。采取集中成本领先战略的企业寻求在目标市场上的成本优势，而实施集中差异化战略的企业则追求在目标市场上的产品差异优势。集中战略的这两种形式都以所选择的目标市场与产业内其他细分市场的区别为基础。集中成本领先战略在一些细分市场的成本行为中发掘区别，而集中差异化战略则是开发差异化细分市场上客户的特殊需求。这些区别意味着多目标竞争者因服务多个不同的细分市场，而不能使个别细分市场的需求得不到满足。因此，采取集中战略的企业可以通过专门致力于这些细分市场而获得竞争优势。

2. 集中战略的前提

这一战略的前提是：第一，企业能够以更高的效率、更好的效果为某一狭窄的战略对象服务，从而超过在更广阔范围内经营的竞争对手。企业通过较好满足特定对象的需要实现了差异化，或者实现了低成本，或者二者兼得。尽管从整个市场的角度看，集中战略未能取得低成本或差异优势，但它的确在其狭窄的市场目标中获得了一种或两种优势地位。第二，目标集中于一个细分市场或一组细分市场这一做法本身并不足以获取竞争优势。选择的细分市场必须包括有不同需求的买方，或要求有一个不同于服务其他细分市场的价值链。正是集中战略者的细分市场与其他市场间的区别，造成了目标广泛竞争对手的次优化。

3. 集中战略的优势

采用集中战略的企业也具有赢得超过行业平均水平收益的潜力。它的目标集中意味着企业对于其战略实施对象或者处于低成本地位，或者具有差异优势，或者二者兼有，这些优势保护企业免受五个基本竞争力量的威胁。例如，Illinois Tool Works（伊利诺斯工具公司）主攻扣件这一特殊市场，在这个市场中，企业可以为买主的特殊需要设计产品，并形成转换成本。虽然有许多客户对这些服务并无兴趣，但也确实有一些客户对此感兴趣。

4. 集中战略的风险

毫无疑问，与成本领先战略、差异化战略一样，集中战略也有其自身的风险，其风险包括以下几方面。

（1）大范围提高服务的竞争对手与采取集中战略的企业之间的成本差距变大，从而使针对一个狭窄目标市场的服务丧失成本优势或使集中战略产生的差异化优势被抵消。

（2）目标市场与整体市场之间对所期待的产品或服务的差距缩小。

（3）竞争对手在目标市场中又找到细分市场，因而使采取集中战略的企业显得不够集中。

（4）没有及时检查有关的细分市场和目标的宽度。随着买方需求的变化、新客户群的形成、细分市场的新方法的出现，产业中具有战略意义的细分市场也会随之演变，把对某个细分市场的选择当作永久不变的决定将不可避免地带来战略性灾难。

5.2.5 成本和差异化整合战略

成本和差异化整合战略是指企业把成本领先与差异化融合在一起，同时追求低成本和高价值两种竞争优势。与单纯依赖某一主导战略的企业相比，能够成功地实施成本和差异化整合战略的企业处于一种更加有利的地位。

成功实施整合战略的企业之所以能获得超额利润，主要是因为这种战略提供了双重竞争优势。成本领先战略意味着低成本，而与此同时，差异化战略则使企业可能把价格定得更高。这样，整合战略就使企业通过向客户提供两种形式的价值——一些差异化的特征（但数量上不及专门执行产品差异化战略的企业）和相对低成本（但无法与成本领先者同样低）来获得竞争优势。

在获得超额利润方面，整合战略的潜力非常大，但这种潜力也伴随着巨大的风险。一不小心，就可能落入进退两难的境地。

1. 夹在中间的危险

每一种基本战略在创造和保持一种竞争优势方面都有不同的途径，它将企业寻求竞争优势的类型和实现战略目标的活动空间结合起来。企业通常必须在几种战略之间做出选择，否则将面临夹在中间的危险，致使与差异化战略相比，产品特色欠缺；与成本领先者相比，成本过高。

正像前面分析的，低成本战略和差异化战略对企业产品市场定位和价值活动的要求是矛盾的，夹在中间的企业无疑会陷入矛盾中。夹在中间的企业失败的主要原因是，模糊不清的企业文化、相互冲突的组织结构、矛盾而无效的激励机制等。成本领先者、差异化战略实行者和目标集中者在任何细分市场的竞争中都占据十分有利的竞争地位，夹在中间的企业就只好处于劣势。即使夹在中间的企业侥幸发现了一种有利可图的产品或客户，拥有持久竞争优势的竞争者也会迅速将胜利果实抢夺一空。

2. 整合战略的生存空间

波特认为，只有当产业结构非常理想，或者企业非常幸运以至于其竞争对手也处于同样的境地时，企业才会获取可观的收益，而技术等原因也是实施整合战略企业的生存良药。例如，有时降低成本并不总是意味着牺牲差异化。很多企业发现，一些为了降低成本而采取的活动，不仅不会损害差异化，反而能增强经营差异化。如果企业以前未曾在节约成本上狠下功夫，那么在根本不影响经营差异化的情况下，成本节约会取得显著的效果。然而，成本节约与创造成本优势不是一回事。当面对努力成为成本领先者的有力竞争对手时，企业最终将会发现进一步削减成本不可避免伤害到产品的差异化。这个时候，成本领先战略与差异化战略会相互抵触，企业必须做出选择。

但是，如果企业能同时获得成本领先和差异化的竞争优势，回报将是巨额的。因为收益是累加的——差异化会带来价格溢价，与此同时，成本领先则意味着成本的降低。在以下三种情况下，企业能同时取得成本领先和差异化的优势地位。

（1）竞争对手被夹在中间。当竞争对手都被夹在中间时，其中任何一个企业都没有足够的优势来迫使其他企业面临成本和差异化相互抵触的局面。

（2）成本受市场份额或产业间相互关系的强烈影响。当成本地位在很大程度上取决于市场份额而不是产品的设计、技术水平、提供的服务或其他因素时，成本领先战略和差异化战略也许可以同时获得。

（3）企业首创一项重大革新。一项重要技术创新的引进能够允许企业在降低成本的同时增加其价值差异化，并且可能两种战略兼而有之。例如，大规模定制技术的出现使得企业在受益于规模化带来的低成本的同时，还能更好地满足客户对产品提出的差异化需要。不过，同时降低成本和差异化的能力取决于这项创新是否只掌握在一家企业之手。一旦竞争对手也引进这项革新，该企业将再次面临做出权衡取舍的决策。

3. 整合战略的两种类型

（1）通过两个部门的独立运作实现低成本和差异化的整合。一些企业为了抓住市场机会，可能会进入两个完全不同的细分市场，而在这两个市场上取得成功，可能需要采取两种完全不同的基本战略。为了避免被夹在中间，可以在同一企业内建立两个独立的业务单位，每一个单位都采取单一的基本战略。不过，这对管理层提出了更高的要求，管理者必须明确低成本和差异化两种基本战略对企业经营活动的要求是不一致的，对两个业务单位在相互学习和模仿上要做出极其谨慎的选择。否则，如果企业不能严格将两个业务单位区分为追求不同的基本战略，或者不能阻止业务单位之间政策和文化的相互影响，那么业务单位的战略就会被折中，从而陷入夹在中间的困境。

（2）通过对不同价值属性的组合实现低成本和差异化的整合。最近几年，随着信息技术的快速发展，一些企业更加重视客户的特定需求，突破了传统的低成本和差异化的战略设计，既不像传统低成本企业，在客户关注的大多数产品性能和质量指标上都保持较低水平；也不像传统差异化企业，在几乎所有性能和质量指标上都追求较高水平。这些企业采用了成本和差异化整合战略，在特定的几个价值指标上追求最高水平以提高差异化，而在其他价值指标上尽量降低以求保持低水平成本。

随着客户选择多样化程度的提高，越来越多的企业关注到有特定个性需求的客户，采用成本和差异化整合战略做成世界级的企业。例如，西班牙企业 ZARA，以生产和销售快时尚服装著称，但是价格又平易近人，是低成本和差异化整合的典范，其战略也被称为"一流设计、二流面料、三流价格"。ZARA 的产品，在价值差异化上主要重视时尚，而对于面料和缝制质量等却较少特别之处，甚至在设计开支上也极力控制，并没有雇用世界级的设计师。在成本方面，由于控制了面料的选择，缩短生产提前期和提升物流速度降低库存，使得价格保持在较低水平上。

5.3 行业生命周期阶段

行业是企业竞争的重要环境。不同的行业具有不同的成熟度、集中度和国内外竞争环境，因此，企业在确定竞争战略时，一定要根据自己行业的特点，考虑如何应对各种竞争，扩大自己的竞争优势。

5.3.1 行业生命周期

1. 理论假说

行业生命周期理论认为，任何行业都要经过导入期、增长期、成熟期和衰退期四个阶段（图 5.6）。这些阶段是以行业销售额增长率曲线的拐点划分的，行业的增长由于新产品的创新和推广过程而呈 S 型。行业增长平缓的导入阶段反映了克服买主迟疑心理和刺激尝试新产品的困难。一旦产品证明非常成功，许多买主涌入市场，就开始了快速上升阶段。随着市场渗透率的逐渐提高，客户增长的速度变缓，行业发展随之进入成熟期。当新的替代品出现时，行业将逐步衰退。随着行业从导入期走向衰退期，竞争的性质也将发生变化。

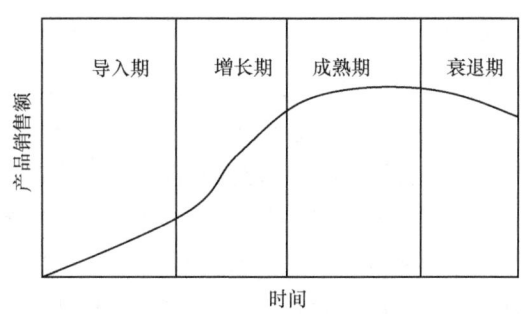

图 5.6　产品（行业）生命周期各阶段

2. 将行业生命周期作为规划工具的不足

利用行业生命周期理论判断行业处于哪一个阶段存在一些困难。

（1）各阶段的持续时间会随着行业的不同而非常不同，并且一个行业究竟处在生命周期的哪一阶段通常不是很清楚。这个问题削弱了此概念作为规划工具的有用之处。

（2）行业的增长并不总是 S 型。有时行业跳过成熟阶段，直接从上升走向衰亡。有时行业在一段时间衰退之后又重新上升。有些行业似乎完全跳过了导入期这个缓慢的起始阶段。

（3）企业可通过产品的创新和重新定位改变曲线的形状，并以不同的方式向外扩展。如果企业认定所给的生命周期一成不变，那么它就成为一种没有意义的自我臆想的预言。

（4）与生命周期每一阶段相联系的竞争属性随着行业的不同而不同。例如，有些行业初期集中度较高，随后依然如此；有些行业，在集中度持续较高一段时间后就降低了。

把生命周期视为行业演变的预测工具的真正问题在于它试图描绘一种必然会发生的演变形式。并且，除了行业的增长率，很少或几乎没有什么理由来解释为什么与生命周期相关的竞争变化将会发生。由于行业的实际演变方式非常不同，因而生命周期的形式可能不会奏效。

尽管利用生命周期做预测存在很大的风险，但是产品生命周期却是作为一种客观现象存在着的，而且在不同的生命周期阶段有不同的竞争特点，要求企业采取不同的战略。

5.3.2　新兴行业中的战略

1. 新兴行业的概念

新兴行业是新形成的或重新形成的行业，其形成的原因是技术创新、相对成本关系的变化、新的消费需求的出现等。对于一些老行业,伴随着批量订单带来的规模增长,也会经历由前述环境变化引起的竞争规则的变化,这时也会出现与新兴行业类似的问题。

2. 新兴行业的结构特征

虽然新兴行业在结构上彼此差异很大,但在这个发展阶段,还是有一些共同的结构特征,如技术不确定、战略不确定、初始成本高但随后成本急剧下降等。

(1)技术不确定。新兴行业的技术不确定性较高。何种产品结构最终将被证明是最好的?何种生产技术将是最有效的?对这些问题,没有统一的答案。在录像机行业刚刚出现时,存在索尼公司的 Bata 技术和松下公司的 VHS(vertical helical scan,垂直螺旋扫描)技术。对于其他企业来说,最初难以确定选择采用哪种技术会更好。尽管索尼公司的 Bata 技术较 VHS 技术要好,但是由于索尼的许可费高于松下,多数企业开始生产和销售 VHS 格式录像机,最终 VHS 技术成为录像机行业的实际标准。

(2)战略不确定。与技术不确定性相联系,由于更广泛的原因,行业内企业经常试图采用各种各样的战略方法。没有公认的正确战略,在产品和市场定位、市场营销和服务等方面,不同的企业正探索不同的方法。

(3)初始成本高,但随后成本急剧下降。小批量和新产品经常在新兴行业中造成高成本。即使对于那些学习曲线在短期内能走平的技术来说,通常也会有一段非常陡的学习曲线与之伴随,而陡的学习曲线表示最初的高成本会以极高的比例下降。如果学习收益能与行业增长时不断增加的获得规模经济的机会相结合,则成本下降甚至会更快。

3. 新兴行业的战略选择

在新兴行业中,技术和战略具有很高的不确定性,行业结构不稳定,也没有公认的行业竞争规则。因此,行业发展过程中的新兴阶段成为企业战略自由度最大、企业所采取的战略对行业结构的塑造施加影响最高的阶段。针对这些特点,企业在选择竞争战略时应从以下几个方面考虑。

(1)促进行业结构的成形。在新兴行业中占压倒地位的战略问题是企业塑造行业结构的能力。企业要尽力采取各种措施,按照有利于自己、有利于行业的原则,在生产方式、市场营销方法和价格策略等方面建立游戏规则,以使自身在长时期持续获得最有利的地位。

(2)供应商和渠道的角色变化。随着行业的规模增长,处于新兴行业中的企业要显示和证明自身的价值,迫使供应商和分销渠道向有利于自己的方向发展,使得供应商情愿或被迫满足企业在产品规格、服务和交货等方面的特殊需求,使分销渠道乐于作为企业的伙伴投资于设备、广告等。

(3)正确对待行业发展的外在因素。在新兴行业,企业要在追求自身利益和促进行业健康发展之间做出平衡。在行业发展初期,行业的发展可能要求行业内部各企业的相互合作,但一些企业却只注重追求自身市场地位而损害了行业的健康发展。一个企业最初可能要采用它最终并不想遵循的战略,或进入一个从长期来看必须放弃的细分市场。这些"暂时"行动对于行业发展可能是必需的，但一旦行业得到了发展，企业就获得了选择其最佳市场空间的自由。

（4）适应移动壁垒的改变。随着行业规模的扩张和技术的成熟，新兴行业中原有的移动壁垒可能迅速受到侵蚀并被完全不同的壁垒所替代。企业必须时刻准备为保卫自身的地位而发现新的方法，而不是仅仅依靠对过去的成功做贡献的专有技术或独特产品，这可能需要企业投入比早期阶段要多得多的资金。

（5）选择恰当的进入时机。在新兴行业中，既可能因初期的高风险引发先行劣势，也可能因构建技术壁垒而带来先行优势。企业要正确选择进入时间，既避免早期进入带来的高风险，又避免与晚期进入相关的高进入壁垒。

5.3.3　成熟行业中的竞争战略

1. 成熟行业的概念

作为演变进程的一部分，行业的成熟期是指在行业的生命周期中，经历过迅速成长时期后的一段缓慢的增长时期。在行业向成熟期转化的过程中，企业的竞争环境将发生根本性变化，要求企业战略做出调整。

2. 成熟行业的主要特征

向成熟转化往往意味着行业竞争环境中的多种重要变化。一些可能的变化趋势如下。

（1）市场占有率方面更激烈的竞争。当企业无法仅仅靠保持市场份额而保持其稳定的增长速度时，竞争的焦点转向行业内部，去争夺其他企业的市场份额。

（2）企业更加倾向于向有经验的老客户销售产品。这时，客户的注意力从决定是否购买产品转向在不同品牌之间进行选择，这要求企业对客户需求口味的变化做出判断，对战略进行评价和重新定位。

（3）竞争趋于强调成本和服务。低速增长、更多有知识的客户以及技术更为成熟的结果是，竞争趋势变得更加成本导向和服务导向。

（4）生产能力和人员的增加将导致供过于求。当行业向慢速增长调整时，行业生产能力也必须相应地放慢速度，否则将出现剩余。企业应当密切关注竞争对手生产能力的增加并准确把握增加自身生产能力的时机。而一旦投入过度，就会导致一段时期内生产能力过剩，加剧转化时期爆发价格战的趋势。

（5）制造、营销、批发、销售及研究方法经常变化。这些变化是由对市场份额更加激烈的竞争、技术成熟、客户更为老练等造成的。

（6）推广新产品变得更加困难。增长阶段是新产品大量和快速引入的时期。随着行业进入成熟阶段，新产品的推广日益受到限制，风险急剧增加。这一变化要求企业对新产品的开发方向和推广速度做出适当调整。

（7）国际竞争加强。国内市场的成熟刺激企业进行国际化经营，由于技术成熟、产品标准化程度提高，国际竞争的激烈程度也将增加。

（8）行业利润通常下降。低速增长、更为老练的客户、更强调市场份额，加上所需战略转变的不确定性和困难性往往意味着行业利润将在短期内快速下降。

（9）中间商的利润下降，但其议价能力开始增加。由于与行业利润下降同样的原因，中间商的利润受到挤压，许多中间商在制造商利润受到明显影响之前离开行业。这种趋势加剧了行业中的竞争者为中间商而进行的竞争。中间商在增长阶段很容易被找到并保持与其的合作关系，但在成熟阶段则并非如此。因此，中间商的力量会显著增强。

3. 成熟行业的战略选择

在成熟行业中，企业可以选择以下战略。

（1）产品组合合理化。不断评价现有及可能新增的产品类型，调整和优化产品组合。

（2）合理定价。加强和细化产品成本核算，科学设计产品价格体系，合理确定每种产品的价格。

（3）开拓国际市场。国际市场的行业结构不同于本国市场，开拓国际市场可能使企业避免受制于国内市场成熟期的制约。有时国际市场的行业结构更有利，在本国市场上已经过时的商品，在国际市场上却得到欢迎。

综上所述，企业应根据行业的具体情况和企业的自身优势，选择上述战略中的一种或几种。但是企业在选择战略的时候一定要注意，不要为了短期利益而牺牲长期利益；不要为了一时销售额的增长而投入大量的资金；要将产品价格的削减作为积极的反应；要在需求出现停滞趋势时及时地控制生产能力。不过，最重要的是，企业要做出明确的战略选择，切忌左右摇摆，使企业丧失竞争优势。

5.3.4 衰退行业中的竞争战略

1. 衰退行业的概念与特点

衰退行业是指在持续的一个时期产品销售量绝对下降的行业。随着环境的变化，任何行业都会进入衰退期。在产品生命周期模型中，衰退阶段的特点是：市场销售量降低、产品类型减少、研究开发以及广告费用降低、竞争者减少。

2. 衰退的原因

行业需求下降有多种不同的原因，具体如下。

（1）技术替代。新的技术比旧的技术有更多的优势，导致旧的产品尽管还能使用，但不如新的产品更能满足人们的需要，在使用经济性上也变得更不合算。例如，电子计算器替代了计算尺，数码照相机替代了胶卷照相机，平板电视替代了阴极射线管（Cathode Ray Tube，CRT）电视机。

（2）人口结构变化。人口结构的变化使得原有产品的客户逐渐减少。例如，随着人口城市化速度的加快和农业机械化的快速发展，传统的农户越来越少，小农经济时代所必需的各种农具的需求大幅度降低。

（3）需求变化。由于社会或其他原因改变了买主的需要或爱好，对某种产品的需求可能下降。

3. 衰退行业的战略选择

在行业衰退期，企业可选择的战略有多种（表 5.1）。这些战略无论在力图实现的目标上，还是在投资的意义上都迥然不同。收割战略和迅速撤资战略的目标是收回投资，而领导战略和局部领导战略却可以通过投资加强企业在衰退行业中的地位。企业出于不同的目的，可能只采用其中一种战略，也可能先后采用几种战略。

表 5.1 衰退行业中的战略选择

领导战略	局部领导战略	收割战略	迅速撤资战略
在市场份额方面争取领导地位	创造或捍卫在某一特定细分市场中的优势地位	有控制地撤出投资，从优势中获利	在衰退阶段中尽早清算投资

（1）领导战略。领导战略的目标是从某类衰退行业中获利。采取领导战略的前提是，这类行业的结构使得剩余企业能够在面对面的竞争者中取得领导地位，成为行业中仅存的一家或少数几家企业之一，获取超出社会平均水平的利润。一旦达到这个地位，企业就转而执行保持地位或有控制的收割战略，这取决于行业后期的销售形势。

（2）局部领导战略。这种战略的目标是辨识衰退行业中某个细分市场（或某种需求），这种细分市场不但需求保持稳定或下降缓慢，而且拥有的结构特征能为企业带来高收益。企业通过投资，在这一细分市场上建立领导地位。一些企业发现为了降低竞争对手的退出壁垒或者降低这一细分市场的不确定性，采用领导战略的某些行动是必要的。企业将转而采取收割战略或迅速撤资战略。

（3）收割战略。执行收割战略时，企业力图优化业务的现金流，取消或大幅度削减新的投资，减少设备投资，甚至削减研究和广告投入，在后续的销售中从业务拥有的任何残留优势上谋取利益，以提高价格或从过去的商誉中获利。但是，并非所有业务都是可收割的。收割战略的前提是企业已经存在赖以生存的真正优势，同时衰退阶段的行业环境不至于演化成为痛苦的战争。

（4）迅速撤资战略。这一战略的前提是企业只有在衰退早期出售业务才能使净投资的回收最大化，而不是实施收割战略之后再出售或再采用其他战略。在衰退前或在成熟期内从业务中撤资，更有助于找到能出高价的投资者，获得更大的利益。但是，企业也可能因为对行业走势的预测失误，损失了企业未来可以赢得的大量利润。

习　　题

1. 什么是商业模式？
2. 平台型企业的商业模式有何特点？
3. 解释成本领先战略、差异化战略和集中战略。

4. 成本领先和差异化的主要区别是什么？
5. 简要描述成本领先战略、差异化战略、集中战略的优势与风险。
6. 选择一家你感兴趣的公司，解释这家公司竞争战略的类型。
7. 讨论"夹在中间"与"成本和差异化整合战略"的本质区别。
8. 选择一家处于新兴行业中的企业，思考哪些因素影响了它的战略选择。

案例 5　快时尚 ZARA

1975 年，一家并不起眼的小服装店在西班牙的小镇开张，店主阿曼西奥·奥尔特加是一名普通的送货员，他一定没有想到这个叫 ZARA（飒拉）的小店会在 40 年后成为全球排名第一的服装零售集团。他总结服装行业时，曾把这行比作"易消逝的商品"（a perishable commodity）。奥尔特加觉得商人应该把服装看成一种快消品（fast moving consumer goods），而不应该把它们看成耐用品（durable goods）。人们应该只在很短的一段时间里喜欢一套衣服，然后就把它们扔了，而不是把它们存储起来，就像对待酸奶、面包或鱼肉一样。

ZARA 是西班牙 Inditex 集团旗下的一个子公司，既是服装品牌，也是连锁零售品牌。ZARA 作为快速时尚服装（fast fashion）的代表，不仅创造了一种另类的经营方式，同时创造了一个新的名词：Mc Fashion（麦当劳式的时尚），意为像麦当劳卖快餐一样贩卖时装，即大众可以消费得起的时尚服装。许多刚刚在米兰等国际著名时装表演中亮相的最新款式时装，两周后你在 ZARA 专卖店就能以奢侈品牌 1/10 的价格买到，反映了 ZARA 独特的营销定位：快速时尚的品牌形象和大众消费得起的价格。ZARA 充分迎合了大众对于流行趋势热衷追逐的心态：穿着优雅时尚，但不会太贵。

ZARA 在全球 60 多个国家开设了 2020 多家专卖店，其中 90% 为自营店，其余为合资和特许经营店。此外，ZARA 的选址往往都在大城市的繁华商圈，且开设的都是大型门店，动辄 2000 平方米的超大体验空间加上不断更新的商品陈列，带给消费者愉悦的购物体验，也满足了一站式购物的消费需求。ZARA 于 2006 年进入中国，在 2016 年度财报的发布会上，该集团 CEO 帕布罗·伊斯拉（Pablo Isla）特别谈到了中国市场，尽管没有公布明确数字，但他表示，中国消费者的时尚胃口正变得越来越大，对于中国市场无比乐观。截止到 2017 年，ZARA 在中国的门店已经接近 700 家，这一数字仅次于其总部所在地西班牙。

1. 设计环节

ZARA 旗下拥有数百名的服装设计师，他们在全球任何可以获得灵感的地方敏锐地捕捉最新的时尚信息，在巴黎、米兰、纽约、东京等各地的时装表演、酒会、酒吧、舞厅和广场等，都可以发现 ZARA 设计师的身影，ZARA 在全球各个连锁店也随时反馈他们的意见。设计师们以最快的速度模仿现时最流行的时装，往往刚在米兰时装节上流行的时装，两周后你就能在各地的 ZARA 专卖店中买到。

ZARA 的设计团队每年设计的新款时装 50 000 多款，经精选后平均每年投放市场的时装 12 000 款，既可以找到最新的时尚服饰，也可以找到基本款式和配饰，既有成年人的服饰，也有儿童的服饰，一个家庭的服装甚至可以一站式购齐。但 ZARA 推出的每款时装的产量都很有限，该款式销售完毕后，很少补货。有时，你今天看到的服装一时犹豫没有购买，过两天再去已经没有。ZARA 这种策略既降低了库存的风险，同时也造成了人为的货品紧缺，让许多人看到自己的心头之选时都会痛快地购买。

跨部门团队研发模式并非 ZARA 独创，但在时尚服装行业采用跨部门团队研发模式，ZARA 无疑是领先的。ZARA 的设计团队由时装设计师、市场分析专家、采购人员和生产人员组成，他们在舒适和开放的环境中充分交流设计方案，设计方案确定后由设计师将设计图样用 AutoCAD 绘出电子设计文档，交给团队对设计服装款式、面料、图案、颜色等搭配进行多次讨论，再估算出这款服装的成本与销售价格，平衡盈利和市场可接受的定价进行销售。服装式样设计完成后，交给制样工人手工缝制少量的衣服样品，放在展示大厅征求大家的意见，最后确定最终的设计式样。

2. 生产环节

一旦设计款式得到批准通过，生产指令马上出来，在 ZARA 自己高度自动化的剪裁设备上裁剪布料，然后由一些小型工厂组成的制造网络进行缝合。为了迅速将最新设计服装生产并交付，同时保证品质和保持成本优势，需要在自建工厂和外包中做出合理的布局。ZARA 在西班牙拥有自建的近 30 家工厂，包括布料的印染厂和成衣工厂，这些工厂除小部分在欧洲发达国家外，大多数在西班牙经济不发达地区，其数百家外包厂则大多数在东欧或亚洲发展中国家，其中在欧洲的工厂占 70%。ZARA 通过其合理的制造网络布局，能够迅速、有效地对制造环节进行管理，与 ZARA 总部靠近有力地保证了工厂能够根据市场需求的变化做出快速的响应，对工厂制造品质的控制也更有力。在东欧或亚洲发展中国家工厂生产中低端的服装，则对 ZARA 时尚服装成本控制起到了很大的作用。

ZARA 深知柔性制造能力的重要性，ZARA 的供应链布局充分地考虑到这一点，ZARA 超过半数的布料是采购未印染的布料，ZARA 拥有自己的印染厂，可以随时按设计图案和颜色来印染布料，而且 ZARA 过半数的产品是通过自己的工厂来完成，而外包的服装其裁剪工序也大都在 ZARA 工厂完成，再将其交给外包厂完成缝制工序，然后送往 ZARA 的物流中心统一配送。这样的供应链布局，有利于设计师迅速将最新的潮流融入 ZARA 的时装设计中，并将最新设计的时装迅速生产出来，配送到世界各地的专卖店。

让庞大的制造网络做到快速响应，协同制造能力是关键。ZARA 通过自己的供应链管理系统（supply chain management，SCM）成功地做到了这一点。ZARA 将时装设计师的构思运用 CAD 设计完成电子图纸，然后传给工厂进行裁剪，外包商通过 IT 系统接收到电子图样和 ZARA 统一的物流中心配送的完成裁剪的布料后，按图纸要求完成时装的缝制工作，再送至 ZARA 的工厂完成烫平、检查和包装工作，最后由物流中心配送到世界各地的 ZARA 专卖店。在整个制造流程中，ZARA 的供应链管理和质量管理部门通过 IT 系统对每一个环节进行监控。

3. 物流环节

"在时装界，库存就像是食品，会很快变质，休闲装 ZARA 所做的一切是为了减少反应时间。" ZARA 集团 CEO Castellano 曾公开表示。中国服装业的平均仓储时间一般为 6~9 个月，国际知名大牌的周期通常为 3~4 个月，ZARA 最快只需要短短 1 周，通常为 12~15 天。这也就意味着，ZARA 仅在仓储成本这一个环节就比其他服装企业低近 70%。而 ZARA 的资金只需压 7~12 天就能回流，资金周转速度快，从而可以继续采购原料来设计加工，以确保 ZARA 的少量多款的品牌策略。

"在物流方面，ZARA 推崇的是'掌控到最后一公里'。我们自己建立配送中心向世界各地的专卖店运输，物流中心保证每小时配送能力为 8 万件服装，在 24 小时内运到欧洲各分店，在 48~72 小时运到亚洲，不仅运送成本低，更关键的是速度快。这一切都基于我们打造了一套从设计、制作、物流到销售的高度垂直整合的供应链管理体系。" ZARA 中国的一位市场经理表示。ZARA 在西班牙建立统一的物流中心，在巴西、阿根廷和墨西哥等地建有卫星式的仓储中心。由工厂完成的时装统一送到物流中心后，再由物流中心配送到各个连锁店。ZARA 精确地计算了西班牙到世界各地的航班、航运时间，以确保每一件新款时装在两周内送到各地的专卖店。

ZARA 的每一个市场专家都要负责管理一些连锁店，作为经验丰富的员工，他们本身通常都是一些连锁店的经理，实践让他们认识到保持与一线连锁店经理们的联系是非常重要的，市场专家都与连锁店的经理建立起了非常好的个人关系。通过电话，他们相互之间保持密切的交流，经常一起讨论销售、订单、新的款式等。同样，各地的连锁店也是依据与市场专家的交流获得的信息来确定最终的订单。为了更好地促进这种交流、沟通，公司还特意为每位连锁店的经理配备了专门设计的手提数字设备，保证他们能够迅速传递市场最新动态的数据。

连锁店通常每周向总部发两次订单，产品也每周更新两次。订单必须在规定的时间之前下达：西班牙和南部欧洲的连锁店通常是每周三 15 点之前、每周六 18 点之前，其他地区是每周二 15 点之前和每周五 18 点之前。如果连锁店错过了最晚的时间，那么只有等到下一次了，公司对这个时间限制的管理非常严格，订单必须准时。所有产品在连锁店里的时间不会超过两个星期，公司在每个季节开始的时候只会生产最低数量的产品，这样可以把过度供给的风险控制在最低的水平，一旦出现新的需求，ZARA 可以通过其有效的供应链管理迅速组织生产。在存货方面，行业的通常做法是，季度末的时候一般会储存下个季度出货量的 45%~60%，而 ZARA 公司的该项指标最大不会超过 20%，它的供应链依靠更加精确的预测和更多更即时的市场信息，反应速度比一般的公司要快得多。

4. 销售环节

ZARA 的一流形象与大多数企业大笔投入广告的做法反其道而行，我们很少见到

ZARA 的广告，但是许多大城市的繁华地带却容易见到其华丽的身影，如香港的时代广场、上海的南京西路和深圳的益田假日等，尤其在名店林立的购物广场，ZARA 常常是 LV、登喜路、BOSS、都彭、MaxMaro 等奢侈品牌的邻居，有时，细心的你会发现在 ZARA 店面看到的某款服式与顶级名店看到的有几分相像。

走进 ZARA 专卖店，吸引你的不仅是大气的装潢、琳琅满目的时装、方便挑选的店面设计，热情的销售人员也会让你充分感受到一流品牌时装带给你的愉悦体验。"如果你不知道你穿什么合适，你就穿阿玛尼（ARMANI）吧"，这是欧美上流社会的流行语。但是，对于普通大众而言，奢侈品牌毕竟太贵了。在大众化的 ZARA 专卖店，你总能找到一款合适的衣服。ZARA 在满足人们对潮流的渴望时，保证人们的钱包不会大出血，其价格一般只有奢侈品牌的 1/10 左右，让时尚不再是富人的专享，而成为大众式的消费，人们将 ZARA 的时尚称为 MacFashion 就不难想象了。

在 ZARA 的连锁店里如果有产品超过 3 周的时间还没销售出去，就会被送到所在国的其他连锁店里，或者送回西班牙。通常，这样的产品数目被控制在总数的 10%以下。在实际运作当中，通常只有不合常规的比例数的产品会被送回到西班牙。这样一来，连锁店的产品更新速度相当快，而且有些款式的衣服是不会有第二次进货的，客户也就会受到刺激从而在现场就做出购买的决定，因为他们知道一旦错过之后就有可能再也买不到了。ZARA 公司每种款式的存货水平都比竞争对手低，并且季节末期的时候需要打折出售的产品也相对较少。即使打折销售，价格也一般控制在 8.5 折以上。

5. 线上环节

ZARA 首家针对线上订单（线上下单、线下提货）的快闪店于 2018 年 1 月 26 日亮相英国伦敦，旨在通过高科技手段提升消费者的购物体验。这家快闪店位于伦敦 West-fieldStratford 购物中心，面积约 200 平方米，店铺展示的产品包括男装和女装，但现场不做出售，只能在线购买，还提供当天送达的服务。店内的工作人员将随身携带平板电脑，帮助消费者下单，开放时间为 2018 年 1 月 26 日到 5 月，在此期间 ZARA 位于该商场的旗舰店正好在翻新当中。快闪店将陈列 ZARA 部分编辑精选的男女装，供消费者直接在店内实现在线下单。当日 14 点前下单，订单当日可送达；14 点后下单，次日送达。ZARA 快闪店的另一大亮点是便捷的蓝牙支付系统，店员只需拿着移动设备就可以随时帮助消费者购物。此外，该店也支持退换货服务，同时加载 RFID（Radio Frequency Identification，无线射频识别）技术为消费者提供产品推荐服务。消费者只需扫一下电子标签就能获取商品的更多信息，同时也可获取更多的搭配建议。据悉，翻新中的 ZARA 旗舰店未来将在原有面积基础上扩大 1 倍至 4500 平方米，成为品牌的首家"创新门店概念"旗舰店，全面提升消费者购物体验。未来新店将分为四个区域：男装、女装、童装和线上订单取货专区。

美国《女装日报》指出，ZARA 此次举办的未来购物体验快闪店是其母公司 Inditex 集团刺激实体零售业绩增长计划的一部分。CEO 帕布罗·伊斯拉表示，这家 ZARA 快闪店和翻新中的旗舰店都是该品牌的重要门店概念体现，是集团深入整合线上线下业务的重要战略里程碑。在 ZARA 新旗舰店内，消费者只需用自己的智能手机就能完成购物支付，支付可通过 ZARA 和 Inditex 的 APP 或者 InWallet 完成。同时，店内还设有自助结账区，配备常规的收银台帮助提升结账效率。

资料来源：该案例由作者根据众多公开资料整理而成

【问题】

1. ZARA 的竞争战略属于哪一种类型？主要内容是什么？
2. 对于追求时尚和降低成本两项工作，ZARA 是如何进行平衡的？

第6章 动态竞争战略

环境的变化和竞争各方之间内部条件的相对变化,各企业的竞争地位也会发生改变。因此,根据竞争对手战略的变化,适时改变自己的竞争战略就成为企业必须做出的选择。本章首先介绍竞争互动理论,随后介绍进攻战略和防御战略。

6.1 动态竞争与竞争优势

6.1.1 竞争环境的快速变化

20世纪90年代以来,企业管理者普遍感到竞争环境越来越复杂,竞争的对抗性越来越强,竞争内容的变化越来越快,竞争优势的可保持性越来越低。竞争环境的快速变化,使得企业保持竞争优势的时间大大缩短。

第一,经济全球化的趋势不断加快。经济全球化导致各国各地区经济的日益融合,促进了生产要素,特别是资本在全球范围内的全面、自由流动,贸易与投资日益一体化。以我国企业为例,在外国企业和资本以直接或者间接方式进入国内市场之时,我国企业国际市场的开拓和对外投资能力也在不断加强,使我国企业不断走向国际市场。全球经济和市场的一体化程度不断提高,企业的竞争环境呈现出越来越明显的动态特点。

第二,新技术、新产品开发的速度加快。新技术和新产品开发,可以降低成本,增加差异,提高进入壁垒并从根本上改变竞争规则,因此各个企业都把新技术和新产品的研发作为企业竞争与发展的根本手段和核心竞争力。随着科学技术水平的不断提高和企业投入的迅速增加,新技术和新产品开发的速度不断提高,大大地增加了企业之间竞争互动和竞争优势的变化速度。

第三,竞争手段的现代化。电子信息技术和通信、交通行业的高速发展,使各个国家和各个竞争对手之间竞争互动的速度大大提高。信息、通信和交通行业的发展,正在拉近世界各个国家之间的距离,增加各个国家之间的交往和了解,从而使世界变成一个地球村。同时,这些行业的发展也为国际大企业实施国际化战略和开拓全球市场提供了有力手段,它们通过各种媒体影响和改变各个国家消费者的生活方式与消费爱好,使世界各个国家出现了需求趋同化。电子信息技术的广泛应用,使全球化企业可以在全球范围内有效管理和协调战略行动与经营活动,及时对各种竞争和市场需要做出快速反应,使企业之间的信息沟通、合作与对竞争的反应以更高的速度和更低的成本进行。

6.1.2 动态竞争的概念与特点

动态竞争是由行业中某企业的攻击行动及其竞争对手的反击行动引起的，即一个企业的竞争行动会引起其竞争对手的竞争反应；反之，竞争对手的反应行为又会再次引起先行企业的一系列反应。企业之间的这种竞争是一个动态的过程，是企业双方进行动态博弈的过程。竞争对手之间你来我往、相互反应的过程，也被称为竞争互动。

动态竞争有几个显著的特点：相互依赖性、对抗性和动态性。其中对抗性体现了竞争企业之间的互动关系和博弈过程，动态性则体现了竞争随时间和环境的变化而变化的过程。

1. 相互依赖性

竞争的相互依赖性是指两家企业竞争行动的效果相互影响的状态。例如，自中国联通成立以来，中国联通的竞争行动能否取得效果与中国移动的行为紧密相关。再如，麦当劳和肯德基，可口可乐与百事可乐。在中国航空市场上，国航、东航和南航之间在许多航线上也互为竞争对手。一个行业的集中度越高，企业之间的相互依赖性越强。

2. 对抗性

对抗性是指企业相互之间采取针对性行动的频率和强度。随着市场开放程度的提高、政府管制的放松，企业对抗日趋激烈。企业对抗的强度，不仅受到竞争者数量的影响，而且受市场结构和竞争者所采用战略的影响。我国企业在战略上重视模仿，经营活动差异化不足，导致相互之间的对抗程度往往较高。

3. 动态性

动态性强调了企业之间的竞争是一个动态的、变化的过程，这与竞争环境的多变和难以预测是相适应的，它包含以下三层含义。

（1）时间概念上的动态性。在动态竞争中，行业中的先行者根据市场环境选择了某一种竞争行为，从而引发了其竞争对手的后续反应行为；反之，竞争对手的反应行为又会引起先行者的反应行为，这个过程会一直持续，直到企业间的动态竞争结束。

（2）空间概念上的动态性。如果企业与竞争对手在某一局部市场上展开了竞争，这种竞争态势会自然蔓延到企业的其他区域市场；另外，若是企业在某一区域市场上遭遇了竞争对手的竞争，那么，企业可能选择其他的区域市场与竞争对手展开竞争。这些都体现了竞争在空间上的动态性。

（3）竞争形式上的动态性。在动态竞争中，跟进者总是可以根据先行者的竞争行为，结合市场竞争环境，修正其对先行企业竞争行为的预期，然后再选择更有针对性的、对自己更有利的竞争形式，从这个意义上讲，企业和竞争对手的竞争形式都会随着对手的市场竞争行为的改变而改变。

6.1.3 动态环境与竞争优势的构建

竞争优势可持续的关键在于是否存在隔离机制以及对竞争优势来源进行模仿的成本高低。一些国家的市场已经完全开放，国外竞争者已进入大部分主要市场，竞争十分激烈，产品遭到模仿的可能性在增加。然而，还有一些市场虽然存在较强的竞争，模仿的可能性也在增加，但它们尚处于阻碍竞争的保护状态，这种市场被看作长周期市场或受保护市场；另一类市场，市场环境时时变化，企业竞争十分激烈，这种市场称为短周期市场；最后一类市场的产品被模仿的速度适中，被看作标准周期市场，有时也称寡头垄断市场。在不同的周期市场上，模仿成本不同，竞争优势可持续的时间也不同。

1. 长周期市场

在这样的市场上，企业拥有因资源或能力而得来的极为可靠的竞争优势，这种资源和能力是独一无二的，在其组织内部得到高度的保护，并且不会受到竞争压力的强大冲击。这些优势可能源于专利、优越的地点、强大的品牌，或者与客户或供应商的紧密关系。这种优势导致的结果是稳定的价格、很小的成本削减需求和较高的利润。我国改革早期阶段，政府对许多行业进行严格管制，只有特定的企业才能在指定的地区和领域开展经营活动，这类企业所处的市场也属于长周期市场。图 6.1 描绘了长周期市场中竞争性行为的可持续性情况。由于长周期市场是个受保护的市场，在一个较长的时期内，企业可以最大幅度地涨价，以获取垄断利润。

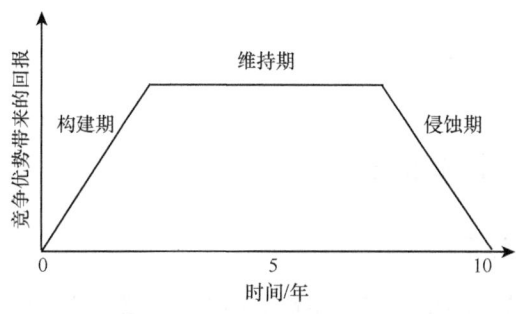

图 6.1 可持续竞争优势与回报

2. 短周期市场

短周期市场是与长周期市场完全相反的市场。在短周期市场上，竞争优势持续的时间最短，企业只能不断地采取新的行动获得暂时的竞争优势，如图 6.2 所示。竞争优势持续最短的例子是这些年来的消费电子市场。企业在推出一个新产品后的几周，甚至几天内，就遭到大量仿制。在这种情况下，保持竞争优势的唯一出路就是不断创新。

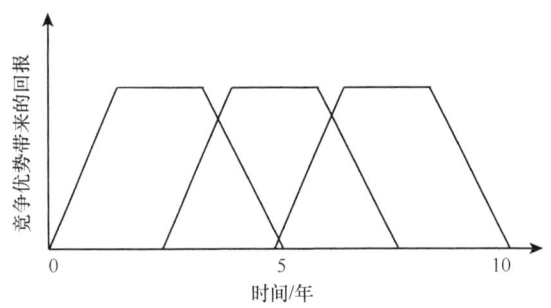

图 6.2　暂时竞争优势与回报

3. 标准周期市场

标准周期市场介于长周期市场和短周期市场之间。在这样的市场上，激烈的竞争将对企业竞争优势产生影响，但企业的资源地位仍受到适当的保护，企业仍可通过不断改善它的能力来保持竞争优势。标准周期市场上的企业都面临少数几家企业的全面竞争，由于这类企业普遍重视产量和标准化的作业程序，都必须对范围广阔的组织行为进行协调，为避免轻率的行动对自己造成不利影响，它们总是小心翼翼地行事。在这类市场上，行业的进入壁垒使得潜在进入者难以轻而易举地进入，行业内的在位企业能够对核心竞争力给予一定的保护，降低了竞争者的模仿速度。一些企业通过不停地追加资本投资以及不断学习，能够在世界市场上长期处于领先地位，使其产品在全球畅销数十年，但还是会遇到强劲的竞争对手。例如，在许多市场上可口可乐感受到了来自百事的非常强劲的竞争压力，部分原因在于百事采取的竞争行动比可口可乐更迅速。

6.2　竞争对抗

6.2.1　竞争对抗模型

1. 竞争者之间的关系

陈明哲根据竞争者之间市场共性和资源相似性，把竞争者之间的关系分为四种类型，如图 6.3 所示。

在图 6.3 中，根据市场共性的高低和资源相似性的高低，把竞争者之间的关系分为四种情况，其中阴影部分为两个企业市场重叠的程度，外形（正方形或三角形）表示资源的类型。第一种情况为资源相似性高、市场共性高；第二种情况为资源相似性低、市场共性高；第三种情况为资源相似性低、市场共性低；第四种情况为资源相似性高、市场共性低。

竞争者之间市场共性和资源相似性的情况，决定了其做出攻击和反应的可能性。

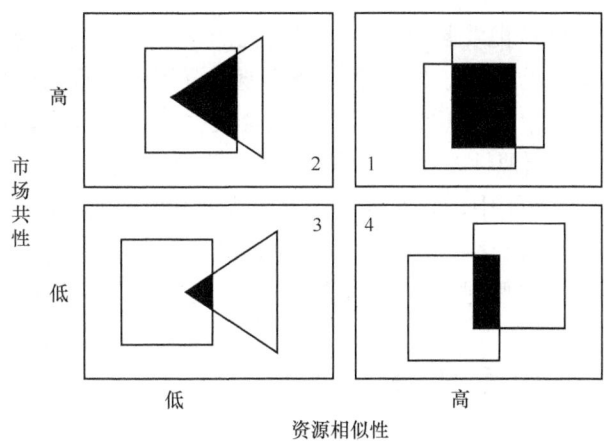

图 6.3 竞争者分析框架

（1）市场共性。市场共性是指两个企业的市场重叠程度。两个企业在多个市场的重叠意味着多点竞争，多点竞争是指数家企业同时在多个产品市场或地理市场互相竞争的状态。研究表明，市场共性使行业内竞争对抗的可能性下降。因为这些企业在许多相同的市场中经营，如果没有企业首先采取攻击行动，大家通常都相安无事。一旦有了攻击行为，对手的反击是最敏捷的。

（2）资源相似性。资源相似性是指两家企业所使用资源的相似程度。资源的类型和数量相似的企业可能具有同样的强项与弱项，从而更可能采用同样的战略。研究发现，资源的相似程度越高，企业发动攻击的可能性越低；但是，一家企业发起攻击后，另一家企业做出反击的可能性越高。资源不相似会使一个竞争对手失去攻击对方或对攻击采取反应的动机。事实上，攻击方和反击方在拥有的资源上相差越悬殊，反击方采取反应的时间间隔拉得越长。两家企业市场共性的高低是显而易见的，但是资源相似程度却是难以认定的。资源具有模糊性和社会复杂性，确认和理解竞争对手的这些资源是很困难的，尤其是在它们的资源不相似时，这种难度会使对手的反击向后延迟。

2. 陈明哲的竞争对抗模型

陈明哲将竞争对手分析和企业间的竞争对抗结合起来，从市场共性和资源相似性的角度出发解释了企业之间对抗的情形，通过图 6.4 说明企业间对抗的演化过程。

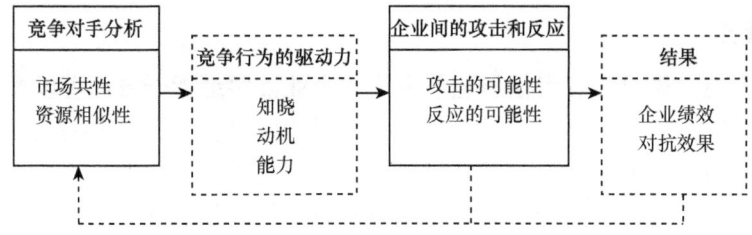

图 6.4 竞争对手分析和企业间对抗的一体化分析框架

知晓是指发起攻击和做出反击的企业是否知道竞争者之间的相互关系，即市场共性和资源相似性。动机是指发起攻击或采取反应的动力,其动力的大小受到发起攻击或采取反应所带来损益的影响。能力是指企业调动资源进行攻击或反应的力量大小。通过竞争对抗,竞争对手的绩效和市场地位都会发生一定的改变,最终改变了竞争者之间的市场共性和资源相似性,进而影响到后面的攻击和反应。

在企业之间的实际对抗中,企业由于精力或能力不足,或低估了这些因素,在进行行业分析或对手分析时可能存在"盲点",其行业和企业就可能因此而受损。同时,在竞争对抗中,竞争者还会受到一些非理性因素的影响,这造成了对抗行为的复杂性。

6.2.2 攻击的可能性

尽管对手可以对市场共性和资源相似性进行分析,获得采取反应行动的意识和动机,但是,如果攻击者认为它有望获胜,就可能主动发起进攻。期望赢得市场优势的竞争行为,有的比较重要,有的就比较一般。当竞争者把对方的反应也考虑在内时,先行者(第一个采取行动的企业)就更有可能在相互竞争中获得超额回报。此外,先行者有充足的时间来阻碍其他企业的反应措施。

1. 先行者

先行者就是第一个采取竞争行动的企业。经济学家熊彼特的著作对先行者这一概念的形成有很深的影响。他认为,企业为了获得竞争性优势可以借助一些富有企业家精神的、创新的竞争行为。一般认为,先行者往往"在产品升级开发上舍得花钱,广告咄咄逼人,研发活动领先一步"。先行者就是通过这样的行动获得了竞争优势。

对于许多竞争优势,只有先行者才能得到。在对手采取有效反应之前,企业可以获得超额回报。此外,先行者有机会赢得客户忠诚。哈里·戴维森始终保持着重型摩托车的至尊地位,就是由于它拥有忠诚的客户。当然,长时间过后,先行者的这种优势会瓦解。攻击行动的类型及企业所处的行业决定了优势的大小及持续时间。竞争对手模仿难度大小,决定了先行者保持优势时间的长短。越难模仿或模仿的成本越高,企业利用先行优势获取的利益就越多。如果企业的攻击行为建立在核心竞争力基础上,先行优势以及竞争优势地位就可以维持更长时间。

当然,先行者也面临一些风险,如较高的市场启动成本、产品使用效果和市场的不确定性等。

2. 跟进者

跟进者是指首先对先行者做出竞争反应的企业。跟进者一方面可以学习先行者的做法;另一方面可以做些改进,更好地满足消费者的需求。跟进者通过观察先行者得到了当初先行者得不到的消息,这样就可以更好地制定战略。此外,跟进者的时间也充足一些,它可以去除先行者产品的瑕疵,研发更好的产品或提供更优质的服务。在一个新产品或新服务推出之前,精确描述市场,确定市场需求量,以及预测产品大面积使用的效果都很难,因此,先行者就有可能变成"先烈",而作为行业的跟进者,却有可能避免损失，从而拥有较大的优势。

3. 后期行动者

后期行动者是指在先行者和跟进者采取行动后经过相当长的时间才做出反应的企业。尽管有反应总比没有反应好，但后期行动者的表现往往不佳。

6.2.3 反应的可能性

当企业实施攻击行为后，该行为能否取得成功，取决于竞争对手会不会采取反应以及这种反应的性质。企业在实施进攻前，一定要对竞争对手的潜在反应做出评估。如果攻击行为导致竞争对抗严重升级，这种行为就可能变成一种自损行为。这时，企业需要采用低调战略来缓和已经过分激烈的竞争对抗程度。是否对攻击行为采取反击取决于以下几个要素。

1. 竞争行为的类型

竞争行为有战略性和战术性两种。战略性行为意味着要义无反顾地投入组织特有的资源，这种行为的执行与收缩都不容易。沃尔玛进入欧洲市场、大陆航空推出利马航班以及第一银行坚决走网上银行路线都是战略性行为的例子。战术性行为是用来对战略进行微调的，需要动用的是组织的一般资源，且用得不多，其执行与收缩相对都比较容易。

和对付战术性行为相比，战略性行为更难对付，因为对这一类型的攻击行为做出反击需要更多的组织资源和时间。和战略性行为相比，战术性行为见效快，尤其是在对手宣布降价时，如果你没有反击，客户马上就消失得无影无踪。

当然，并非所有的竞争行为都会引起竞争对手的反应。一般来说，战术性的竞争行为比战略性的更容易遭到反击，毕竟对前者的反击比较容易，而且在短期内对前者采取反击的必要性又更高。

2. 行为者的名望

处于市场领导地位的企业推出的任何策略（无论是战略性的还是战术性的）都会立即促使竞争者采取多项反应。换句话说，企业太喜欢模仿那些行业领导者了。假设可口可乐公司进入一个新市场或推出一个新产品，竞争对手马上就会有反应（当然它们必须有足够的资源），百事可乐公司会是第一个有反应的，因为它是行业的第二，也有丰富的资源。由于企业的名声好，市场领导者享有特殊的优势，它们的影响力普遍都很强。可口可乐就靠着一块金字招牌拥有相当强的营销能力。这一品牌优势成为其他竞争对手想要模仿它时难以逾越的障碍。

但是，有些企业的行为调整十分迅速，它们可以很快地学习竞争对手的一些颇具成效的做法。例如，在个人 PC 市场，IBM 曾经以跟进者的身份垄断了这一市场，但是它遭到了康柏、戴尔及 Gateway 的模仿。当然，竞争对手的一些风险很大且执行复杂或前景不明的行动一般不会被模仿。有些企业被人们看成价格杀手，这类企业为了抢占更多市场份额，总是不停地降价。价格杀手的行为一般不容易遭到广泛的模仿，更多更快遭到模仿的是市场领导者以及运用崭新战略的企业。

3. 市场依存度

市场依存度较高的企业更有可能对竞争行为做出反应。如果一家企业收入的绝大部分来自某一行业，另一家企业是个大型多元化公司，前者就更可能对行业内的竞争行为做出反应。不管这种竞争行为是战术性的还是战略性的，只要它对公司的影响较大，就可能引起公司的反应。麦当劳和汉堡王都是对核心业务市场依赖度很高的公司，两者之间的对抗是攻击和反击的典型。由于它们完全依赖于快餐的销售，它们相互认真研究对方的战略性或战术性举措是容易理解的。任何一方有了动作，另一方马上就有反应。汉堡王在1999年对所有的餐厅进行了重新装修，推出一系列新措施，如在桌上安装小型电子游戏机。作为对策，麦当劳在它的每个厨房安装了一套称为"为你设计"的厨房设备系统。这套柔性系统可以为麦当劳不断试制新食谱。

4. 竞争者资源的可获得性

无论是对付战略性还是战术性的攻击行为，都需要动用组织资源。资源不足的企业相对于战略性行为会更多地对战术性行为做出反应，因为后者所需要的资源比较少且更易于执行。企业的资源决定了它能够做出什么样的反应。

6.3 进攻战略

进攻战略是指利用进攻行动，达到改变市场地位和形成竞争优势的战略。进攻者有两种类型：产业的新进入者和期望改变竞争地位的在位者。孙子曰："昔之善战者，先为不可胜，以待敌之可胜。不可胜在己，可胜在敌。"作为进攻者，若想取得进攻的胜利，必须从企业内部环境和外部环境两个方面进行综合性的评估，铸造不败之身，寻找可胜之机，取得进攻的胜利。

6.3.1 领先者脆弱的信号

对于整体实力相对弱于领先者的进攻者来说，最有力的时机是在行业发生变革时和领先者自顾不暇时。行业发生变革意味着领先者的原有优势将难以保持，而领先者自顾不暇却意味着没有能力对进攻做出反击。

1. 行业信号

行业结构变化也许能提供领先者可能易受攻击的信号。发源于行业外部的结构变化是领先者脆弱性的非常重要的征兆，因为历史悠久的领先者往往错误地解释这些变化。

（1）突发的技术变革。在对连续性技术变化做出反应时，由于领先者可以借助规模经济和学习经验，成功的可能性比进攻者更大。但是，对于突发性技术变革，有可能对领先者的竞争优势造成伤害，反而为进攻者创造了超越领先者的机会。

（2）买主变化。买主价值链的变化和市场的进一步细分为企业的差异化经营带来可能。新的买主由于不能从领先者处得到满足，因此对进攻者而言也是一个机会。

（3）销售渠道的变化。新的销售渠道的出现为进攻领先者在现有销售渠道中的支配地位提供了潜在机会。

（4）原材料成本或质量的变化。重要投入品质量或成本的变化可能标志着进攻者可以利用新的方法获取成本领先机会，这些方法包括采用新的生产工艺、封锁原材料来源以及为减少材料消耗或改变材料构成而修订产品设计等。

（5）竞争中的绅士风度。在长期稳定的行业中具有悠久历史的领先者，出于对行业健康发展的考虑，可能扮演着政治家的角色，在对进攻者的攻击进行报复时经常行动迟缓。

2. 领先者信号

行业领先者的下列特性标志着它的脆弱性。

（1）进退维谷。领先者处于进退维谷的境地为进攻者提供了一个有吸引力的目标。

（2）客户的抱怨。客户的抱怨可能意味着领先者为追求自身利益过于利用自己强大的议价能力，或者领先者的销售和服务人员对客户的服务表现欠佳。对领先者不满的客户可能积极鼓励和支持进攻者。

（3）行业主流技术的创立者。开创了目前这一代技术的领先者可能不容易接受下一代技术，并且因为较高的资产专用性造成在适应新技术方面的困难。

（4）非常高的利润率。高盈利的领先者可能不愿意因为进行报复而使利润递减，从而进攻者以低于领先者的价格销售产品仍有利可图，这就为进攻者进入市场创造了机会。

（5）受到管制的历史。一些领先者早期就曾因市场份额过高而受到反垄断法规的制约，那么面对进攻者的侵入可能不愿意或者没有办法采取强烈的报复措施。

（6）完成母公司业务指标不得力。如果领先者为一家母公司的下属企业，那么其经营行为就会受到母公司的指导和约束。如果完成母公司下达的经营指标不得力，那么在投资上也许就不能得到母公司的支持，因此对于受到的攻击就没有足够的自主权做出针对性的反击。

6.3.2 进攻者的基本条件

进攻战略的基本规则是，无论进攻者拥有什么样的资源或实力，绝不要采用模仿战略从正面攻击。对于进攻者的正面进攻，领先者将利用自己的固有优势，利用一切可能进行强有力的报复，通过激烈的战斗消耗进攻者所拥有的资源，并最终取得保卫战的胜利。

进攻者要想成功挑战领先者，除了必须具备不怕牺牲、勇于挑战的精神外，还需要满足以下三个基本条件。

1. 拥有一种可持续的竞争优势

进攻者必须拥有一种超过领先者的明显的、可持续的竞争优势。如果是低成本的优势，企业能够靠削价获得相对竞争对手的地位改善，或者以行业平均价格赚取更高的利润，从而使企业能在销售或技术开发上再投资。如果是差异化的优势，它将造成高价格和针对竞争对手的销售成本最小化。企业拥有可持续的竞争优势，确保企业在竞争对手能进行模仿之前有足够长的时间来夺取市场份额。

2. 在其他方面程度接近

进攻者必须有某种办法部分或全部抵消竞争对手的其他固有优势。如果进攻者采用差异化战略，它还必须部分地抵消领先者从规模、先行优势或其他原因中获得的成本优势。除非进攻者保持自己的成本与领先者接近，否则，进攻者的差异化优势将被过高的成本所抵消。同理，如果进攻者把它的进攻放在成本优势上，还必须为买主创造一个可以接受的价值量。否则，领先者将能维持超过进攻者的价格差额，进而得到为强有力报复所需的总利润。

3. 有某些阻挡领先者报复的方法

进攻者还必须有一些阻挡领先者报复的办法，必须使领先者不愿或不能对其实施持久的报复。如果没有一些阻挡报复的方法，采取进攻型战略将促使领先者做出不顾自己竞争优势的反应策略。一些拥有资源和稳固市场地位的领先者一旦被迫采取报复手段，将给进攻者带来无法承受的经济损失。

有许多因素能阻挡领先者对进攻者的报复。

（1）混合动机。当领先者碰到混合动机时候，它如果要与进攻者竞争或者对竞争者做出反应就必然会损害自己的原有战略。

（2）领先者反应成本高。如果进攻者的战略使领先者承受高反应成本，那么领先者可能避免进行报复。例如，当领先者有不合适的或过时的机构、设备和劳工合同时，反应成本也可能比较高。

（3）不同的财务优先指标。当领先者有不同于进攻者的财务优先指标时，它肯定不会对进攻者的进攻做出反应。例如，强调初期利润的领先者将把份额抛弃给愿意放弃短期利润的进攻者。

（4）业务发展受到限制。如果领先者的任务和注意力已经转向其他行业，它就不可能进行报复。母公司可能限制领先者在受到进攻的业务上的资源投入量，或为其业务制订了其他目标而约束了报复行为。

（5）管制压力。如果领先者由于政府管制的压力而认为自己不能采取行动，那么它就不能进行报复。反垄断调查、安全标准、污染条例以及其他的许多规章制度都能够抑制领先者的反应。

（6）盲点。如果领先者对买主的真正需求或行业的重要性有错误的感觉，进攻者就可能在领先者行动之前采取措施而改善地位。此外，领先者可能认为进攻者的行动是无关大碍的，直到进攻者确立了足够强大的市场地位时为止。

（7）错误定价。领先者可能根据平均成本定价，不是根据把特定产品送到特定买主手里的成本定价，而进攻者却能以较低的价格提供相应产品。

6.3.3 进攻领先者的途径

尽管针对领先者的各种进攻战略在不同行业之间存在着广泛的差异，但有三种进攻途径可供选择，即重新组合价值链，重新确定产品和市场范围，纯投资，如图6.5所示。

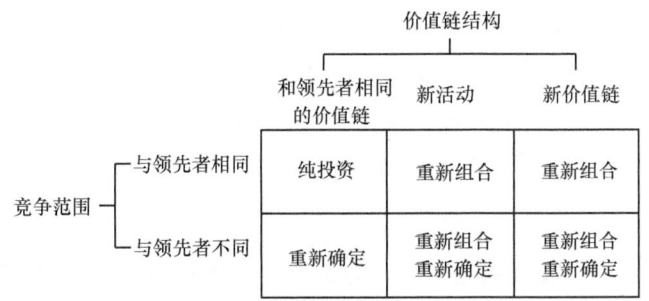

图 6.5　进攻领先者的途径

（1）重新组合价值链。进攻者革新价值链的某些环节或革新整个价值链的组合。

（2）重新确定产品和市场范围。进攻者重新确定其相对于领先者的竞争范围。

（3）纯投资。进攻者在其竞争优势发展的领域之外，依靠更优越的资源或更强烈的投资欲望获得市场地位。

这三种途径中的每一种都改变行业的竞争规则，以抵消领先者的优势并使进攻者自己获得低成本或差异化优势。这三种途径并不相互排斥，利用多种进攻途径通常能提高进攻领先者的成功概率。例如，重新确定产品和市场范围要求同时重新组合价值链。

进攻领先者的途径沿着图6.5所示的两个重要方向变化：与领先者相比的进攻者价值链结构和与领先者相比进攻者的竞争范围。进攻者可以采用相同的价值链，也可以采用个别活动或全部活动重新组合价值链。同时，进攻者可在与领先者相同范围内竞争，也可在更广或更窄的范围内竞争。

1. 重新组合价值链

重新组合价值链使进攻者可以以不同的方式参与竞争，虽然各种活动的竞争仍然在与领先者相同的产品和市场范围内进行。

重新组合的活动越多，进攻者相对竞争优势持续下去的可能性就越大。20世纪90年代之后，随着IT技术的应用，许多企业开展了业务流程再造、外包等活动，这是典型的利用重新组合价值链进攻领先者的方法。一些重新组合的做法如下。

（1）产品变革。例如，改变产品结构和设计，增加新的功能。

（2）输出物流和服务的变化。例如，提供新的产品支持、售后服务、订货程序以及货物分发等。

（3）市场营销变化。例如，首先在不重视营销的行业中增加投入，开发新的市场诉求点，建立新型的销售组织等。

（4）生产过程和工艺流程的变化。例如，外包、业务流程再造、精益生产等。

（5）下游重新组合。例如，利用领先者忽视的销售渠道，或者创立新渠道等。

2. 重新确定产品和市场范围

拓宽范围可能获得利用相互关系的好处或一体化的利益，而缩小范围则能精炼价值链使之适应特殊目标。进攻者可以用若干种方式改变竞争范围，而且这些模式并不相互排斥。

（1）集中于行业内部一点。把竞争焦点缩小到一个细分市场而不是全部行业。

（2）一体化或退出一体化。扩展或缩小自身活动的范围。

（3）重新确定地域。把竞争战场从地区或国家扩展到全球，反之亦然。

（4）多元化战略。把竞争焦点从单一行业扩大到相关行业。

3. 纯投资

纯投资是进攻者采取与领先者相同的价值链，选择同样的市场范围，单纯靠投入更多的资源和更强烈的投资欲望超过领先者的攻击方式。通过充分投资，进攻者试图获得足够的市场份额、销售量或声誉，从而取得成本领先或差异化。与前两种进攻方式相比，这种方式风险最大。

纯投资的成功取决于两方面：进攻者拥有雄厚的财务资源，领先者不愿对行业投资。即使是财力雄厚的领先者也可能自满、麻木不仁、有其他的优先考虑或承受着母公司要求产生现金的压力，因此，在领先者规模小且资本不足的行业中，纯投资表现得最为成功。尽管这些领先者拥有某种竞争优势，但却无力对进攻者实施报复。

纯投资就其本身来说，仍是进攻领先者最不可取的方法。但是，对以重新组合或重新确定的战略来说，强烈的投资愿望往往是重要补充。

6.3.4 进攻中的力量配备

进攻是一个过程，为了取得进攻的最终胜利，在进攻中必须合理配置各种资源和能力。

1. 正合奇胜

孙子认为："三军之众，可使必受敌而无败者，奇正是也"，"凡战者，以正合，以奇胜"。意思是，三军遇敌进攻而不败，在于奇正谋略运用得当，要用正兵挡敌，用奇兵去夺取胜利。军事上如此，企业竞争也如此。因此，成功的企业，在进攻中，应是"正"和"奇"的互变互促，契合统一。那些独具慧眼并且能在激烈竞争中取胜的企业，善于分辨哪些场次属于一般的"正兵"，而哪些场次属于制胜的"奇兵"。

在进攻战略中，企业要确立"人无我有为新，人新我精为妙，人妙我奇为智"思想，善于分析比较同行竞争者的环境、实力、能力及其优劣势，然后科学确定自己的业务方向、活动内容和方式，塑造独特市场形象，以新以奇制胜，占据市场竞争制高点。

2. 奇正之变不可胜穷

孙子说："战势不过奇正。"即只要能够很好掌握运用"奇""正"之术，并"择人而任势"，充分发挥人的主观能动作用，那就能够造成一种如"转圆石于千仞之山"的险峻有力的作战态势。有了这种态势，就能高屋建瓴，势如破竹，遇之者毁，遏之者折，甚至能使怯者勇、弱者强。在一般情况下，是"以正合，以奇胜"，但也必须了解"奇正之变，不可胜穷"。

奇正的变化无穷无尽。正所谓奇正互相转化，就像圆环一样无始无终，谁也无法找到它的终端。孙子在论述"奇正"关系时，特别强调了一个"变"字。"奇"与"正"相互变化，并由这种变化产生战略对抗的奇效。只有"正"而无"奇"，不能有效地攻击敌人，不能获得战果；只有"奇"而无"正"，不能掌握事物的本体和本质，也不能有效合理地达成战略目的。这两者都是不可取的。在大量的实例中，也可以发现这样一些现象：当把"奇"显示出来之后，或者说被人们知道之后，"奇"也就不奇了，就变成"正"了。在人们都认为应当以奇特方式处理事情的时候，决策者却以正常的方式处理事情，也会达到出奇制胜的效果，即所谓的"以正制正而为之奇"。

企业进攻战略也是如此，战略家掌握的无非只有"奇"与"正"两个方面，但可以变化出许许多多精彩的良策妙计，并且这种变化是没有穷尽的。就战略而言，"变生无穷"的思想还告诉我们一个"变中有变"的道理。进攻对抗是双方智慧较量的过程。一方的变化，很容易被对方发觉。成功的企业往往将自己的最终目的隐藏在数个环环相扣的变化之中，使对方无法察觉，防不胜防。当它发现对方变化时，不但要警惕对方的变中有变，而且要随变应变，诱敌就范。

所以，当你仅从正面攻击竞争对手的时候，你进攻的是对手所预料到的地方，而此时，竞争对手神志清醒，对你的进攻也做好了准备，你几乎无法在这种情形下获得成功。因此，为了战胜对手，将直接进攻和间接进攻混合使用是必要的。首先，发起直接进攻，这是竞争对手所能够预料到的，使其注意力集中于错误的地方；其次，开始实施间接进攻，这使得对手震惊，并使其陷入惊慌的状态而无法有效地做出反应。通过交替使用"正"和"奇"两种力量，就可以成功摧毁竞争对手的对抗能力。

6.4 防御战略

防御战略是指通过防御行动，保护竞争优势或使竞争优势更长久的战略。如果一个企业为获取竞争优势持续投资，改善自己的相对成本地位或差异化形象，那么，竞争对手对自己的进攻就很难取得成功。然而，即使有了充满活力的进攻战略，防御战略仍然扮演着重要角色。

防御战略旨在降低进攻的可能性，减少进攻的强度或者把进攻引向威胁更小的方面。防御战略在本质上不是增加企业的竞争优势而是使它更持久。几乎所有有效的防御战略都有一定的机会成本,即放弃某些短期盈利以提高持续能力。成功的防御战略应该把进攻和防御结合起来。

防御战略建立在对进攻者决策过程的影响上,使得从进攻者的角度来看,发动进攻行动不太具有吸引力,从而改变进攻的愿望。要做到这一点,就必须减少促使竞争者向企业挑战的诱因,或者使进攻者难以进入和移动。由于任何进攻者的进攻特点都随着时间改变,所以,恰当的防御战略在防御过程的不同阶段也将有所变化。

6.4.1 防御战略的类型

防御战略建立在对进攻者怎样看待企业的深刻理解上,建立在进攻者做出改善地位的各种选择时所期待的利润率上。进攻者的进攻活动是一个过程,包括不同的阶段。随着进攻阶段的发展,进攻者处在不同的卷入程度和投资水平。防御战略必须考虑进攻者的整个进攻过程,针对进攻者所处的不同阶段,采取不同的应对措施。

进攻者进入或改变地位的过程由四个时期组成。以下就新进入者的情况对这四个时期进行讨论,然后说明如何把同样的过程应用到寻求重新定位的在位者身上。

(1) 准进入时期。准进入时期是指进入者开始进入之前的时期。在这个时期进入者把该行业作为一个进入目标来考察。进入者在此期间的典型投资局限在市场研究、产品与加工技术开发以及就各种收购活动与投资银行家进行接触等。这是最费力的侦察阶段,因为进入者有关进入的打算往往还没确定。许多潜在的进入者可能决定不进入这个市场,从而结束准进入时期。

(2) 进入时期。在这个时期,进入者在行业内投资建立自己的基本地盘。这一时期要进行诸如持续的产品和加工技术开发、检验市场、国内拓展、蓄积销售能力以及建厂等各种活动。进入者希望在这段时期结束时已经在行业中获得有利的地位。进入时期可以持续几个月或几年,这取决于建立初始地位所必需的那些活动需要多长的时间,不同的行业有很大的差异。

(3) 持续时期。这一时期进入者的战略从进入战略向长期目标战略演变。并不是每一次进入都出现这样的一个时期,但是它在许多行业中体现了持久战略带来的利益。在持续时期,进入者可能采取诸如扩大产品种类、纵向一体化或拓宽地理覆盖面等行动。这类行为需要进攻者向该行业不断投资,其数量超过了为获得立足之地所必需的投资。

(4) 后进入时期。这是充分进入之后的时期。在这个时期,进入者的投资已经转移到那些为保持或防守自己在行业中的地位所需要的方面去了。

寻求重新定位的在位者改变地位的过程同样涉及这几个阶段。它首先企图改变地位,然后开始为改变地位进行实际的投资,最终实现所追求的目标或者失败。由于可能需要通过实施一系列连续的行动来改变自己的地位,因此为改变地位而进行的第一步活动往往不能可靠地表明其最终的目标战略。

有许多理由表明，进入或改变地位的阶段对防御战略有重要意义。进攻者对其战略的卷入水平可能在各个阶段都不相同。一般地说，随着进攻进程的进行，进攻者的卷入程度、退出和收缩的成本也倾向于增加。高退出或收缩障碍的存在给驱逐进攻者或迫使其改变进攻目标带来了困难。进攻者的卷入程度越高，退出障碍越高，防御就变得越困难。因此，有效防御战略的一个重要原则是，在退出障碍提高之前采取防御行动。

根据防御者采取的防御行动的时机，可以把防御战略分为两种类型：阻击和反击。下面分别对这两种防御战略进行介绍。

1. 阻击

阻击是指以防御手段阻止进攻者着手行动或使其进攻偏离到威胁较小的方向。阻击所需要的成本往往小于进攻开始后投入战斗的成本。然而，只有企业了解了进攻的性质，它才可能制止进攻者。军事战略上的防御格言是：如果在战线周围的各个方向上防御进攻者使用任何武器发动的进攻，那么代价是极端昂贵的。企业必须确定哪些竞争对手和潜在的竞争对手是最危险的，以及它们可能选择的行动方式。扼制进攻者的主要步骤概括如下。

（1）彻底了解现存壁垒。企业必须清楚地了解当前它具有哪些进入和移动的壁垒，其特定来源是什么及其可能如何变化。企业受到规模经济的保护吗？这些效益来自价值链的何处？哪些价值活动导致差异化？企业的成本地位和差异化的来源怎样才能持久？现存壁垒的高度影响企业受威胁的程度。例如，如果企业要保护利润率，在壁垒低落时，就必须重建此壁垒，或用别的壁垒代之。现存的特殊壁垒还将决定进攻者采用的战略类型，而这可能是防御策略最有效的领域。例如，依靠控制销售渠道获取竞争优势的企业，更可能面临竞争对手创造新销售渠道的企图，而不是侵略现有渠道的尝试。如果企业打算有效地利用壁垒，就必须对每一壁垒的特殊来源有精确的了解。例如，在生鲜制品零售行业，企业必须认识到，由于高运输成本、生产和销售力量效用的经济性以及产品组合中不同地区的差别等因素，规模经济主要由地区规模来决定。如果生鲜制品企业只满足于将其壁垒归功于规模，却并不了解此规模壁垒的特殊来源，它可能会采取错误的防御战略。

（2）预见可能的进攻者。企业必须预见最可能的进攻者，无论它们是潜在的进入者还是试图重新定位的竞争对手。知道谁是潜在的进攻者对于防御投资的集中和投向至关重要。进入壁垒的高度以及报复对潜在进攻者的影响是相对的，对一些行业巨头来说，超越这些壁垒可能轻而易举。

（3）预测可能的进攻路线。企业必须确定进攻者发动攻击的最佳路线，以便把自己的防御投资集中在最易受到打击的地方。可能的进攻路线还将反映潜在进攻者的假设、战略以及能力。

（4）选择能够封锁可能的进攻路线的防御战略。有效的阻击要求企业封锁进攻者可能的进攻路线。这就要求选择提高结构障碍或增加可预期报复的防御方法，尤为重要的是，防御策略要反映出潜在进攻者的实际目标，且表明这些目标已受到注意。

（5）塑造企业顽强防御者的形象。除了在防御上进行投资，企业还必须清楚地传达自己的防御意图。企业要连续不断地发出自己将进行防御的信号，并要谨慎地把自己塑造成自己希望的形象。在市场上所做的每一个公开声明和行动都要仔细权衡，以确定它们将传达的信号。

（6）确立现实的利润期望值。除非企业对利润的预期是现实的，否则防御策略不能发挥成效。企业利润的期望值必须反映它拥有的壁垒以及通过防御投资可以创造的壁垒。降低目前的利润率常常会使企业在未来赚取更多的利润。

2. 反击

反击是指企业针对进攻者的攻击行动，旨在降低进攻者对那些已实施行动的期望。如果阻击失败，企业必须决定进攻开始后如何反击进攻者。阻击不可能也不应当试图将进攻的机会降至零。这样做的代价通常太昂贵，而且很少能预见所有可能的挑战。因此，对进攻做出有效且及时的反击，是防御战略的一个重要部分。

有效反击是以改变进攻者的期望为基础的，几乎所有的防御策略都可用于实现这一点。当然，还要与特定进攻者的目标、假设以及能力相适应。一些用以指导反击的重要原则列举如下。

（1）尽可能早地以某种方式做出反击。随着进攻者早期目标的实现和投资额的增加，其退出壁垒和投入程度将会增高，所以企业应尽可能以某种方式对进攻做出反应。虽然企业往往处于无法对进攻做出全面反击的地位，但此时立即做出某种还击，对于扼制进攻者的期望仍很重要。即使增加广告投入这类行动并不能达到目的，但这类行动对阻止竞争对手达到初始目标、打击竞争对手仍可能是必不可少的。

（2）为尽早发现实际行动而投资。考虑到在进入或重新定位过程中及早做出反击的优势，企业可以从尽早查明进攻者的实际行动中获得重大优势。

（3）针对进攻原因做反击。企业必须尝试了解进攻者为何发动进攻，它的目标是什么，它采取的长期战略是什么。对出于绝望而发动的进攻和由于母公司对业务单元施加压力令其增长而产生的进攻，应做出不同的反击。对进攻者的目标和时间表也必须做出评价，这是因为正确的反击要求破坏并最终改变它们。

（4）除努力制止进攻者使其转向外，反击的部分目的是，即使无法制止进攻，也要使其较不具威胁性。使进攻者收缩战略目标或重新确定战略方向，往往比使进攻者取消它要容易些。企业必须找到方法，使进攻者可以较不具威胁地实现其部分或全部目标，并相应做出反击。

（5）认真对待每一个进攻者。不存在可以对进攻者置之不理的情况，必须分析每一个进攻者的动机和能力。即使是弱小的进攻者，也有可能破坏现在的行业结构或是伤害好的竞争对手。而且，对较不具备威胁性的进攻者做出的反击，给更有威胁性的进攻者发出了信号。但是，企业也要避免对进攻者过度反击的倾向。反击是昂贵的，应该针对实际的而非假想的危险。

（6）把反击看作获取地位的方法。反击常常可以被用以获取地位，而不仅仅是制止竞争对手。正如软饮料和啤酒业，强大的竞争对手之间的战斗，经常给弱小竞争对手带来较大伤害，并常常超过了强大竞争对手彼此伤害的程度。此外，竞争对手在某一细分市场上发动的进攻，可能在另一细分市场上给自己造成可以被利用的弱点。

6.4.2 防御战略的实施

防御战略旨在影响进攻者对攻击过程预期收益的计算，从而使进攻者得出这类行为不会产生诱人效果的结论或使其选择对防御者威胁更小的战略。为此，防御者要研究防御战术，并在防御策略上下功夫。防御战略通过以下三类战术实施。

1. 提高结构壁垒

进入壁垒或移动壁垒是进攻者相对本企业处于竞争劣势的根源，恶化了进攻者进攻行动的预期收益。在某行业中，经营所必需的各类活动（不考虑防御因素）如广告开支水平、销售力量、生产能力等，创造了高壁垒这一副产品。如果正在进行的经营活动自然地创造了很高的壁垒，那么企业就很幸运地不必在壁垒方面再做更多的防御投资。但是，从长远来说，投资建立起比自然壁垒更高的壁垒可能是有利的。

提高结构壁垒的关键是封锁进攻者的进攻路线。以下是一些重要的策略。

（1）填补产品或位置缺口。如果企业填补了产品系列中的空缺或者预先占领进攻者可能去利用的其他推销目标时，壁垒就会提高。这类行动强迫进攻者与防御者正面交锋，而无法不战就得到一个滩头阵地。

（2）封锁销售渠道入口。如果企业使进攻者更难获取销售渠道，就提高了一个重要的结构障碍。防御战略不仅应当指向企业自己的销售渠道，还应指向其他一些渠道，它们可能成为进攻者进入防御者渠道的跳板或成为替代渠道。

（3）提高买方的转换成本。通过提高买方的转换成本，企业可以提高障碍。可以使用诸如在买方所在的区域拥有一定数量的库存机器设备，与买方共同进行产品开发，或者为买方提供实用技术帮助，以使企业产品与买方产品或生产过程相结合。

（4）提高进行试验的成本。如果进攻者为了让买方尝试它的产品而面临高昂的成本，那么它就遇到了一个值得考虑的壁垒。要提高此壁垒，要求企业了解那些最先被买走的产品类型，以及了解最可能尝试购买进攻者产品的买方类型。封锁竞争对手这些试验途径的步骤包括：有选择地降低产品系列中最可能被首先购买的产品的价格；较多地向最易尝试新产品的买方赠送产品或分发样品；打折扣或做交易使买方增加购买，延长订货的间隔或延长合同期限；宣传或透露即将出现的新产品或价格变动的有关信息，使买方推迟购买进攻者的产品。

（5）防御性地增加规模经济。如果规模经济增加，壁垒就会提高。在广告和技术开发等领域增加规模经济往往是可能的。因为这些领域的规模门槛是由竞争决定的，所以常常可能增加规模经济。例如，通过加快技术开发的投资速度，企业可以增加进攻者必需的技术开发投资，并使其分摊在较小的销售规模上，造成进攻者的成本劣势。

（6）防御性地增加所需资本。如果企业可以提高进行竞争所需要的资本数量，进攻者就有可能被遏制住。

（7）排除其他可选技术。如果企业可以排除进攻者可能采用的其他可选技术，那么它就封锁了这条进攻途径。可以采用的策略有：获得产品或生产过程中其他可选技术的专利；向好的竞争对手颁发技术许可证或鼓励其利用其他可选技术。

（8）建立与供方的牢固关系。如果企业可以排斥或限制进攻者接触原材料、劳动力或其他投入量的最佳来源，那么就提高了壁垒，一些有代表性的策略如下：与最佳供方签订排他性合同；部分或全部拥有供方或后向一体化，以预先排除供应源；签订长期购销合同以限制供方的生产能力。

（9）提高竞争对手的投入成本。如果企业能够提高进攻者的相对投入成本，壁垒就提高了。常用策略如下：避开同时为竞争对手或潜在竞争对手服务的供方，提高这部分供方的成本，以及防止企业规模经济通过供方传给竞争对手；当劳动力或原材料在竞争对手的成本结构中占有较高比例时，抬高它们的价格。

（10）鼓励提高壁垒的政府策略。在某些领域，如产品或工厂的安全性、产品检测以及污染控制方面，政府政策可以成为主要的结构壁垒。企业常常能够以对自己防御地位有力的方式来影响政府政策。例如，企业可以鼓励严格的安全性和污染标准，支持广泛的产品检验的要求，游说贸易管理部门制定严格的贸易保护政策以应付国外竞争对手。

2. 增加可预期的报复

当进攻者预期领先者将采取严厉的报复措施时，可能会降低自己的预期收益，从而降低进攻的愿望。报复措施对进攻者产生威胁的关键，不仅在于报复被觉察的可能性，而且在于被预期的严重程度。

一些策略可提高预期的报复，如表明企业打算极力捍卫自己的地位，创造企业不得不进行报复的条件，或者显示企业有进行报复的能力。企业的行为不断影响潜在竞争对手所见的报复威胁。企业的历史，特别是它过去对进攻者的反应，极大地影响着企业进行报复的声誉。增加可预期的报复的重要方法包括以下几种。

（1）显示其对防御的投入。如果企业始终如一地表明其保卫企业地位的意图，那么企业就增加了可预见的报复程度。例如，宣称业务单元对企业的重要性，并且应该始终如一地利用一切可行的渠道，如公开声明、贸易出版物、分销商和买方等，来传播这些信号，从而产生最大的防御作用。

（2）显示早期壁垒。有时候，企业也可以通过市场信号的显示或局部投资来达到提高壁垒的效果。局部投资可以向市场发出企业正采取行动的信号，目的在于增加预期的报复程度。例如，企业可以宣布或透露有关新一代产品系列以及新价格的消息，造成实际行动会很快出现的印象，以提高进攻者可见的风险。这些市场信号可能使进攻者推迟未来的投入，直到能获得更多的信号以判断信号是否可靠。

（3）竞争承诺。如果企业表态，要与准备降价的竞争对手进行竞争，企业就提高了可预期的报复。"我们不会被低价抛售击败"，企业公开做出这种姿态往往会阻止进攻者通过折价销售取得地位的企图，当企业以公开的方式一再坚持这些主张时尤其如此。当然，企业必须使进攻者相信，它是有能力来坚持这类主张的。

类似方法还有：防御者提高自己退出或丧失份额需付出的代价，积聚报复的资源，鼓励好的竞争对手，树立榜样，建立防御联盟，等等。如果企业希望通过这些方法来改善其地位的持久性，就必须准备进行投资。由于需要增加投入，因此也提高了防御者自身的风险水平，这要求其提高风险管理能力。

3. 降低进攻的诱因

采取行动降低进攻的诱惑性而非提高进攻的成本，是阻止进攻的有效手段。通常，利润是进攻者采取进攻行动的诱因。进攻者对采取行动可带来利润的预期，既取决于企业自身利润，也取决于潜在进攻者所做的有关未来市场地位的假设。降低进攻诱因的方法包括以下两种。

（1）降低利润目标。企业赚取的利润是其地位吸引力的非常明显的标志。因此，任何防御战略的关键，都在于决定可维持的当前价格和利润水平。许多企业由于过分贪婪，招致了进攻。企业可以刻意选择放弃当前利润，以降低进攻的诱惑性。这也许意味着降低价格、提高折扣等。

（2）控制竞争对手的假设。进攻者就未来行业前景所做的假设，可能会导致它对企业发动进攻。例如，如果进攻者相信某行业具有爆炸性增长的可能，它就会不顾高壁垒对企业发动进攻。可以选择如下策略：公开真实的内部增长预测；在公开论坛上讨论对行业事件的真实理解；资助独立研究，质疑竞争对手所做的不准确假设；等等。

习　题

1. 解释长周期市场、短周期市场和标准周期市场。
2. 解释市场共性、资源相似性及其对竞争对抗的影响。
3. 解释陈明哲的竞争对手分析和企业间对抗的一体化分析框架。
4. 作为先行者、跟进者、后期行动者的企业各有什么利弊？
5. 解释进攻战略和防御战略。
6. 进攻者应该具备的三个基本条件是什么？
7. 进攻领先者的途径有哪些？
8. 解释企业实施防御战略的三类战术。

案例6　美团的生猛与无畏

2017年2月14日，美团点评出行事业部在江苏省南京市试点运行打车业务。2018年3月21日0点，美团打车正式登陆上海，当天22点左右，美团宣布上海首日完成单量突破15万单。随着美团和滴滴大战的铺开，对于美团能否成功也引发了热议。

今日资本徐新曾经评价美团CEO王兴："他做的很多业务，都不是第一个，却能后来居上，把前人PK掉。"无论是起家的团购业务，还是此后的旅行、猫眼、外卖，美团都不是第一个做的，如美团在做外卖时，饿了么已经做得很不错了，而至于在携程头上动土，就更是鲜明的对照。

不做第一个吃螃蟹的，但是却屡屡吃到了更大份的螃蟹，在美团成立8年之际去回看王兴和他的美团成长史，会发现生猛和无畏是贯穿始终的，美团似乎从不愿意去被业界划入既有的条条框框，不是团购网站、不是外卖平台、不是电影票APP，统统不是的背后，是无边界即边界，是后来而居上。

1. 杀出千团大战

自2010年初我国第一家团购网站上线以来，到2011年8月，我国团购网站的数量已经超过了5000家。新浪、腾讯、开心网、人人网等平台型互联网公司也先后进入团购领域，团购几乎成为互联网公司的标配功能。为争夺国内的团购市场，各家团购网站开始变相竞争，展开一轮又一轮的融资比赛，广告战、拉锯战、阵地战等铺天盖地地融入各大民众的日常生活当中。

当年的团购网站，一派是以拉手网为代表选择的运营策略——规模为先，效率为后；一派是以美团网为代表选择的运营策略——效率为先，规模为后。而最终，美团赢得了"千团大战"，并且还赢得了团购市场60%的市场份额，成为赢家通吃的互联网经典案例。那么，王兴是如何带领美团冲破重重包围，赢得最后的胜利的？

2010年底，美团完成A轮融资，获得来自红杉资本的1200万美元。与此同时，从2010年到2011年4月，拉手网完成三轮融资共计1.6亿美元；2011年4月大众点评网宣布完成C轮融资1亿美元，主要用在团购业务上，可以说美团的融资和很多竞争对手不在一个量级上。但是当时竞争对手都把钱花在什么地方？或许大家还记得当年铺天盖地的葛优代言的拉手网广告，不管是北京、上海还是杭州，在街头巷尾、公交站台以及地铁上的移动电视和办公楼的电梯间，都可见团购广告的身影。当时美团的竞争对手全年的广告预算都以亿计，其中团宝网公开宣布投放在广告上的数字是5.5亿元人民币，糯米宣布了2亿元人民币，大众点评也宣布全年在各个平台投放了3亿~4亿元人民币的广告。此时，美团耐心地在计算投入产出比，并请教了阿里巴巴前总裁关明生，他说："面向商家也就是B端的广告是没用的，商家端的广告投放再多，也不如有执行力的线下队伍好用；而对于消费者端也就是C端呢，阿里的经验是线上的广告性价比要远远大于线下。"于是他们在整个广告上花的钱都非常谨慎，对于每个用户来自什么渠道、一次消费和二次消费情况如何，以及各个渠道的性价比多少，都算得清清楚楚，这给他们节省了大量的资金。在团购行业初期规模化砸钱打广告时期，美团网并未有相关计划，而是将资金更多用来做内功，如完善商家和消费者服务体系、加强技术积累以及人才培养等。

团购行业互相挖人这件事最先由窝窝团起头，窝窝团挖走了拉手网的华东大区经理，之后整个行业就相继效仿开始互相挖人。2011年6、7月是窝窝团挖人最凶的时候，把美团在广州、上海的城市经理都给挖走了。其实当时美团队还比较脆弱，一个城市经理被挖走，当地的业务发展会大受影响。但美团明白，就算加两三倍薪水挖人过来，效果未必很好。若跳槽过来的员工一下涨了好几倍的工资，那老员工怎么办？怎么会愿意接受你的领导？所以当时美团网的对策就是：你要挖我的人，我能拖就拖，只要拖一两个月，先过去的人发现对方公司并不靠谱，大家相互都会交流，那么人慢慢也就不走了。另外，窝窝团把拉手网华东区的人挖到公司后，由于窝窝团原本就有一个华东团队，加上收购的一些本地网站，便形成了三股势力拉帮结派、内耗严重的局面，结果业务全面崩溃。

2011年7月7日，美团网B轮融资5000万美元到账，而上半年的热闹过去，资本寒冬马上来临，整个资本市场开始质疑团购行业这种花钱的方法到底能不能持久。这时所有玩家都融不到钱，只有美团一直理性发展，账上资金反而是最充足的。有关数据表明，2011年8月，美团大概有2500人，半年之后也不过是2700人。但拉手网和窝窝团在2011年的员工数量却一度超过5000人，直至融资失败裁员至2000多人，这对公司士气的伤害是巨大的。在这个时候，美团走了两步非常经典的棋：对外，美团面对众多记者亮出了公司的银行账号，上面写着6200万美元的资金。此举不仅给美团合作的商家一个很大的信心保障，还震慑了当时行业夸大融资额，把100万说成300万的不正之风。对内，美团在9月召开城市经理大会，王兴动员大家说："对手们终于出现破绽了，该是我们出手的时候了。"然后美团设立了一个口号——"血战50天，超越拉手窝窝"，这也吹响了美团进攻的号角。在国庆节期间美团销售人员都没有放假，而是抓紧时间抢地盘拉客户。到了11月，美团网的业绩比10月增长40%，成为行业第一。而原本计划于2011年底赴纳斯达克上市的拉手网也中途折戟，并最终在2014年被江苏三胞集团收购。

2. 闯入外卖市场

继团购网大战之后，外卖平台大战也拉开序幕。饿了么是入局最早、曾经市场份额最大的外卖公司，2009年4月上线获得金沙江创投、经纬中国、红杉资本、中信产业基金等多家机构的多轮融资；而美团外卖的上线时间是2013年11月，百度外卖则是2014年5月。经过2014~2015年外卖公司不断烧钱补贴的贴身肉搏，在人口增长基本触顶的环境下，小公司几无生存之地，大量出局，外卖市场形成"三国"格局。

中国互联网餐饮外卖市场在经历了2015年这个"生死之年"后，饿了么、百度外卖和美团外卖逐渐形成规模优势，三分天下。2017年伊始，三强的排位格局开始生变，第一季度外卖交易规模为843.2亿元人民币，其中饿了么占36.5%、美团外卖占33.0%、百度外卖占17.3%。美团外卖与饿了么差距微乎其微，百度外卖则开始掉队，市场份额下挫，还频繁传出裁员、收缩和高管离职的消息。2017年8月，中国O2O订餐公司百度外卖被出售给饿了么，百度外卖品牌保留18个月给饿了么使用。

百度外卖为何沦为被收购的地步？2016年以前是百度外卖的辉煌期，在饿了么和美团外卖还在校园市场拼杀的时候，百度外卖凭借集团资金和流量的支持，最先在白领市场发力并称霸，份额最高曾达到33%。然而，时运不济的是，2016年，百度在经历股价下跌、市值缩水等一系列事件后，试图转型为一家人工智能公司，百度外卖作为与人工智能关系不大的业务逐渐被边缘化。据悉，对于百度外卖，李彦宏的态度是能做大最好，如果不能就放弃。但是，外卖O2O市场正处在前期大量用户补贴阶段，厮杀激烈，此时失去了资金和流量的优先支持，百度外卖犹如被釜底抽薪，没有了继续拼杀的底气，随之而来的就是业绩下滑、人才流失等一系列恶性后果。艾瑞、易观等第三方数据机构的数据均显示，因白领消费力强、客单价高，白领市场份额在整个外卖市场中占比超过六成，远高于校园市场的三成，是重要的战略碉堡，这意味着谁拿下白领市场谁就能够获得外卖大战的胜利。

2015年下半年开始，反应过来的饿了么和美团外卖，纷纷将战略阵地从校园市场转移到白领市场，饿了么的攻势尤为猛烈，一方面不惜重金邀请王祖蓝、科比等明星助阵；另一方面死死守住白领阶层聚集的电梯媒体，做轰炸式传播，在2016年首轮投放后，饿了么App Store的排名从100多位上升到20位左右；在白领外卖市场日均流水从700万元迅速拉升到3500万元。这样在传播窗口期的几次投放下来，饿了么迅速赢得白领市场，在外卖竞争格局中的领导地位逐渐奠定。随后美团外卖也在白领人群每天必经的写字楼电梯媒体展开强攻，"美团外卖送啥都快，30分钟就到"的特点深入人心。几个回合之后双雄争霸的格局已定，据悉到2017年8月底饿了么、美团外卖日均流水超过5亿元。然而，在大家都忙于引爆品牌、大量补贴抢占市场份额的时候，百度外卖却把有限的资金和精力用于搭建由中央厨房、生鲜、食材供给、商超、众包、电商平台质选生活等组成的外卖生态链，导致B端和C端资源同时大量流失，最终将曾经占据优势的白领市场拱手让人。

接下来外卖市场的战局由"三国杀"演变为"双龙会"。在距离饿了么收购百度外卖后仅10多天，美团外卖宣布，在全国直营城市执行"到店自提"新功能。与此同时，饿了么与百度外卖内部调整完毕，2017年9月17日上午9时，广大商户的后台收到了饿了么的一则通知：自9月20日起，将更改用户起送价口径，用户起送价将从[菜品折扣价+餐盒费]调整为[菜品原价+餐盒费]计算。之前，饿了么的起送价设置是[菜品折扣价+餐盒费]，直接影响到的是起送价，间接影响到商家的满减活动，最终是成交量承担后果。举个例子，对用户而言，餐品原价为20元，打折后为9.8元，加上1元的餐盒费，配送费不在结算范围内。折扣价起送的话，用户还需凑单9.2元才能结算，改成原价起送的话，不用凑单就能立即结算，进行配送。

自从饿了么与百度外卖平台合并后，百度外卖订单量急剧减少，商户流失严重，两家平台很难存在共同发展的情况。对此，百度外卖代理商2017年11月13日联合发布了《百度外卖代理商致张旭豪先生和拉扎斯集团董事会的一封信》，要求百度外卖处理代理商安置问题，紧接着11月16日，百度外卖代理商围堵2017年百度世界大会现场，并印制"百度恶意欺诈，卖我求荣"横幅，欲借此维权。

2018年4月2日，阿里巴巴宣布联合蚂蚁金服以95亿美元完成对饿了么的全资收购。此时，国民级应用支付宝为外卖大战再次加码，宣布将饿了么应用加入支付宝首页入口。用户无须二次注册，在支付宝中即可直接下单购买。国民级产品解决了饿了么三、四线城市覆盖的痛点。支付宝早在2014年就已经全面渗透三、四线城市市场，其产品余额宝2016年在三、四线城市增幅高达45%，是国内覆盖最广的金融支付产品。外卖O2O需要两个环：一是线下商户的渗透，二是线上买家的覆盖。饿了么和美团外卖在全国大部分城市都实现了地面覆盖，但面对数千个三、四线长尾城市，无法顾及每一个城市的推广覆盖，支付宝的介入刚好解决了这个问题。身为阿里系的拳头产品，同时也是中国装机量第一的移动支付工具，支付宝拥有超高的开启率，每一次都为饿了么提供了6亿的"广告"展示，不仅将为饿了么的品牌传递到主流互联网用户，也覆盖了饿了么一直无法顾及的三、四线城市用户，更有助于饿了么摆脱与美团外卖的缠斗，迅速沉淀三、四线城市，具备很重要的战略意义。

与此同时，美团外卖也逐步建立起独有的大生态、多入口、不可复制的场景优势。大生态、多入口是美团外卖的核心场景优势，美团点评有着泛生活旅行的生态，微信和手机 QQ（腾讯是其第一大股东）为美团外卖提供了社交化生活的生态。年轻化、生活化、社交化是美团外卖用户生态的核心特征，而独立 APP、美团 APP、大众点评 APP、微信和手机 QQ 则构建出美团外卖的多入口流量体系。QuestMobile 数据显示，中国移动互联网用户非常年轻化，24 岁以下用户占比越来越高，30 岁以下用户占比高达 64%。在 24 岁以下用户偏爱的十大 APP 中，美团 APP 成为上榜的唯一泛电商类 APP，说明美团正在赢得年轻人市场，美团外卖获得天然的年轻用户生态流量。不同的入口、不同的用户特征，汇集于美团外卖的大生态里。大众点评的入口带来更多品质消费的用户，微信带来更多白领用户，QQ 带来更多年轻学生用户，多入口流量体系的背后是用户生态的层次化、多样化、年轻化，去中心化的城市战略则带来了层次化的营收体系和攻防体系。烧钱大战之后，美团外卖不仅毫发无损，反而推动强势反攻。而以上场景优势更直接体现在美团外卖用户黏性的行业领跑优势地位，对用户体验的重视、深耕，是美团外卖用户黏性领跑行业的关键，优质丰富的品类供给、良好的配送体验以及创新的好友互动功能，都让用户对外卖平台的依赖性增强。为了确保餐品尽快送到消费者手中，美团外卖专业的配送团队搭配线上高效的智能配送调度系统，根据骑手未配送订单信息、不同目的地信息、骑手实时位置和运动方向等海量大数据进行智能分析和调度，成功将平均送餐时间缩至 28 分钟。

此前，iiMedia Research（艾媒咨询）发布的《2016—2017 中国在线餐饮外卖市场研究报告》显示，在中国在线餐饮平台用户满意度调查中，美团外卖得到 7.8 分，是消费者最满意的外卖平台。在用户推荐意愿调查中，63.9%美团外卖用户对推荐美团外卖持积极意见，对比其他平台该比例最大，是消费者推荐意愿最强的外卖平台。从 DCCI 互联网数据中心提供的 2017 年国内外卖市场份额占比的数据来看，美团外卖在市场份额（53.9%）上占绝对优势，可以说是独揽外卖半壁江山。美团外卖的市场规模、商家规模、骑手规模均已超过饿了么与百度外卖份额之和。百度外卖自 2017 年 8 月加入饿了么外卖体系后，并未撼动市场格局。

3. 切入在线旅行业务

随着携程收购马蜂窝，投资途牛，合并去哪儿，在在线旅行社领域（Online Travel Agency，OTA），携程基本形成了垄断。但之后随着同程和艺龙合并，OTA 市场逐渐被同程艺龙瓜分，让携程雪上加霜的是美团也布局 OTA 市场。

美团旅行是美团点评旗下一站式旅行平台。2017 年 4 月，美团旅行品牌正式亮相，

9月APP正式上线。截至2017年底,美团旅行已覆盖34万家国内酒店、近30万家海外酒店、2万个景区、7万多条周边游线路、10万条海外航线和215个国家站,提供包括酒店、民宿、景点门票、周边游、机票、休闲娱乐在内的几十种品类的产品。2017年全年,美团旅行酒店入住间夜超2亿,门票销售量超1亿张。

美团的OTA布局逐渐威胁到携程的生命线。美团以高频需求的餐饮切入,获客成本在3～5元,携程高达50～100元,用户在使用完美食后,美团可以推荐附近的旅游和宾馆,再加上美团出行、衣食住行、场景匹配,给亲子游、周边游带来更多机会。携程和美团都是流量平台,流量属性却各有不同。美团点评用户以本地服务为主,加上外卖业务的爆发,用户打开美团频次越来越高。反观携程,不断并购,垄断了OTA领域,将行业流量都攒在手中,可用户只有在商旅出行时才需要打开携程,流量相对较少。美团点评利用自有海量资源链接酒店和消费者,帮助酒店进行预订、房态、评价、团购、财务等管理,并通过美团大众的大数据,为酒店提供运营方案建议。

2014年和2015年的两年中,携程和去哪儿为了高端酒店的竞争,价格战打得异常激烈,结果导致多年一直保持盈利的携程财报上出现亏损。最终,2015年10月,携程合并了去哪儿,高端酒店市场结束了价格战,2016年携程也实现了规模化的盈利。由于携程系在高端酒店市场耕耘多年,并且给高端酒店带来了巨大的市场订单量,其在酒店谈判中占据有利的地位,议价能力更强。因此,其他后来者如果想介入高端酒店这个市场,不但缺乏议价能力,更无力与携程展开价格战。但是,携程与高端酒店在佣金上的"分歧"让双方的关系比较紧张,显然,携程并不是高端酒店眼里"友好"的合作方。不管是飞猪还是美团旅行,对高端酒店的态度都更友好,尤其在佣金方面,均低于携程。而这也给了其他竞争对手更多的机会,高端酒店也希望开拓更多的渠道,不希望被一家平台垄断。

于携程而言,酒店和机票一直都是其最大的两块收入来源,而高端酒店又在酒店业务中占据绝大部分市场份额,因此,携程对高端酒店业务十分重视,其高端酒店的业务量多年来都占据OTA市场的主导地位。然而,以佣金模式为代表的携程为了巩固在高端酒店市场的地位,每年都要花费数亿元购买流量,获客难度和获客成本越来越高,这成为携程佣金模式的一大软肋;相反,以平台模式起家的美团点评本身自带流量,而且平台其他业务之间流量可以互相协同交叉转化,这也是美团点评进军高端酒店的优势所在。从2016年开始,在经济型酒店取得了不错市场份额的美团开始进军高端酒店市场,美团点评住宿业务在2017年第二季度的收入同比增长103%,每月已实现千万级的利润。

美团旅行高星战略启动自2016年,并在2017年迅速攻城略地。随着中国"千禧一代"("千禧一代"指1984～2000年出生的人)逐渐成为高端消费的主力,在这一年轻群体中拥有更高黏性的服务平台,会随着消费群体对生活服务需求的不断延伸而扩张版图。瞄准这一趋势,美团旅行自2016年开始进军高星酒店,迅速攻城略地,2017年高星酒店间夜量在美团旅行住宿业务中占比约一成,高星支付用户达千万量级。美团不仅与洲际酒店集团、香格里拉酒店集团、希尔顿国际酒店集团等达成合作,同时与首旅酒店集团开启直连,与开元酒店集团实现会员对接。

2018年2月6日，美团旅行与全球知名度假集团 Club Med 地中海俱乐部达成全球深度合作，Club Med 美团旅行旗舰店正式上线，双方已打通数据开启直连，消费者可通过美团旅行对 Club Med 集团旗下度假村的实时房态和动态进行查询与预订，美团点评其实是充当了 Club Med 国内的分销商角色，而 Club Med 的国际影响力也为美团旅行拓宽海外旅游市场提供了资源。美团旅行此次与 Club Med 达成全球深度合作，不仅说明美团旅行对这些群体的吸引力也吸引着高星酒店集团，更说明美团旅行联手高星酒店后，坚持持续创新，探索打通旅游与全品类生活服务的蓝图，已经成为引领市场消费趋势的新能量。

资料来源：该案例由本书作者根据众多公开资料整理而成

【问题】

1. 美团在三个领域的竞争中，分别采取了哪些关键行动？
2. 美团进攻战略的主要特点有哪些？

第 7 章 国际化战略

随着国外跨国公司大举进入国内市场,国内一些企业也加快了国际化步伐。国际化已经成为我国优秀企业的一种战略选择。国际化战略又称全球化战略,在当前又被称为"走出去"战略,是指企业在全球多个国家开展经营活动的布局安排和路径选择。本章首先介绍经济全球化与企业国际化经营,随后介绍国际化战略的类型和国际市场进入策略,最后探讨国际化经营风险和控制。

7.1 经济全球化与企业国际化经营

7.1.1 全球经济一体化的特征

自从莱维特在 1983 年发表极富启迪性的《全球化市场》一文后,全球化就成了国际战略的一大主题。对于绝大多数产业来说,全球化经营已不再遥不可及,而是一种必要的措施。当今几乎所有的战略决策都要受到全球因素的影响。20 世纪 90 年代以来,世界经济发展的总趋势就是全球化和信息化,企业的竞争环境、竞争规则都发生了很多变化,各种生产因素也可以在国际间自由流动。

(1) 资本国际化。发达国家的跨国公司在国际范围内的生产、经营活动日益兴盛,触角越来越广泛,成为经济全球化的主要推动者。企业创业周期和成长周期更短,越来越多的风险投资公司参与运作,有效地增大了这个变量的影响力。

(2) 贸易自由化。世界贸易组织(World Trade Organization,WTO)是致力于监督世界贸易和使世界贸易自由化的国际组织,它调整的是国家间的贸易关系,并以各成员方的贸易政策为管理对象,旨在塑造更开放、贸易壁垒更小的贸易环境。通过全球性的经贸运作机制,协调各国的经济活动,消除贸易壁垒,在最广泛的范围内最大限度地实现贸易自由,它使企业竞争范围更宽广,竞争程度更激烈。当然,在贸易自由化的进程中,也会有一些贸易保护主义的倾向。例如,2017 年美国总统特朗普上台以来,面对美国综合国力相对衰落的趋势,强调"美国优先",不仅退出了"跨太平洋伙伴关系协定"(Trans-Paific Partnership Agreement,TPP),而且对多个国家进行贸易战。

(3) 商务电子化。得益于信息技术的进步,现在全球商务活动已实现电子化。企业可在全球范围内实现网络营销,既可以在自己的站点上直接销售,还可以在电子商务平台开展业务。电子商务不受时空限制,没有任何地理障碍,可以全天候营业,并能迅速采集客户购买意向，信息沟通更为充分。上下游企业通过供应系统和采购系统的整合，产业链的效率得到了极大提高。许多企业为商家和客户提供了网上交易平台，促进了商务的电子化进程。例如，在2017财年，阿里巴巴的核心零售电商平台的交易规模超过了3.7万亿人民币。截至2017财年底，大约80%的交易已经在无线设备上发生，年度活跃消费者数量达到4.54亿，月度活跃移动用户达到5.07亿。

（4）全球本地化。最近几年，世界500强企业极力主张调整它们的生产经营结构，使之同时具有全球性和本地化两方面的特征，即"全球本地化"。无论是防御还是进攻，全球本地化的500强企业都具有进行品牌竞争的资源和基础，非全球本地化企业则不能将大量资金、专业技能与适应不同国家和地区不同环境的能力结合在一起。有研究表明：全球本地化比单纯的本地化或单纯的全球性更有可能赢得和维持其竞争优势。例如，肯德基在中国推出了中国人爱吃的油条、皮蛋瘦肉粥、饭团等。飞利浦从中国消费者的饮食习惯和对安全食品的需求出发，开发出中国消费者喜爱的豆浆机和面条机，随后又在应用上做出调整，演变为畅销欧洲市场的"制汤机"和"意大利面机"。

（5）经营虚拟化。虚拟经营的精髓是将有限的资源集中在附加值高的功能上，而将附加值低的功能虚拟化。耐克公司就是经营创新"虚拟经营"的行家里手。现在这家公司的美国总部不从事生产制造业务，它们早已将做鞋的业务，以合同承包加工返销的方式转向一些低工资国家，而总公司则只控制产品的设计、开发、推广和市场营销。耐克公司这么做的科学之处在于，合理区分并识别出制鞋行业获得成功的关键活动与非关键活动，即高档球鞋行业的战略环节，是创造大量价值的产品开发设计和营销组织管理，而不是相对简单的制造环节。针对这一状况，耐克公司做出了外包加工制造的决策，将主要的财力、物力、人力集中投入完成核心业务所必需的产品设计和营销管理方面。

（6）经济一体化。自第二次世界大战以后，随着欧盟、北美自由贸易区、亚太经合组织东盟的建立，世界经济一体化程度加深。加入WTO后，中国经济也全面融入世界经济中。2013年以后，中国提出"一带一路"倡议，中国与中亚和中东欧的联系也进入了加速状态。在微观层面上，全球经济一体化表现为跨国公司在全球的快速发展。例如，2017年美国的通用电气公司在全球拥有八大业务集团与十大全球研发中心，业务遍及全球180多个国家和地区，有30万员工，收入达到1200多亿美元，其中62%的收入来自美国以外。通用电气所有业务部门都已经在中国开展业务，拥有22 000多名员工，在中国40多个城市建有7个研发中心、60多个实验室、30多家制造基地和34家合资企业。

7.1.2 国际化经营的战略利益

1. 扩大市场

通过进入国际市场能够有效地扩大市场，有时扩大程度甚至相当可观。例如，美国的软饮料市场已相对饱和，多数市场份额的增加都是以竞争对手份额的减少为代价的。在这种情况下，两个主要的软饮料制造商可口可乐和百事可乐都进入国际市场寻找发展机会。20 世纪 70 年代，全球石油价格上涨加剧了汽车产业的全球化。当时，正在本土进行激烈竞争的日本汽车制造商突然发现，它们的节能型汽车在美国市场上获得了巨大竞争优势，因为美国国内的生产商没有提供小型节能汽车。日本汽车制造商停止在本土以类似产品厮杀，转向攻占竞争对手的美国市场份额，而对手由于定位失误竟无法招架。

2. 更高投资回报率

一些企业在生产设备和研发上投资巨大，技术更新的频率加快，产品生命周期缩短，希望投资能够快速收回，否则将面临很大的经营风险。由于不同国家专利保护法各不相同，新产品被仿制的可能性增加了。通过逆向工程技术，竞争对手能够分解新产品，学会新技术，从而用相似的新技术生产出和原产品相仿的产品。由于竞争对手快速跟上，尽快收回投资成本的需求也就更加迫切。在这些行业中，市场的扩大意味着有更多的机会收回大量的资本投资和大规模的研发费用，所以国际化扩张具有特别大的吸引力。

3. 更大的规模经济、范围经济和学习效应

企业的市场扩张之后，可能为企业带来规模经济，特别是在制造过程中。根据产品在不同国家标准化的程度、生产工具的相似性，来调整关键资源功能，就有可能取得最优化的规模经济。规模经济在全球汽车工业中至关重要。例如，本田已经在发动机的研制和销售上取得了规模经济。它每年的汽车销售量只有 200 万辆，但发动机的销量是 1000 多万台（包括除草机的发动机）。国际市场也为企业利用范围经济、开发核心竞争力提供了机会，因为它为跨越国界的资源和知识共享创造了条件。企业也可能为了促进学习而进入新的国家。例如，佳能公司在硅谷而不是在日本总部附近设立研发基地，就是因为它希望向在数字技术领域有技术专长的其他企业学习。在技术的地理中心设立研发机构促进了企业工程或研究能力的提高，同时还能促进企业工程人员参与企业间的思想交流，并且教他们学会怎样才能更有效地竞争。

4. 利用地点优势

把生产转移到海外可以降低产品和服务的成本，稳定原材料来源。例如，自中国改革开放以来，许多欧美企业把制造环节转移到中国内地，主要是为了获取廉价的劳动力和能源。而随着中国劳动力成本、土地成本和环保成本的上升，一些跨国公司关闭中国的工厂，许多劳动密集型产品已经由中国制造变成了东南亚制造。自 1993 年以来，中石油实施"走出去"战略，足迹已达 30 多个国家，完成了近百个海外油气合作项目，包括多个投资超过百亿元的大型项目。把生产转移到海外也可以更有效地获得特定的原材料和战略资源，提高产品品质。例如，受 2008 年三聚氰胺事件影响，国内奶粉质量受到消费者的质疑。为了获得更好的奶源，2012 年伊利公司收购了新西兰大洋洲乳业有限公司 100%股权，并通过大洋洲乳业在新西兰新建年产 4.7 万吨婴儿配方

奶粉项目。对于国际化经营企业来说，一旦占据有利的地理位置，就必须通过有效的管理来获取最大的位置优势。

7.1.3 行业属性与全球化经营

行业属性对企业的国际化经营具有较大影响，特别是行业的国际化程度以及跨国公司在全球组织资源的现状直接影响到企业国际化战略的选择。

不同行业的国际化程度和企业在其中的国际化经营方式是不同的。根据跨国公司在行业中的地位和行业中的进出口贸易额占该商品总销售额的比重，可以把行业分为四种类型：全球市场、多国市场、大宗贸易市场和纯国内市场（图7.1）。

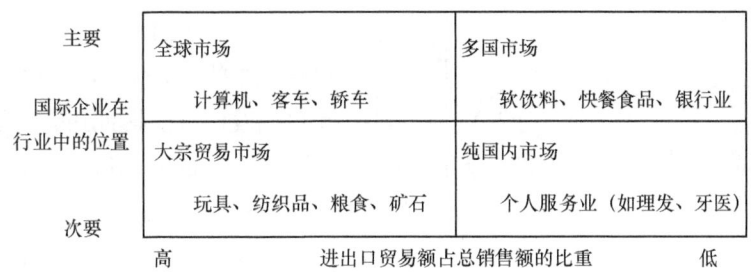

图 7.1 行业国际化的类型

（1）全球市场。这些行业是全球性行业，跨国公司在行业中占主导地位，主要采取直接投资和国际贸易相结合的竞争形式。这些行业是技术和资金密集型的，跨国公司在技术和规模经济方面要求很高，必然导致企业走出国界，在全世界范围内生产和销售。企业国际竞争是全方位的，不但争市场，而且争资金，争技术，争战略伙伴。例如，波音公司在全球范围内寻找零配件生产商，同时又将产品销往世界各地。

（2）多国市场。这些行业中企业多为跨国公司，但与全球市场相比，企业间的国际竞争在竞争范围和竞争焦点上均不同。这些行业产销难以分离，只能在当地市场生产并直接供应，竞争形式一般采取直接投资，竞争范围只限于区域市场而非全球市场。另外，从竞争焦点来看，这些行业关键环节在于销售而非制造，如产品形象、广告宣传、渠道策略、促销手段等。20世纪80年代，百事可乐可以进入印度市场，而可口可乐被禁止进入。但可口可乐在印度失败并不妨碍它在中国的成功，同样百事可乐在印度的主导地位不意味着它在中国也是主导，两个市场不同，竞争方式、策略均不同。另外，不论是百事可乐还是可口可乐，它们都在广告上进行大量的投入，把竞争放在产品形象上。

（3）大宗贸易市场。大多数原材料和农产品属于这一类。在这些行业中，主要是一些中小企业或从事进出口业务的外贸公司。这些行业生产技术含量较低，只是粗加工，不需要设立复杂的营销和服务机构。竞争方式主要是价格竞争，其优势取决于丰富的自然资源和廉价的劳动力。如中国的纺织品一直在我国出口贸易中占有较大份额，但国际上价格竞争非常激烈，如越南、斯里兰卡等国的劳动力成本更低，对中国纺织品出口造成很大威胁。

（4）纯国内市场。这些行业很难开展国际经营活动，只能由特定的人为特定的消费者提供特定的服务。

7.2 国际化战略的类型

跨国经营的企业通常面临两种竞争压力：降低成本的压力和响应当地市场需求的压力。降低成本的压力要求企业整合和协调在多个国家开展的经营活动，而响应当地市场需求的压力要求企业根据不同国家市场的需求特点做出相对应的安排。从降低成本的压力和响应本地市场需求的压力两个维度出发，将企业的国际化战略分为四种类型：国际战略（international strategy）、多国战略（multidomestic strategy）、全球战略（global stratey）和跨国战略（transnational strategy），如图7.2所示。

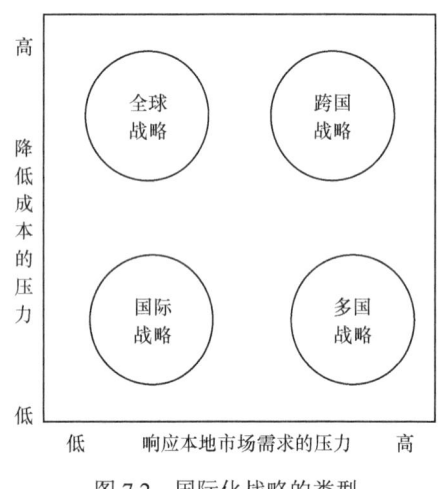

图7.2 国际化战略的类型

7.2.1 国际战略

在这里，国际战略是指企业把有价值的竞争力转移到东道国创造价值的做法。绝大多数国际企业把在本国开发的差异化产品转移到外国市场来创造价值，同时它们会倾向于将产品研发职能集中在本国。当然，它们会倾向于在发展业务的主要国家建立制造和营销职能。尽管它们会开发某些本地定制化产品和营销战略，但这是非常有限的。在大多数国际化企业中，总部对产品和营销战略保持着紧密的控制。

如果企业拥有外国市场竞争者所缺乏的有价值的企业竞争力，并且如果成本降低和本地客户响应的压力不是很大，则企业适用国际战略。企业的竞争力有可能来自两个方面：一是母国优势带来的竞争力，二是企业特定的核心竞争力。所谓母国优势带来的竞争力，可以用波特的钻石模型来解释。例如，在中国改革开放后的40年内，国内既具有较为完善的供应链，又具有较低的人力成本，许多企业凭借低成本进入国际市场。同时，如果企业的低成本战略在国内超越行业内部的众多企业，则在众多进行国际化企业中也将取胜。

采用国际战略的企业，由于为国际化增加的额外研发支出有限，因此能够获得很高的利润。然而，如果响应当地市场需求的压力较大，则追求国际战略的企业将输给更关注产品和营销战略本地化的企业。例如，德国大众汽车公司在中国推出的普通型桑塔纳轿车，从1982年开始授权上海汽车公司组装，随后于1985年开始由合资企业上海大众生产，直到2012年停产，是中国销售时间最久的合资品牌车型，在世界汽车制造史上也是一大奇迹，累计销量达到 2 292 041 辆。德国大众的这一国际战略之所以取得成功，得益于这款轿车本不是为中国市场开发的，但是恰好满足了中国所要求的适合公务、商务、出租等较为宽广的用途。进入21世纪后，随着更多的跨国轿车企业进入中国市场和中国本土企业的壮大，大众在中国也不断地针对中国市场推出新的车型，对中国市场的响应程度越来越高。

国际战略也存在一些风险，包括以下几方面。

（1）随着东道国市场竞争激烈程度的提高，这种战略的适应程度会降低。

（2）如果响应当地市场需求的压力较大，则追求国际战略的企业将输给更关注产品和营销战略本地化的企业。

（3）由于需要复制生产设施，企业有可能承担较高的运营成本。对于成本压力很大的产业，这一战略不合适。

7.2.2 多国战略

多国战略就是将战略和业务决策权分配到各个国家的战略业务单元，由这些单元向本地市场提供本土化的产品。多国战略注重每个国家内的竞争，认为各个国家市场情况不同，因此以国家界线来划分市场。换句话说，每个国家消费者的需求、行业状况（如竞争者的数量和类型）、政治法律结构和社会标准都各不相同，强调根据客户需要进行产品定制，为满足本地消费者的特殊需求和偏好创造了条件，因此能够对本地的需求特性做出最准确的反应。欧洲的许多国家在文化特性上大不相同，造成欧洲的许多跨国公司都使用多国战略。由于注重本地客户的需求，多国战略通常以本地市场份额为目标。但由于不同国家的业务单元在不同的市场上采用不同的战略，对整个公司来说，多国战略增加了不确定性。此外，多国战略也不利于降低成本。

多国战略也存在一些风险，包括以下几方面。

（1）产品和服务的本地化将增加企业的成本。在很多产业中，竞争非常激烈，以致多数企业几乎承担不起成本方面的任何竞争劣势。管理者的一个重要挑战是在本地化和成本之间做出取舍。例如，宝洁公司出于成本方面的考虑，使公司的尿布设计在全欧洲市场上实现了标准化。虽然研究数据表明意大利的母亲不像其他国家的母亲，更偏好让尿布盖住婴儿的肚脐，但公司还是按原计划执行。后来宝洁公司认识到了这一特征对那些母亲的重要性，于是决定把这一特征纳入意大利市场，尽管这样做会对成本产生副作用。

（2）有时即使有良好的初衷，本地化也可能造成相反的结果。当美国餐饮连锁 TGI Friday's Inc 进入韩国市场时，它有意识地在菜谱中引入很多当地菜肴，如朝鲜泡菜。然而，这个响应行为没有得到客户的认可。公司分析了市场反应欠佳的原因后认为，韩国客户把光临 TGI Friday's Inc 当作美国式餐饮，结果却发现是韩国菜，与他们所期待的不一致。

（3）与全球营销的其他方面相一致，对本地市场做出响应的最佳状况也是随时间不断演变的。在许多细分市场上，全球性媒体和大型国际旅游机构的影响，以及国家间收入水平趋于接近等因素，都可能导致地域差别的缩小和全球标准化水平的提高。在一些特定的细分市场上，尤其是在产品和服务能够通过互联网传送的领域（如音乐），提高客户定制水平，使对本地市场做出快速反应成为可能。企业必须经常调整对本地市场做出响应的水平，过度适应和适应不足都必将付出代价。

7.2.3 全球战略

全球战略是指在不同国家市场销售标准化产品并由总部确定竞争战略。与多国战略相反，全球战略认为不同国家市场的产品更趋于标准化，因此，竞争战略更多地由母国总部制定和控制。不同国家的战略业务单元互相依赖，公司总部采用全球战略将各单元的业务整合为一体。全球战略注重规模效应，有利于利用在公司层面上或其关联的其他市场上做出的创新。相应地，全球战略降低了风险，但也可能忽略本地市场上的机会，因为在这些市场上，公司或者缺乏辨识机会的能力，或者产品需要本土化。

当存在强大的降低成本压力和相对较弱的响应当地市场需求压力时，全球战略是最可取的。在全球战略中，识别规模经济的来源是一个重要的考虑因素。规模经济不仅来自大型生产车间或生产过程，而且来自更有效的物流和分销网络。追求规模经济而带来的更高全球产量对支持研发上的高水平投资也非常重要，特别是在制药、半导体、喷气飞机等行业。

全球战略也存在一些风险，包括以下几方面。

（1）企业只能通过一个或几个地区把对规模敏感的资源和活动集中起来，才能实现规模经济。然而，这种集中是一把"双刃剑"。例如，如果企业只有一套制造设备，它必须把产品（如组件、子系统或成品）出口到远离生产场地的其他市场。因此，制定关于生产设备区位的决策时，必须对集中化的潜在收益和较高的运输、交通成本进行权衡。

（2）任何活动在地理上的集中可能使那种活动与目标市场隔绝。这种隔绝具有风险性，因为它可能阻碍生产设备对市场条件和需求的变化做出快速反应。

（3）把一项活动集中在一个单独的地域也会使企业其他活动依赖于这一地域。这种对单一资源的依赖意味着，除非企业拥有世界级生产能力，否则一旦出现问题，企业的竞争优势就会减弱。福特汽车公司欧洲区经理反思了在20世纪90年代中期全球一体化计划中公司活动的集中化，他哀叹道："现在，如果你对市场判断错误，那么你会在15个国家出现错误，而不仅仅是1个国家。"

7.2.4 跨国战略

跨国战略寻求全球化的高效率和本土化的敏捷反应的统一。显然，要达到这一目标并非易事，因为这一方面需要全球协调、紧密合作，另一方面需要本土化的弹性。因此，实施跨国战略需要"弹性协调"——通过一体化网络建立共享的愿景。在现实中，由于两方面目标的冲突，实现真正的跨国战略很困难。但如果有效实施了跨国战略，其收益将比单纯的其他两种战略好得多。

跨国战略的做法是，当企业在一个国家的经营过程中开发的特定产品和能力，能够满足当地需要，同时又能推广到别的国家，这时企业即以该国子公司作为该产品全球经营的供应商。母公司与子公司、子公司与子公司的关系是双向的，不仅母公司向子公司提供产品和技术，子公司也可以向母公司提供产品和技术。

实行跨国战略的跨国公司努力在效率、本地化和学习之间做出最佳权衡。企业不是为了自身利益追求效率，而是把它作为实现全球竞争力的一种手段。它认识到本地响应能力的重要性，并把它作为实现国际经营灵活性的一种工具。创新被看作大型组织学习过程的结果，组织学习包括每个成员的贡献。在跨国战略中，按照在最佳区位开展每一种特定活动的原则，企业的资产和能力是分散的。所以，管理者要避免把活动集中在一个中心地区（作为全球战略），或是为了提高适应性把活动分散到很多地区（作为多国战略）。

ABB 公司是成功实行跨国战略的一个企业。总部位于瑞典和瑞士的 ABB 公司表示，走向跨国合并导致企业要考虑将来建立多个总部。公司作为一个灵活的事业部网络进行管理，管理的一个主要功能是促进事业部之间的信息和知识流动。ABB 公司的子公司对全球范围的产品种类负完全责任，这种跨国战略能够使 ABB 公司通过进入新市场和利用开发所在地资源的机会而获益。

跨国战略也存在一些独特的风险和挑战。

（1）选择一种看似最优的定位并不能保证要素投入（如劳动和原材料）的质量和成本是最优的。管理者必须确保区位的相对优势能真正实现，不要因为生产率和内部运营质量方面的弱点而被抵消。例如，福特汽车公司已经通过在墨西哥从事制造经营获得了收益。虽然有些人认为低工资会部分地被低生产率抵消，但这不是绝对的。由于墨西哥的失业率高于美国，福特汽车公司在生产经营中的人员雇用更有选择性。而且，墨西哥员工的流动率较低，福特汽车公司能够放心地在人才培训和人力资源开发方面进行投资。这样，其最终结果是不但拥有较低的工资率，而且拥有比美国还高的生产率。

（2）虽然知识传递可能成为竞争优势的一个重要源泉，但这不会"自发地"产生。因为知识传递发生在子公司之间，更重要的是知识源泉也在子公司。假如重要的地理、语言和文化差异使子公司相互隔离，那么要实现知识传递就变得非常困难。企业必须建立有效的知识传递和共享网络，挖掘利用现有知识的机会，实现知识的增值。

表 7.1 总结了不同国际化战略的相对优势和局限。

表 7.1 不同国际化战略的相对优势和局限

战略类型	优势	局限
全球战略	不同事业部间强有力的整合 标准化导致高度规模经济，进而降低成本 有助于在全球范围内创造统一的质量标准	适应当地的能力有限 活动集中化可能增加对单一设备的依赖 单一区位可能导致较高的关税和运输成本
国际战略	向海外市场转移独特的企业竞争力	对当地市场的响应程度较低 对全球的资源整合力度较弱

续表

战略类型	优势	局限
多国战略	能够使产品和服务适应当地市场条件 能够在既定市场上发现潜在的、有吸引力的市场空位	缺乏利用规模经济去实现成本节约的能力 跨国传递知识的困难很大 环境变化可能导致"过度适应"
跨国战略	能够实现规模经济 能够适应当地市场 能将活动定位于最优区位 能增加知识流动和学习	为保证成本和质量,在决定活动的最优区位时面临独特的挑战 在传递知识时面临独特管理挑战

7.3 国际市场进入策略

7.3.1 国际市场的进入模式

所谓国际市场进入模式,就是指企业使其产品、技术、工艺、管理及其他资源进入其他国家(地区)市场的一种系统化安排。企业根据发展目标、资源条件和对国际市场的了解程度,可以选择不同层次和介入水平的国际市场进入模式,包括出口、与国外企业合作和在国外建立全资子公司三种类型。

1. 出口

很多企业以出口产品或输出服务作为国际扩张的起点。出口不需要在进口国建立业务部门,但必须有某种营销体系来分销其产品。通常,出口企业会和进口国企业签订一些协议。出口的缺点包括:高运输成本和进口关税;对产品在进口国的市场营销和分销控制较少,不得不支付分销商一定的费用或允许分销商提价以补偿其成本并获取利润;很难向不同的国际市场提供定制化的产品。由于地理位置相邻而带来的相对较低的运输成本和更多的相似性,企业通常向与其工厂相邻的国家出口。例如,美国得克萨斯州向与其相邻的墨西哥出口量最大。

直接出口和间接出口是企业进入国际市场的两种适用模式。在直接出口模式下,企业参与国外市场销售等必要活动,可以决定是否建立国外市场销售网络以及控制市场营销组合决策;间接出口主要通过中间商来进行,企业不直接参与国外市场上的营销活动,企业市场活动的选择权较小。

2. 与国外企业合作

企业之间的合作有多种类型,其中在战略层面上的合作安排,也被称为战略联盟(在第9章对此进行详细分析)。与国外企业合作的方式有两种:一是契约式,包括许可/特许经营、交钥匙工程、研发合同、联合营销等;二是股权式的合资方式。企业采取与东道国企业合作的方式进入东道国市场,出于多种原因,如适应东道国对外资控制的要求,更好地利用东道国企业对当地市场的了解以降低经营风险,低成本地利用企业的生产能力，或者更快速地进入东道国市场。

3. 在国外建立全资子公司

全资子公司是跨国公司对之拥有100%股份的事业部。企业可以通过两种途径建立一个全资子公司，即收购东道国一个现成的公司或创建一个全新的公司。在进入国际市场的各种选择中，建立全资子公司的费用和风险最高，但也能产生最高的回报。另外，它使跨国公司对制造、市场营销、分销和技术开发等所有活动拥有最高程度的控制。

当企业拥有最适当的知识和能力，并可以满足多个国家和地区的需求时，建立全资子公司或直接投资就是最适当的进入方式。对于全资子公司，全部风险都由母公司承担，通过雇用当地人才能够降低在新兴工业化国家中经营事业的风险。

随着企业经营环境、自身发展阶段和战略目标的变化，企业的国际市场进入模式也会不断进行调整。例如，对于美国星巴克来讲，针对早期中国在零售业方面对外资的限制，其布局中国最初采取的是授予代理权的模式，星巴克将其香港和广东的代理权授予了香港美心集团，把台湾和江浙沪的代理权先后给了台湾统一集团，而把以北京、天津为主的中国北方地区的代理权授予了著名的海外风险投资公司——汉鼎亚太投资公司和北京三元集团，由双方共同成立了北京美大咖啡有限公司。随着中国加入WTO，零售业开始对外资放开市场，星巴克逐渐改变以往的经营模式。星巴克在中国的三个合作企业中，上海统一星巴克和广东美心星巴克已顺利向美国总公司出让了至少50%的股权，北京美大咖啡90%的股权已经被星巴克收购。

7.3.2 国际市场进入方式的影响因素

1. 影响国际市场进入方式的外部因素

1）目标国家的市场因素

（1）目标国家市场规模的大小。较小的市场规模可选择出口的进入方式；销售潜力很大的市场可选择投资进入方式。

（2）目标国家市场的竞争结构。竞争类型包括分散型、卖主垄断型和寡头垄断型。对分散型竞争的市场，一般选择出口进入方式，对卖主垄断型或寡头垄断型市场，则常常选择投资进入方式。如果向目标国家出口或投资的竞争太激烈，企业也可采用许可证形式。

2）目标国家的生产因素

目标国家的生产要素投入（原料、劳动力、能源等）以及市场基础设施（交通、通信、港口设施等）的质量和成本对进入方式的决策有较大影响。对低成本国家，应选择投资进入方式。

3）目标国家的环境因素

（1）对外国企业制定的有关政策和法规。限制进口的政策（如提高关税，紧缩配额和其他贸易壁垒）使得人们放弃出口进入方式而转向其他方式。目标国家也可能采取优惠政策（免税）来鼓励投资。

（2）地理位置。当距离目标国家很远时，由于运输成本高企业会放弃出口进入方式；在降低运费情况下，出口企业可能逐步向投资进入方式转变。

（3）经济状态。它以国内生产总值和个人收入的增长率以及就业情况的变化来表示。例如，对处于经济快速增长的目标国家，应选择投资进入方式。

（4）外部经济关系，包括目标国家的支付能力、债务负担、汇率态势等。目标国家如果支付能力下降，则会导致政府的进口限制、支付能力限制以及外汇比价贬值等。进口限制抑制了出口进入方式；控制汇率限制了利润和资本的返回，从而限制了投资进入方式。

（5）本国与目标国家在社会、文化等方面的差异。当目标国家与本国的价值观、语言、社会结构、生活方式的区别十分明显时，企业会选择出口进入方式。

4）本国因素

（1）国内市场规模。一般来说，广大的国内市场使大企业比小企业更倾向于采用投资进入方式；国内市场小的企业热衷于通过出口达到最佳的经济规模。

（2）本国竞争态势。卖方垄断行业企业倾向于仿效那些要增强竞争力量的国内对手，垄断者会向海外投资。分散型的竞争格局促使企业更倾向于采用出口或许可证方式。

（3）本国生产成本。如果本国的生产成本高于目标国家，则应采取在当地进行生产的进入方式。

（4）本国政府对出口和向海外投资的政策。当本国政府采取税收及其他鼓励出口的政策、保持中立或者限制海外投资时，企业倾向于采取出口进入方式。

2. 影响国际市场进入方式的内部因素

1）企业产品因素

（1）产品的比较优势。拥有高优势产品的企业在选择市场进入模式时有较大的自由度。如果产品没有比较优势，则不宜选择贸易方式进入，因为运输成本和高关税会降低产品的竞争优势。

（2）售后服务水平。有些产品对售后服务有较高需求，要求缩短产品与客户的距离，以便提供及时和高质量的售后服务，因此这类企业倾向于采用直接投资的进入方式。

（3）产品的技术含量。技术密集型产品大多采用投资进入，以便控制技术、保守秘密、获取垄断利润。

（4）产品适应性。对适应性差的产品选择出口方式；对适应性好的产品可选择当地投资生产方式。

2）企业的资源投入要素

（1）资源丰裕度。企业在管理、资金、技术、工艺和营销等方面的资源越充裕，企业在进入方式上的选择余地就越大。

（2）投入愿望。高投入愿望意味着经营者在选择目标国家进入方式时，与较低投入愿望的经营者相比，有更为广泛的考虑余地，前者更倾向于采用投资进入方式。

（3）其他因素。其他因素包括各种进入方式的盈利能力、投资需求、行政管理规模、营销成本等。

7.4 国际化经营风险和控制

7.4.1 国际化经营的风险

国际化为企业带来了更大的市场、更多的机会，同时，企业在国际化道路上也面对着更多的不确定性因素。这些不确定性因素一方面源于东道国与母国各方面的差异（信息的不完整披露和缺乏透明度更将这种差异成倍放大）；另一方面，在国际市场上与更多企业之间的互动使这些不确定性因素更加扑朔迷离。由于国际化经营具有跨体制和跨文化的特性，以及国际环境的影响和制约，使国际化经营存在一定风险，主要包括认知风险、文化风险、金融风险和政治风险等。

1. 认知风险及其表现

决策的理性受到人们自身认知能力的局限。企业在进入全球市场时，对东道国的认知偏差往往对企业的国际市场行为造成极大的制约。在国际化决策中，要尽量避免的认知偏差有先验假设偏差（prior hypothesis bias）、控制错觉（illusion of control）等。先验假设偏差指的是决策者倾向于根据他们的先入之见做出决策，即使经验证据已经表明他们的成见是错误的。不仅如此，他们还倾向于寻找和使用符合他们成见的信息。控制错觉即过高估计自己的控制能力，许多在国内经营极其成功的企业高层管理者，往往高估自己通过跨国收购公司创造价值的能力。无论是先入之见还是高估自己的控制能力，都可能导致错误决策。

为了纠正认知偏差，需要企业的战略决策者从多个角度对战略问题进行分析，需要提高元认知水平。所谓从多角度考虑问题，就是由于不同国家具有不同的文化、宗教信仰、科学发展水平，导致决策者的思维方式和企业经营方式的差异，实施全球化战略的企业必须理解东道国的认知方式，从母国和东道国多个角度对相关问题进行思考，理解对方的观点、判断和行为。在做出有关东道国的战略决策时，要从东道国的角度再对问题进行重新思考，这样才能制订出可行的决策方案。实施国际化战略的企业决策者应该超越固有的认知和价值观约束，提高自己的元认知水平，对自己的认知方式进行反思，重构自身的认知框架，真正适应国际化竞争的需要。

2. 文化风险及其表现

文化风险是指企业在国际化经营过程中，文化环境因素的复杂性、不确定性，使企业实际收益与预期收益目标相背离，甚至导致企业经营活动失败的可能性。企业在跨国经营过程中，不可避免地会处于不同文化环境之中，文化之间的差异而导致的文化误解、文化冲突有时会危及企业经营目标的实现。文化风险的具体表现形式可以概括为沟通风险、种族优越风险、管理风险、商务惯例和禁忌风险四种形式。

（1）沟通风险。文化沟通障碍和沟通误会而导致沟通失败的风险。不同国家的语言不同，文化背景不同，对同一信息的理解会产生差异甚至会得出截然不同的结论。此外，不同文化模式有不同的沟通方式，来自不同文化的沟通双方很容易发生沟通障碍。

（2）种族优越风险。来自某种文化的人具有较强的种族优越感，相信自己的行为方式优于他人，有偏见地对待异族文化而产生的风险。个人与组织都可能有自我优越感。对于跨国企业来说，优越感有多种表现形式。例如，一些国际化企业由于相信自己在国内的经营方式优于海外竞争者，因而在海外采取与在国内相同的方式进行经营。其他一些自我优越主义的国际经营行为包括：不能改造产品以使其适应特定市场的特殊需求；将利润全部转回国内而不再对所在国投资；让那些在国内干得好但却没有国际经验的管理者充任海外企业要职。

（3）管理风险。不同文化导致的管理风格的差异。不同文化的管理人员和员工之间不能建立起协调关系，这带来管理失败的风险。在权力距离大的墨西哥企业，对上司的尊重表现为保持一定的社会距离，上司也不愿授权给下属。而美国管理人员通常认为墨西哥人屈从权威是一种缺乏主见的表现。这种不同的观念与管理风格在跨国企业中是非常普遍的。在国际化企业中，一国的管理模式和行为有时不能为另一种文化所接受，使得企业在内部管理上花费很大的精力和成本。

（4）商务惯例与禁忌风险。在商务合作中，习惯、方式的差异而导致交易失败以及不同文化对特定事物或现象的好恶差别而导致营销失败的风险。例如，在很多西方国家，在打高尔夫球时谈论业务是可以接受的，因为谈业务往往是打高尔夫球的真正原因，但是日本人却从不在高尔夫球场上谈生意。德国人将商务和家庭生活区分开来，他们很少在下午5点以后做生意。相比之下，日本人的工作时间将持续到日落及更晚的时间，与同事和商业伙伴的聚会会持续到晚上10点或11点。

3. 金融风险及其表现

金融风险指的是与金融有关的风险，如金融市场风险、金融产品风险、金融机构风险等。在金融风险中，对企业影响最大的是金融危机风险。金融危机风险是指因东道国爆发金融危机而对企业经营造成负面影响的不确定性。自从布雷顿森林体系崩溃以来，金融危机在全球范围内频繁发生。2007年美国发生次贷危机和随后的欧洲主权债务危机，对全球经济造成了巨大的影响，导致多家大型金融机构倒闭或被政府接管。

金融危机对国际化企业的影响具体表现在以下四个方面：首先，本币的大幅贬值将给在该国投资的外国企业带来额外的外汇风险，包括交易外汇风险、换算外汇风险和经济外汇风险。其次，东道国股市的崩溃将严重影响本国及外国投资者的信心，这导致在该国投资的外国企业融资渠道堵塞。而对于在东道国上市的外国企业，其资产额将面临大幅缩水。再次，金融危机使得东道国经济严重衰退，居民收入水平大幅下滑。失业率升高以及过高的通货膨胀使得企业的经营环境严重恶化。面对居民购买力下降，企业将不得不减产甚至停产。最后，金融危机往往引起东道国经济政策的剧烈变动，从而给企业带来政治风险。

4. 政治风险及其表现

政治风险是指东道国政府机构的行为以及其他政治因素对企业的经营环境、利润和其他目标发生剧烈影响的可能性。这些可能对国际化企业经营活动产生不利影响的政治事件主要包括政治不稳定性、东道国与国际化企业母国或第三国关系恶化以及东道国政府的干预程度。政治不稳定性，如政权更替的频繁程度、动乱、内战、政变等不安全因素引发政治冲突的可能性也是国际化企业所要面对的风险。强迫合资、单方修改合约、要求增加本地产品附加值的规定等已经成了国际化企业最关注的风险因素。国际化经营的企业是各国政府关注的对象，政府出于某种原因迫使它们改变其偏好的经营方法、经营政策，这让跨国企业经营者倍感挫折。东道国政府通过限制外方所有权和管理权、管制资金流动、限制外方管理的介入程度、技术费用以及制定内销和出口的额度等措施，对国际化企业进行干预。此外，政府歧视性待遇也是政府干预行为的一个主要特点。

7.4.2 国际化战略的控制

国际化战略的控制比国内经营控制难得多。世界各地的文化差异、通信延误以及复杂的国际环境，要求国际化经营企业采用更加先进的控制技术。

1. 所有权控制

一般对子公司的所有权多少意味着对子公司的控制程度的大小，通过控股，母公司在董事会成员中占绝对多数，从而控制了企业重要事项的决策，减少管理冲突对企业的影响，使子公司的运作更能符合母公司的意图。但所有权也是东道国政府敏感的问题，东道国政府可能会采取各种手段进行干预。虽然所有权控制是国际化经营企业可以采用的一个强硬控制手段，但在具体实施时，还需要考虑东道国的政策法规以及人们对外国企业的态度。

2. 人员控制

通过培养子公司忠实的经营者，加强与子公司经理人员的感情交流，并通过"文化熏陶"来实现对海外子公司的控制。人员控制主要有两种形式：个人控制和私访控制。个人控制是指国际企业让海外子公司的关键人物参与母公司的正式或非正式的组织活动，从而达到控制子公司的目的。私访控制是通过旅行、考察、个人接触等私访活动，使企业内人人感到同处一个和睦的大家庭，从感情上维系子公司。目前许多国际企业采用这种方法，因为它不仅有利于海外子公司与母公司之间的感情联络，而且有利于母公司对海外子公司业务活动有更全面和更客观的了解，从而有利于对海外子公司的监督和控制。

3. 信息控制

国际化企业可以看成是不同国家企业之间的资本、产品和知识交易构成的网络。

信息不停地从一个子公司流向其他公司，又反馈回来。结果，国际企业越来越依赖于国际信息网络来协调其国际经营活动，实现对子公司的控制。

4. 财务评价与控制

对海外子公司的经营业绩评价主要有三种技术方法：投资回报分析、财务预算分析和历史比较分析。由于汇率不同、通胀率不同、税率不同和转移价格的影响，净现金流和投资额会被扭曲。转移定价是国际企业进行财务控制的方法。转移定价主要不是用于业绩评估，而是使税收最小化。转移定价是把利润转移到母公司的重要方式，其他方式还有红利、股东权益和管理费用等。

对海外子公司的控制和奖励因不同性质的跨国公司而异。实行多国战略的企业对海外公司采取松散式的控制，国际企业总部主要通过预算和非财务业绩指标来控制，如市场占有率、生产能力、公共形象、员工素质以及与东道国政府的关系。而实行全球战略的国际企业必须对海外子公司进行较严格的控制。为了谋求竞争优势，国际化企业努力将一些标准化的生产和销售设施分散到世界各地，但对一些关键的经营决策却采取集中处理的方式。

习　题

1. 国际战略、多国战略、全球战略和跨国战略的区别是什么？
2. 国际市场进入方式有哪些？
3. 追求跨国战略的企业遇到的挑战有哪些？
4. 研究一个你感兴趣的行业，对不同企业的国际化战略进行对比分析。
5. 企业进入国际市场面临的风险有哪些？

案例 7　华为国际化

2017 年末，华为业务遍及全球 170 多个国家和地区，服务全世界 1/3 以上的人口。华为员工约 18 万名、拥有超过 160 种国籍，海外员工本地化比例约为 70%。2017 年实现销售收入 6036 亿元人民币，比上年增长 15.7%。其中，中国市场受益于运营商 4G 网络建设、智能手机持续增长以及企业行业解决方案能力的增强，实现销售收入 3050 亿元人民币，比上年增长 29.0%；来自海外收入占比 49.5%，比上年的 54.6% 下降了 5 个百分点。

时间回到 1995 年，当时中国通信市场竞争格局发生了巨大变化，由于通信设备的关税相对较低，造成国内、国际市场竞争态势呈白热化。当时国际市场的萎缩使中国企业国际市场拓展乏力，而跨国通信设备巨头在国际市场需求下滑的情况下，转入方兴未艾的中国市场攫取更多利润。

在这样险恶的情况下，华为面临着"活下去"的紧迫问题，于是国际化成了"逼上梁山"的选择。任正非对当时局势的总结："我们的队伍太年轻，而且又生长在我们顺利发展的时期，抗风险意识与驾驭危机的能力都较弱，经不起打击。不趁着短暂的领先，尽快抢占一些市场，加大投入来巩固和延长我们的先进，势必一点点领先的优势会稍纵即逝。不努力，就会徒伤悲。我们应在该出击时就出击，我们现在还不十分危险，若3~5年之内建立不起国际化的队伍，那么中国市场一旦饱和，我们将坐以待毙！"

华为今天的国际化瞩目成就，与其早期和我国香港地区企业合作密不可分。1987年，创立于深圳的华为，成为一家生产用户交换机（PBX）的香港公司的销售代理。而当华为的事业发展到需要进军全球市场的时候，香港又成为华为境外布局的第一个战略要地。

1996年，华为与长江实业旗下的和记电讯合作，提供以窄带交换机为核心的"商业网"产品。经过香港市场的初步尝试，华为的C&C08机打入香港市话网，开通了许多内地市场未开通的新业务。

1. 在发展中国家市场稳扎稳打

俄罗斯是华为国际化第一站。"去俄罗斯做生意一星期能挣一辆奔驰。"20世纪90年代，不断传来的中国"国际倒爷"在俄罗斯大发其财的消息，刺激着华为人的耳膜，于是华为凭着感觉也奔着"老大哥"而去。

当年俄罗斯的电信业受到经济迟滞发展的影响，市场需求很大。行业市场没有统一的技术标准，对于通信设备的选购更注重产品的性价比和增值服务。且俄罗斯的股份制改造正初步展开，国家在其中占有很大的股份，政治对经济的影响很大。而中国政府与俄罗斯政府一直保持着良好的外交关系，这为中国企业进军俄罗斯市场提供了有利条件。

华为领导层决定复制国内拓展市场经验，采取"集中优势兵力，制胜薄弱环节"的策略，即首先从电信发展较薄弱的国家"下手"，步步为营，层层包围，最后攻占发达国家。

俄罗斯和拉美市场是华为首先瞄准的"猎物"。事实上，对于俄罗斯，华为觊觎已久。早在1994年，华为就"相中"了这块宝地，两三年间组织了数十个代表团前往俄罗斯，前后数百人次，并邀请俄罗斯代表团多次来到华为。不过，尽管华为对俄战略准备多时，但对能否打开市场也显得有些茫然，仍然没有十足把握。

华为进军俄罗斯之前，已经在中国香港小试锋芒。但香港终归属于中国领土，因此华为在香港拓展业务依然没有走出国门。华为进军俄罗斯却是真正的国际化发展，有鉴于此，1997年才是华为国际化元年。

华为进军俄罗斯以及大独联体市场，而当时爱立信、西门子等跨国巨头的跑马圈地已经基本结束。虽然华为在中国国内已是小有名气，但在当地的知名度几乎为零。初期华为在俄罗斯屡屡碰壁，一个地方一去两个星期，连个客户的影子都看不到，更不用说介绍产品了。

在俄罗斯人眼里，电信是朗讯、西门子等国际巨头的专利，他们从内心不信任华为,华为几乎在每个客户那里都碰了钉子。起初华为派往国外的年轻员工经验不足,需要花大部分时间适应国外生活和工作环境。加之部分国内企业将质量不过关的产品销往俄罗斯,俄罗斯人对中国产品丧失了信心。华为面临的难题不仅仅是向对华为一无所知的俄罗斯客户推销华为的技术,更是推销中国制造,改善中国的国际形象,这无疑为华为在俄罗斯市场的拓展增加了难度。

但是天有不测风云,却意外送来好风。1997年俄罗斯陷入经济低谷,卢布贬值、一泻千里。NEC、西门子、阿尔卡特等国际巨头纷纷从俄撤离,给华为带来了重大机会。1998年,俄罗斯的市场一片萧条。俄罗斯的一场金融危机使整个电信业都停滞下来。当时俄罗斯经济处于低谷,市场异常萧条,开拓非常艰难。而且在金融风暴后的俄罗斯市场,资本市场极其混乱,资金链短路,市场开拓的风险极大。一些大的国际电信设备供应商因为看不到短期收益而退出了俄罗斯市场。

华为逆水行舟,知难而上。当年,就在"亚欧分界线"的乌拉尔山西麓军事重镇俄罗斯乌法市建立了第一家合资公司:贝托—华为合资公司,由俄罗斯贝托康采恩、俄罗斯电信公司和华为三家合资,采取的经营战略是本地化模式。

在国外巨头纷纷撤资减员的情况下,华为坚持了下来,并反其道而行之,实施"土狼战术",派出100多人经过严格培训的营销队伍,到俄罗斯进行市场开拓。但是,1999年华为依然一无所获。在日内瓦世界电信大会上,任正非对自己的爱将、负责俄罗斯市场的主管李杰说:"李杰,如果有一天俄罗斯市场复苏了,而华为却被挡在了门外,你就从这个楼上跳下去吧。"李杰说:"好。"

李杰马不停蹄地开始组建当地营销队伍,培训后送往俄罗斯各个地区。在这个基础上,华为与俄罗斯建立了合资企业。而在不断的市场拓展中,了解和信任得以建立。终于华为从俄罗斯国家电信局获得第一张只有区区38美元的订单,可是这却是华为的国际贸易第一单!

在俄罗斯市场前景十分不明朗的情况下,华为对俄罗斯持续加大投入。整整4年,华为几乎没有一单业务,可这份执着换来的是客户的信任。当普京全面整顿宏观经济,俄罗斯经济出现"回暖"之际,华为终于赶上了俄政府新一轮采购计划的头班车。2000年,华为斩获乌拉尔电信交换机和莫斯科MTS移动网络两大项目,加快了俄罗斯市场规模销售的步伐。

华为捕捉到中俄达成的战略协作伙伴这一国际关系变化中隐藏的商机,加快了与俄罗斯的合作。最终,华为抓住了俄罗斯电信市场新一轮采购机会。2001年,华为与俄罗斯国家电信部门签署了上千万美元的GSM(global system for mobile communication,全球移动通信系统)设备供应合同。2001年,华为在俄罗斯市场销售额超过1亿美元。

经过十几年的不懈努力和持续投入,华为已成为俄罗斯电信市场的领导者之一,与俄罗斯所有顶级运营商建立了紧密的合作关系,并积极参与俄罗斯电子政务网络建设。

2. 进军欧洲市场

欧美市场属于高端市场,有着较为先进的消费理念,通信消费的水平高于全球大部分其他地区,对产品的要求更注重性能。并且欧美通信市场属于成熟市场,网络已经定型且标准统一,其他的制造商如果没有相当的实力是很难有所作为的。

华为进军荷兰时,荷兰有 4 家运营商,最小的一家叫 Telfort,准备建 3G 网。但其机房空间很小,摆不下第二台机柜,于是找到全网设备供应商诺基亚开发一种小型机柜,以便放置 3G 机柜。但诺基亚嫌小型机柜开发成本太高,因而拒绝。

Telfort 又找到市场老大爱立信,表示愿意抛弃诺基亚全网设备与爱立信合作,爱立信同样拒绝。2003 年,华为欧洲拓展团队听说此事后,特意上门拜访濒临破产的 Telfort。于是,走投无路的 Telfort,抱着死马当活马医的心情,与华为尝试合作。

华为提出解决方案——分布式基站,即基站的室内部分做成类似分体式空调那样,体积只有 DVD 机大小,然后把基站大部分功能放到室外。Telfort 半信半疑:"基站说分就分、说合就合吗?""我们可以做到!"华为的回答斩钉截铁。

8 个月后,华为分布式基站诞生,凭此华为进入欧洲的梦想将变成现实。然而,偏执的欧洲运营商与有偏见的欧洲媒体都对华为"刮目相看"。当时欧洲媒体报道称,华为进欧洲,就像山本五十六攻击珍珠港一样,必将"自取灭亡"。

天有不测风云,Telfort 竟被最大的运营商荷兰皇家电信(KPN)收购,华为的分布式基站惨遭抛弃。这可是华为方面呕心沥血才完成的杰作,而且这也是华为进入欧洲两三年来费尽千辛万苦揽到的第一个项目。经过这次沉重打击,华为的欧洲市场拓展之路又阻延了两年。

2006 年,沃达丰在西班牙竞争不过当地龙头企业 Telefonica,于是想借助华为分布式基站打击对手。处于败北境地的沃达丰在华为面前依然不失傲慢,它告诉华为:"只有一次机会。"华为心知肚明,胜负在此一决。如果分布式基站未能取得助攻成效,欧洲再也不是华为的市场。

这次华为很幸运,它打赢了。沃达丰采用的华为分布式基站,技术指标超过 Telefonica,从此华为产品逐渐进入欧洲客户购物清单。2007 年,华为的分布式基站斩获一连串大单。此时华为面临选择,要么保持现状,要么产品升级换代,另起炉灶,用与爱立信完全不一致的架构,去做超越爱立信的革命性产品升级换代。

2016 年 2 月 22 日,华为在巴塞罗那举行的世界移动通信大会上高调发布 MateBook 笔记本。消息传开,整个 PC 行业"炸了锅"。作为全球第一大电信设备商,华为发布笔记本电脑受到广泛关注。而此次华为发布会的风云人物和主角,就是华为消费者 BG(Business Group,业务组)CEO 余承东。

当年的余承东,是华为分布式基站第一发明人。在征询华为内部意见时遭遇众多反对声,因为第四代基站(Single RAN)成本会升高 1.5 倍,还有很多技术风险无法克服。如此大规模的投入,一旦达不到市场预期可能几年都翻不了身。最后余承东一锤定音:"必须做,不做就永远超不过爱立信。"

2008 年,华为第四代基站问世,而且一鸣惊人、一炮打响。据悉,华为 Single RAN 技术优势太明显。当时的基站要插板,爱立信插 12 块板,而华为只需插 3 块板。这次技术突破,一举奠定了华为无线的优势地位。从此,华为军团一路高歌猛进、四面出击,最后全面占领欧洲市场。2010 年之前,华为无线历经多年艰苦奋斗,在西欧市场仅获得 9% 的份额。但在 2012 年之后,华为的市场份额飙升至 33%,高居欧洲第一。

随着无线业务突飞猛进的发展，华为在欧洲的品牌形象也建立起来，并为其他业务在欧洲的拓展奠定了基础。

3. 开拓东亚市场

2006年，日本电信NTT在没有合同的前提下，要求华为提供一款新产品，技术要求之细、质量要求之高前所未有。为了按时完成任务，华为研发部门没有休息日地连续工作60天完成项目。日本市场的突破异常艰辛。日本既有欧美市场的高标准且更加精益求精，又有东方人的人文情怀。

KDDI是日本第二大、全球排名12的电信运营商。2008年7月，KDDI对华为生产现场进行了第一次审核。当时华为公司认为审核应该很容易过，因为它们认为证书拿了一大把，不会有问题。

KDDI审核的主审员叫福田，他随身携带三大法宝（手电筒、放大镜、照相机）和白手套，他检查的细致程度和严谨性让很多华为员工觉得不可理喻。白手套用来抹灰尘，放大镜用来看焊点的质量，手电筒用来照设备和料箱的灰尘，照相机用来拍实物图片。每个华为人看他这样检查灰尘，都觉得太恐怖了！

第一次审核完毕，福田非常生气地丢下93个不合格项回了日本，并且传回话来："华为质量水平不行，而且华为工程师太骄傲，不够谦逊。"其他的KDDI专家也对华为太过乐观的态度提出了质疑和批评，告诫华为不要做"井底之蛙"。

福田丢下了93个问题，大家的第一反应是震惊，第二反应是争论。有人说，华为在质量方面已经做得很不错了，行业规范华为早已达到了，福田这是吹毛求疵。那段时间华为各部门都很难接受这个结果，每天晚上都讨论到12点，讨论福田提出的问题和批评，争论不休。

确实，这93个问题涉及厂房环境温湿度控制、无尘管理、设备ESD防护、周转工具清洁、印锡质量、外观检验标准、老化规范等，每个问题都有非常高的要求，且很多地方远远超出行业标准。后来华为还通过相关渠道向摩托罗拉打听，摩托罗拉也没有通过整个认证。摩托罗拉说，如果华为通过了这个认证，其他公司的认证也都能通过。

最后华为的领导经过讨论，认为客户是真诚的、认真的，不然不会检查这么细。华为也要有开放的心态，在质量上要有更高的进取心，要迎难而上，不能退缩，不能放弃。华为要更上一层楼。

接下来的4个月时间，华为抛开分歧和异议，以KDDI的要求为标准，以客户的眼光来改进现场，投入很多资源对设备、现场进行了优化改造，准备迎接第二次审核。但说老实话，虽然华为经过了精心准备，4个月后华为仍觉得自己离KDDI的高要求可能还有差距。

第二次审核是在2008年的12月，市场部和日本代表处费了九牛二虎之力才把福田等人请来。因为福田不愿意来，说上次华为的工程师太喜欢争论文件条文和标准，且封闭和自满。这次审核中，大家的心确实都是悬着的，审核过程中如履薄冰，如坐针毡。审核完毕，福田列出问题项57个。但华为人很高兴，因为审核的结果是通过！并且福田说:"这次做得不错,其中 ESD 改善得很好。IQC 部门在所有区域中做得最好,只有 9 个问题,而有些做了 10 多年的公司审核问题都不下 30 条。装配部门做得不是很好,指导书还需要再完善下才能更上一个台阶。大家以后再接再厉!"

2009 年 10 月,KDDI 给了华为第一份合同,但它对华为并未完全信任。2009 年 11 月 16～23 日,KDDI 第三次来到华为,派出 8 名专家在华为现场蹲点,在生产线上全过程观看华为是怎么做产品的。产品从原材料分料到成品最后装箱,KDDI 的专家都要亲眼看到、检查过才放心。这为期 8 天的光网络 OSN1800 生产全过程厂验,对华为来说是第一次。从员工到高层主管,大家都在现场,一丝不苟,全程投入,用真诚和努力感动了客户,使客户终于对华为产生了信任感。最后,虽然 KDDI 提出问题点及建议共 24 个,但对华为生产过程质量控制系统很认可,对华为的工作表示很满意。

2011 年"3·11"福岛核事故期间,爱立信撤走了,华为的机会到了。华为的服务令日本人感动。到 2013 年,华为在日本的销售从 2011 年不到 5 亿美元,增长 3 倍接近 20 亿美元。

4. 进军美国市场

美国市场是全球最成熟、最高端、最具竞争的市场,这里对手最多最强。华为进入美国市场,标志着华为真正进入了国际市场。华为在国际市场上征战的最后"城头堡"就是美国市场,也是思科的大本营。而思科既是全球最大的电信设备供应商,更是全球领先的网络解决方案供应商,因此也是华为最难攻克的"最后堡垒"。

2003 年,思科向华为提出起诉,称华为窃取了思科的代码。当时的思科,号称是"永远也不会倒下"的互联网软硬件制造商,而那时的华为,不过是一个以低端形象示人的中国电信设备厂商。这是一场实力并不匹配的较量。2003 年,思科的销售额达 189 亿美元,华为销售额为 317 亿元人民币,海外销售仅 10 亿美元。不知是何原因,19 个月后,两家达成和解。不过,华为与思科之间发生的一场最后和解的诉讼,却令华为声名鹊起,因祸得福。因此,思科是华为的"恩人"。

在高科技超强的美国市场,初出茅庐的华为,与思科狭路相逢,并遭遇后者的狙击。美国一共有 1000 多家移动运营商,其中 AT&T 以 5800 万名用户、25%市场份额排名第一;Verizon 以 5670 万名用户、24.8%市场份额排名第二;Sprint 以 5189 万名用户、22%市场份额排名第三;T-Mobile 以 2410 万名用户、10%市场份额排名第四。前四强占据的市场份额高达 81.8%。这一格局让华为在北美市场仅占据 1%的份额。北美市场的领导者摩托罗拉 46%,阿尔卡特朗讯 21%,北电网络 13%,瑞典爱立信 10%。

不过,2015 年华为的美国市场计划推出新的版本:通过改变形象大举进军。2015 年 3 月,据路透社报道,在被美国国会议员们定义为一种国家安全威胁的两年后,中国华为公司打算推出新手机和可穿戴设备,通过市场营销努力赢得美国消费者。华为的意图在于,通过新手机直接吸引美国消费者,这些新手机同时包含高低端机型。华为还谋求与运营商们合作,通过亚马逊或是华为刚启动的美国直销网站 gethuawei.com 进行销售。

华为原本希望在 2018 年 1 月的国际消费电子展(International Consumer Electronics

Show，CES）上宣布与 AT&T 就 Mate10 Pro 智能手机的销售达成伙伴关系，但最后迫于政治压力，美国运营商变卦了。几天后，Verizon 也推翻了先前为华为销售手机的计划。3 月，原本与华为合作良好的美国最大电子产品零售商百思买，也停止从华为采购新款智能手机，停止销售其产品，决定结束这段合作关系。不同于中国的满大街线下店，大多数美国人通常都会通过运营商购买手机，而美国禁止运营商与华为的合作，几乎等于斩断华为进军美国市场的愿望。

5. 全球布局

为了有效利用全球资源，经过 20 年的筹划布局，华为形成了全球的多个运营中心和资源中心。

（1）行政中心。在美国、法国和英国等商业领袖聚集区，成立本地董事会和咨询委员会，加强与高端商界的互动。在英国建立行政中心，在德国成立跨州业务中心，提高全球运营效率。

（2）财务中心。新加坡财务中心、香港财务中心、罗马尼亚财务中心、英国全球财务风险控制中心，降低财务成本，防范财务风险。

（3）研发中心。俄罗斯天线研发中心、紧靠着爱立信和诺基亚的瑞典及芬兰无线系统研发中心、英国安全认证中心和 5G 创新中心、美国新技术创新中心和芯片研发中心、印度软件研发中心、韩国终端工业设计中心、日本工业工程研究中心等，有效利用全球智力资源。

（4）供应链中心。匈牙利欧洲物流中心（辐射欧洲、中亚、中东、非洲）、巴西制造基地、波兰网络运营中心等，提高全球交付和服务水平。

华为轮值 CEO 胡厚昆总结道："在资本、人才、物资和知识全球流动，信息高度发达的今天，'全球化公司'和'本地化公司'这两个过去常被分离的概念正变得越来越统一。华为的商业实践要将二者结合在一起，整合全球最优资源，打造全球价值链，并帮助本地创造发挥出全球价值。"

资料来源：陶勇. 华为国际化嬗变史. 经理人，2017（3）：26-37

华为投资控股有限公司 2017 年年度报告. http://www-file.huawei.com/-/media/CORPORATE /PDF/annual-report/annual_report2017_cn.pdf?la=zh

【问题】

1. 华为进入国际市场主要采用了哪种模式？为什么？
2. 华为在进入不同国家市场时遇到的问题有何不同？

第8章 公司层战略

多业务企业有两个层面的战略：业务层战略和公司层战略。公司层战略解决的问题主要有两个：一是选择进入哪些行业及其各项业务如何组合；二是公司总部如何对业务部门进行管理以增加价值。本章将介绍多元化战略的类型，分析多元化战略的利益和成本，探讨公司总部如何为业务单位增加价值等问题。

8.1 多元化的类型和动机

8.1.1 多元化的类型

鲁梅尔特按企业从事的多种业务之间的相关性，把多元化分为有限多元化（limited diversification）、相关多元化（related diversification）和非相关多元化（unrelated diversification）三种类型。如图8.1所示。

图 8.1　多元化的层次及类型

1. 有限多元化

如果一个公司所有或者大多数业务都在单一行业内，该公司实施的战略就是有限多元化。这种多元化包括两种：单一业务型公司和主导业务型公司。在图8.1中，单一业务型公司只从事一种业务，即业务A。主导业务型公司从事两种业务，即业务B和规模较小的业务 C，并且业务 C 和业务 B 有一定的联系。

需要说明的是，追求有限多元化战略的公司不重视在多个业务上提升它们的资源和竞争力，与从事专业经营的企业差异不大，因此不作为本章分析的重点。

2. 相关多元化

当一个公司在两个或两个以上的行业内开展经营活动时，就不再是单一业务型公司或主导业务型公司，它在追求一种更为高级的公司多元化。如果一个公司小于 70% 的销售收入来自同一行业，并且各种业务是相互联系的，该公司就实施一种相关多元化的战略。

多元化公司所从事的多元化业务之间有两种发生联系的方式。如果公司经营的所有业务都需要分享大量的输入品、生产技术、分销渠道和相似的客户等，那么这种公司多元化战略就叫作相关约束型多元化。在图 8.1 中，业务 D、E、F 描绘了相关约束型多元化战略中各种业务之间的共性。

如果一个公司从事的各种业务只在少数几个方面发生联系，或者不同的业务组合只在有限的维度上发生联系，那么，这种公司多元化战略就叫作相关联系型多元化。在图 8.1 中，业务 G 和业务 H 之间可能共享相似的生产技术，业务 H 和业务 I 之间可能拥有相似的客户，业务 G 和业务 I 之间可能不具有某种共同特性。

3. 非相关多元化

公司追求大量的没有联系的各种业务也是可能的。如果一个公司单一业务生成的销售收入小于销售总额的 70%，并且各种业务之间，即使有也只有很少的共性，那么该公司就实施一种非相关多元化的战略。在图 8.1 中，公司所从事的业务 J、业务 K 和业务 L 之间就不存在任何关系。

除了鲁梅尔特的综合分类以外，还有一些对多元化的其他分类。为了方便下面的分析，根据企业多元化是在横向上增加了产品种类还是在纵向上向上下游拓展，把多元化分为横向多元化和纵向多元化。横向多元化也就是经常说的多元化，包括相关多元化和非相关多元化；纵向多元化也就是经常说的纵向一体化，包括前向一体化和后向一体化。

8.1.2 多元化的动机

企业实施多元化经营，有多种考虑。但是，由于不同企业有不同的资源和能力，生存在不同的环境中，因此不同企业实施多元化的动机差异也很大。具体来说，企业实施多元化的动机有以下几种。

（1）提高企业的竞争优势。企业不同业务之间在市场上和价值链上的协同作用，使得联合经营两种业务能够产生超越分别单独经营的效果。

（2）降低经营风险。不同行业存在不同的经营周期，企业通过利用反周期理论对业务进行组合，可以平衡风险和稳定收益。

（3）提高经理人的利益。作为股东的代理人，总经理有自己独立的意志和利益追求。总经理可能出于降低自身就业风险和提高自身报酬水平的需要，而追求企业业务规模种类和数量的扩张。

（4）规避政府政策的限制。在美国，限制横向多元化和纵向多元化的反托拉斯法导致了20世纪60~70年代混合多元化的盛行，到80年代这些限制放松时，企业又回归主业的并购。

8.2 横向多元化

8.2.1 横向多元化的主要类型

横向多元化主要包括相关多元化和非相关多元化。其中，相关多元化又分为技术相关多元化和市场相关多元化。

技术相关多元化是指企业不同类型的产品为技术上相互关联的产品群。例如，日本的本田公司生产多种类型的产品，包括摩托车、轿车、割草机、动力机车等。尽管这些产品满足不同市场需要，但有一个共同点，那就是各种产品都跟发动机有关。研究发现，佳能公司的产品大多数都利用了它所擅长的光技术，而夏普的多元产品也充分发挥了它在光电结合方面的长处。也就是说，这些大公司多元化成功的背后，都有一种核心技术，或者说是核心竞争力的支持。

市场相关多元化，即企业生产的多种产品在销售渠道、销售对象、促销方法等方面有较强的市场关联性，能够获得市场营销方面的协同作用，使其产品群在市场营销方面具有一定的竞争力。例如，一家公司生产电视机、电冰箱、洗衣机等各种产品，但都统一于家电这个市场，通过相同的渠道销售产品，满足的都是家庭用户的生活需要。

8.2.2 横向多元化的战略利益

横向多元化的战略利益来源主要有共享活动、核心竞争力传递、市场影响力和财务经济四种类型。

1. 共享活动

共享活动是很常见的，尤其是在相关约束型公司中。在美国金伯利公司，纸巾和儿童纸尿裤两项业务都要以纸品作为生产流程的基本原料，那么建立一个纸品制造厂就可以为两项业务提供原料，这就是共享活动的例子。此外，纸巾和儿童纸尿裤两项业务都属于日用消费品，可以共享分销渠道。

一般而言，主要价值链业务，如输入物流、运营管理、输出物流等，有许多的共享活动。通过有效的业务共享活动，公司就可以获得核心竞争力。在内部物流上，各事业部可以共享同一个储运系统、仓库设施及其他质保措施；在生产管理上，各事业部可以共享组装设备、质量控制体系及维护保养体系；在外部物流上，各事业部可以共享销售人员及销售服务平台；在辅助性业务上，各事业部可以共享采购和研发等。

企业希望通过事业部之间的共享活动来增强竞争力并提高收益，但其他一些因素或多或少也值得考虑。例如，对于共享活动，各事业部之间要有一些管理规范措施，否则甲事业部经理可能会觉得乙事业部经理在共享活动中得到的益处远远超过本方所得到的益处，从而产生冲突。共享活动也是有风险的，因为一个事业部的风险可能传递到另一个事业部。如果一个事业部的产品卖不出去，另一个事业部因为风险均摊就会有类似遭遇，甚至成本也收不回来。共享活动对两个事业部同时获得竞争优势有影响作用，如果对活动共享的成本考虑不周密，共享活动就会失败。

研究认为，尽管共享活动有成本，但是事业部之间经营活动及资源的共享可以提高企业的价值，带来的收益远超过成本。例如，对同行业之间收购（称为横向收购）的研究（如对银行业的相互收购的研究）表明：活动及资源的共享形成的范围经济，会使企业的财务业绩以及对股东的回报比收购前更好。研究还发现，企业出售与主业相关的业务损失的范围经济大于出售与主业不相关的业务所造成的损失。这些都说明，多元化中通过活动及资源的共享所获得的范围经济对降低风险、增加回报是十分重要的。如果公司总部协调共享的能力强一些，共享活动获得的效果就更好一些。

2. 核心竞争力传递

长期以来，公司所拥有的创造竞争优势的无形资源（如专有技术）一直是公司的重要能力乃至核心竞争力的基础。在多元化公司，公司的核心竞争力主要是指与各项业务相关的一整套很复杂的资源和能力，具体表现为技术和管理两方面的知识、经验及专业技能。

市场营销方面的专业技能就是组成核心竞争力的一个部分。由于在获得市场营销的专业技能上已经有了一大笔开支，加上这种专业技能是无形的，对手既不容易看到，也不容易理解和仿效，因此将市场营销的专业本领，从公司内生产该专业本领的事业部传递到另一个事业部就可以降低成本，增加公司的竞争优势。菲利普·莫里斯之所以收购米勒酿酒公司，关键原因就是菲利普·莫里斯相信，它可以将它原有的市场营销方面的核心竞争力传递到米勒酿酒公司，从而增强竞争优势。

菲利普·莫里斯作为一家烟草公司，有独特的市场营销专业技能，之后它出手收购了米勒酿酒公司。正是这次收购事件，才开启了啤酒业真正的高效经营时代，而在此之前，啤酒业中没有哪家公司将市场营销能力作为竞争优势的来源。市场营销能力从菲利普·莫里斯传递到米勒就等于传递到酿酒业。米勒的营销行为，尤其是它的广告，成了它竞争优势来源。在很长一段时间内，米勒的市场营销活动为它赢得了超额回报。直到很多年后，酿酒业的龙头百威啤酒公司才开始仿效米勒建立了强大的市场营销体系，随后米勒遭到百威强劲的竞争反击。

许多公司在所属的事业部之间传递知识或能力的本领都很强。例如，菲利普·莫里斯经营烟草、食品及啤酒，共享独特的市场营销专业技能；维珍可以将它的市场营销能力传播到它所经营的旅游、化妆品、音乐、饮料及其他事业中；本田公司善于做大大小小的发动机,它将这一专业本领用到摩托车、割草机及一系列的汽车产品上。

3. 市场影响力

相关多元化可以增加企业的市场影响力。当一家企业能够以高出竞争对手的价格出售其产品,或其产品的生产成本低于竞争对手,或者两种情况同时出现时,这家企业就具有市场影响力。

通过多元化获得市场影响力的方法之一就是多点竞争。当两个或两个以上的多元化企业,在同一产品市场或地理市场竞争时,多点竞争就产生了。如果多元化企业相互之间在每一个市场上简单地硬碰硬竞争,多点竞争就变得无利可图。从长期看,如果企业都能后退一步,即相互克制(mutual forbearance),它们各自就形成了某种形式的相关多元化。通过降低竞争的激烈程度,每家企业都能获益。相互克制就是当两家或两家以上企业认为相互之间的过度竞争对谁都不利时,就会相互默契地停止过度竞争。

4. 财务经济

财务经济是指借助于企业内部或外部的投资,通过财务资源的优化配置实现的成本节约。研究发现多元化战略有三种财务作用:多元化和内部资本配置、多元化和降低风险、多元化的税收优惠。

1)多元化和内部资本配置

资本配置方式有两个方面:一方面,作为独立实体的业务经营活动可以从外部资本市场上吸引资本。通过向投资者提供高额的回报吸引他们来购买企业的股票,通过向外部投资者提供一个足够多的现金流,偿还他们的本金或者债务利息,或者通过其他的途径都可以吸收外部资本。另一方面,一个多元化公司从外部资本市场上吸引资本,然后再在内部各种业务之间进行配置。从这种意义上说,多元化战略创造了一个内部资本市场,在这个市场上,一个多元化公司内部的各项业务相互竞争公司内部的资本。

内部资本配置是范围经济的一种源泉。对于多元化公司创造价值的内部资本市场来说,它必须比外部资本市场具有更高的效率优势。有证据表明,内部资本市场之所以更有效率优势,是因为它们比外部提供者享有更为充分的、质量更高的关于本企业业务的信息。多元化公司管理层有关于公司内部各业务的详细信息,了解各项业务的真实业绩、前景和需要的投入,而外部资本供给者获得这些信息的渠道相对有限。

2)多元化和降低风险

多元化公司财务性范围经济的另一种形式,是多元化公司的现金流风险低于非多元化公司的现金流风险。公司可以通过长期现金流方面不是完全相关的多种业务来降低总体风险。

尽管一个公司可以通过多元化业务来降低总体风险,但是,这些降低风险的战略通常并不直接给外部股东产生价值。外部股东通常具有低成本的降低风险的办法,如外部股东可以通过直接投资或者通过共同基金投资于一个完全多元化的股票或者债券投资组合来降低风险。尽管旨在降低风险的多元化战略通常并不直接对外部股东产生利益,但是它可以通过促使公司的其他利益相关者在公司中进行专用性投资,而对外部股东产生间接的利益。

3) 多元化的税收优惠

多元化战略可能产生的另一个财务性范围经济是税收优惠。如一个多元化公司可以用某项业务的利润冲抵另一项业务的亏损,这样可以降低税收总额。

8.2.3 多元化战略的风险和成本

1. 多元化战略的风险

实施多元化战略的企业容易出现两种类型的风险,即要么忽视不同业务单位之间的相互关系,要么过于重视它们之间的相互关系。

1) 忽视相互关系时易犯的错误

(1) 误解业务单位的战略贡献。如果对企业内部多个业务之间的相互关系不能正确理解,则可能鼓励业务单位采取削弱相互关系和腐蚀企业整体地位的经营行为。

(2) 误解与主要竞争者形成相对的地位。如果多元化公司只在业务层面做出战略决策,则无法判断作为竞争对手的多元化公司在公司层面做出战略决策并提升了整体竞争地位的做法,也无法采取有效的对抗措施。

(3) 仅仅从事业务组合管理。如果多个业务存在着市场和技术方面的相互关系,仅仅采取现金流平衡的业务组合管理方法,有可能损害业务之间的协同能力。

2) 追求相互关系时易犯的错误

(1) 忽视从共用或转让技术中产生的副作用。有形的相互关系通常会涉及有关业务单位的某种妥协。相互关系的选择不当会损害所有有关的业务单位,从而降低战略利益。一些看似可以为其他业务单位共享的无形技术,尽管有一定价值但却意味着更多的配套投入,甚至对其他业务单位产生伤害。

(2) 追求一些小的价值活动的相互关系。一种相互关系的存在并不意味着应该围绕它建立一种横向战略,即使它是唯一可以获得的一种相互关系。

(3) 追求虚幻的相互关系。例如,不同业务在技术、物流、生产工艺及购买者等方面可能存在一些相似之处,但这种相似之处有可能只是表面上的,不一定能够实现协同效应。

2. 多元化战略的成本

实施多元化战略往往面临着一些额外的成本支出,表现为管理成本、过度投资、跨行业补贴、信息不对称和主营业务不突出。

(1) 管理成本。多元化经营企业为了实现整合或范围经济,部门间需要共享大量资源,需要复杂的监督、协调和控制机制,导致管理成本提高。当企业各个部门的业绩无法被直接监督或者衡量时,其工作积极性会降低。相关多元化企业的资源共享导致对单个部门的绩效考核变得更加复杂和困难,实现协同作用需要管理层花费更多的精力。

(2) 过度投资。多元化经营为企业建立一个内部资本市场,可以自由调度不同业务产生的资金流。但经营者出于自身利益更愿意看到企业规模的扩大和资产的扩张，可能将多元化的资金投入到一些效益不高，甚至效益为负的项目上。

（3）跨行业补贴。多元化经营企业，当某个业务部门资不抵债时，可以利用其他业务产生的盈利对亏损业务实施补贴，增加了亏损业务继续生存的可能性。另外，相互补贴作用，很容易使企业管理层采纳降低企业价值的投资项目，造成资源利用的不经济。

（4）信息不对称。多元化企业需要分权管理，但这又造成了高层管理者与业务单位管理者之间的信息不对称。事业部经理对本部门的情况更加了解，出于自身职业的稳定性及其他目的，可以利用这种信息优势实施有利于自己而不一定有利于整个企业的行动。

（5）主营业务不突出。多元化企业在多个行业从事经营活动，分散了主营业务上的资源，影响主营业务的竞争优势。例如，分散管理者对主营业务的注意力，减少在主营业务领域培养专长和进行创新的机会。

8.3 纵向一体化

纵向一体化是指企业沿着产业链进入上游或下游活动环节的一种发展战略。在纵向一体化战略中，企业应用内部的或管理的职能而不是利用市场职能去实现其经济目的，具体包括前向一体化和后向一体化两种类型。前向一体化战略是企业自行对本企业产品做进一步深加工，对资源进行综合利用，或者建立自己的销售组织来销售本企业的产品或服务。后向一体化则是企业自己供应生产现有产品或服务所需要的全部或部分原材料或半成品。

8.3.1 纵向一体化的战略利益

1. 经济性

把产业链上不同环节的活动放在一个企业内部来完成，有助于降低经营成本、提高经济效益。这种经济性体现在以下几个方面。

1）内部控制和协调的经济性

把供应链上紧密相连的几个部门联合起来，计划和协调生产操作以及处理紧急事件的成本就可能降低。在一体化企业内部，相邻的两个经营环节便于协调和控制。较稳定的原材料供应、交付产品的能力，可以促成生产计划和交货计划的顺利实施。改变产品包装形式、重新设计产品或者推广新产品都比较容易在内部协调，同时由于内部控制系统能减少零部件在途时间及库存水平，减少实现控制工作时所需的人员，因此这些事项在内部协调所花时间更短。

2）信息的经济性

一体化操作可以减少收集有关市场情况的信息需求，甚至降低获取信息的总成本。监视市场，预测供应、需求和价格的固定成本能够分摊到一体化企业内部不同环节，而对于一个非一体化经营的企业，供应链上的每一个企业都要承担这些费用。与由一系列独立的企业组成的供应链相比，一体化能使企业更快、更准确地获得市场信息，并且为一体化企业内部各个环节所共享。

3）逃避市场的经济性

通过一体化，企业能够节省一部分谈判、定价、销售等市场交易成本。虽然在一体化企业内部，进行协商也需要花费成本，但由于减少了部分销售与采购活动，不需要广告费用，因此内部协调的成本有可能小于市场的交易成本。

4）稳定关系的经济性

对于两个独立的上下游企业，在成交过程中买卖双方都面临着被其他竞争者排挤的竞争风险。一体化企业内部上下游的稳定关系可能使上游业务单位调整其产品，使之完全满足下游部门的需要，或者下游部门调整自身使之更加适合上游部门产品的特性。如果没有一体化，它的实现要求风险保险金，这样就提高了成本。

2. 有利于技术开发

上下游各个环节在技术上具有关联性。对于一些从事部件开发的企业来说，理解某个特别元器件技术是提高部件性能的关键因素，因此企业就可能进入特定零部件的研发和生产领域。在许多领域里，零件生产者前向一体化，试图完全理解零件的用途，也是出于改进零部件技术性能的需要。由于完全一体化带有某些技术风险，因此许多企业采取了部分一体化的方式，只是进入上下游环节的某个特定方面。

3. 保证供应/需求

纵向一体化保证企业在供应紧张阶段能得到有效的供应，或者在总需求量不大的阶段保证产品有销路。一体化保证下游部门需要上游部门的产品，但对上游部门产品的这种需求取决于下游部门市场竞争的成果，如果对下游部门产品的需求量下降，对上游部门产品的需求量就相应减少。

4. 抵消议价能力与投入成本失真

如果一个企业在与它的供应商或客户做生意时，供应商或客户拥有较强的议价能力，那么通过一体化，抵消的议价能力不仅降低供应成本（通过后向一体化），或者提高价格（通过前向一体化），而且企业通过消除与具有很强议价能力的供应商或客户所做的无价值的活动，使企业经营效率更高。

后向一体化还有一个潜在益处，企业可以了解一体化前所购买的投入物的真实成本，这样企业就可以根据各种投入物的真实成本，对投入进行优化组合，从而改善企业的效益。

5. 加强区别于其他企业的能力

通过纵向一体化，企业可以利用独特的产品零部件来塑造企业的产品特色，塑造企业独特的销售模式和售后服务，在产品和服务等方面有效地区别于竞争对手。

6. 提高进入和移动壁垒

如果一体化增强了企业的竞争优势，那么它就提高了进入和移动壁垒。新进入者被迫作为一个一体化企业进入，否则将面临一种劣势；没有一体化的企业必须一体化，否则将承担同样的结果。企业一体化的利益越大，则潜在进入者和竞争者进行一体化的压力也越大。如果一体化产生很大的规模经济或资本需求，则一体化经营就会增加产业中的移动壁垒。

7. 进入高盈利业务领域

随着行业结构的变化和技术的变革，产业链不同环节的利润率会发生较大的变化。这时，进入上下游有助于改善自身的盈利状况，而这种改变不是由于一体化本身的范围经济，而是来自新增加的环节更高的利润率。

8. 突破行业限制

如果竞争者都是纵向一体化企业，一体化就具有防御的意义。因为竞争者的广泛一体化能够占有许多供应资源或者拥有许多称心的客户或零售机会，所以，为了突破竞争对手的防御，企业不得不实施纵向一体化战略。

8.3.2 纵向一体化的战略成本

1. 承担内部供应商的高成本

在低成本的外部供应商存在的情况下，如果企业承诺从企业自有的供应商那里购买投入品，就可能增加成本。

2. 放大经营风险

纵向一体化增加了企业的固定成本部分。如果企业在某一市场上直接购买一批产品，那么所有成本都是变动的。如果在一体化企业内部生产原材料，即使最终产品的市场需求下降，企业也必须承担生产过程中的固定成本。由于下游部门的销售量影响上游部门的销售量，在一个环节引起波动的因素也在整个一体化链中引起波动。经营周期、竞争或市场开发等引发的对本企业最终产品需求波动，增加了企业收入上的周期性变化，放大了经营风险。

3. 降低更换合作者的灵活性

纵向一体化意味着一个企业的命运与上下游任一环节的成败建立关联。当上游环节提供的产品质次价高、供货不及时，当下游环节营销能力下降时，企业由于不能及时采用新的供应商和销售商而导致企业自身陷入困难的境地。例如，曾经处于领先地位的加拿大香烟生产商艾马斯科（Imasco）公司后向一体化与包装材料生产企业建立关系后，由于技术变化使这种包装形式劣于其他形式，而具有竞争力的包装是其供应商不能生产的。在经历了许多磨难后，艾马斯科公司最终决定放弃这个供应商。由于采用一体化经营后，企业难以对不同环节的竞争水平做出真实客观评价，导致企业不能及时采取针对性措施，从而面临更大的经营风险。

4. 提高退出壁垒

一体化经营进一步提高了资产专用性，加强了企业内部纵向的技术联系和感情关系，最终有可能提高了退出壁垒。

5. 放大资本投资需求

产业链上不同企业的投资收益率是不同的，一些环节受不利产业结构的影响可能无利可图。而一体化企业出于维护纵向产业链完整性的考虑，按照整体需求对每个环节进行投资，致使对于部分环节的投资回报低于投资的机会成本。对投资回报率低、按照投资的机会成本评估不应该进行投资的环节，在企业采取了一体化的经营方式后，也不得不进行投资，从而放大了投资需求，而这种投资需求又不能产生高的成效。

6. 阻止对供应商和客户的研究

通过一体化，企业切断了与市场上其他供应商及客户的技术联系。这意味着一体化的企业必须独立进行技术研发，而不是依靠其他企业。当许多独立的供应商或客户从事研发工作并取得了很多研究成果，或者他们掌握了某种难以模仿的技能时，一体化企业就会面临更大的技术风险。即使企业仅仅是部分一体化，仍然在市场上购买和销售一部分产品，但由于企业本身与其供应商及客户间存在着竞争，其技术风险还是存在的。

7. 增加保持供需平衡的成本

一体化企业中上游部门与下游部门的生产能力必须保持协调，否则会出现问题。纵向链上有些环节的需求可能超出上游环节的生产能力，有些环节的产量可能超出下游环节的需求，这就造成企业必须在市场上购买或销售一部分产品，从而使得纵向一体化企业被迫从竞争者处购买原料或向它的竞争者销售产品。由于担心得不到优先权，或者为了避免加强竞争者的地位，它可能不情愿地与竞争者做生意。

8. 减少市场激励

纵向一体化拉长了企业内部的供应链，使得市场竞争的压力在企业内部的传导更加困难，导致企业内部上游环节因感知不到市场压力而减弱改善经营活动的积极性。尽管一些一体化企业试图采取内部模拟市场的方式，要求上下游环节签订类似市场交易的买卖合同，但是这种合同往往比较宽松，不能彻底解决市场激励问题。

9. 不同的管理要求

尽管一体化企业内部存在纵向关系，但是企业内部上下游不同环节也可能在结构、技术和管理上有所不同。如何管理这样一个上下游环节具有不同特点的一体化企业，也是决策要考虑的一个主要风险因素。

8.3.3 前向一体化的特殊战略利益

（1）不断改进，使产品具有特性的能力。企业采取前向一体化战略进入销售环节，有助于建立与企业提供的产品相适应的销售和客户服务，有助于提高销售人员的形象，规范客户服务内容，提高客户服务的品质，塑造企业的产品差异化。在增强产品特性的同时，企业也提高了移动障碍。

（2）进入销售渠道。前向一体化解决了进入销售渠道的问题，并且取消了销售渠道拥有的议价能力。

（3）较好地获取市场信息。在市场拉动型的产业链中，对最终产品的需求引发对上游环节投入的需求。因此，采用前向一体化的企业就有可能比没有采用前向一体化的企业更早地获得有关市场需求的关键信息，更早地做好调整生产的准备，降低产品过多或产品不足造成的成本，使纵向产业链的各个环节更加协调。

（4）实现较高的价值。在条件允许的情况下，对同一种产品，通过对不同客户的区别定价，前向一体化企业可以提高销售收入。有时，企业为了使产品价格更好地符合企业最终客户的需求特性，而实施一体化。例如，由于一些客户较其他客户更强烈地需要这些产品，他们愿意付出较高的价格。由于企业不能计算产品的使用率，企业可能难以使其产品价格与产品使用率相符。但是，如果企业提供收费服务，或者销售互补品，它就能制定一个较低的基本产品价格，并且通过这些附带产品和服务，重获产品的需求弹性的利益。

8.3.4 后向一体化的特殊战略利益

（1）专有知识。企业对投入物的特殊需求要求供应商具有专门的技术和能力，而一旦企业对供应商形成了依赖，则供应商就会借专有知识而提高议价能力。企业通过后向一体化进入上游环节，生产自己所需要的一部分投入，可以避免对供应商的过度依赖。

（2）差异化。后向一体化能促进企业产品差异化，虽然这种情况的发生不同于前向一体化，但通过获得对关键零部件生产的控制，企业能够更好地使其产品具有特色，使产品更可靠。例如，如果一体化使企业生产具有某种特殊技术的产品，就可以改进其最终产品或者至少使其最终产品区别于竞争对手。

8.4 业务组合优化方法

1. 波士顿矩阵分析法

波士顿矩阵是美国波士顿咨询公司（Boston Consulting Group）在1960年开发出来的。其基本思想是将企业生产经营的全部产品或者业务的组合作为一个整体进行分析，该方法常被用来分析企业各业务之间现金流的平衡问题。通过该方法，企业可以找到使其内部资源与外部环境相适应的业务组合战略。

图8.2为波士顿矩阵的基本示例。其中，横轴表示企业在行业中的相对市场份额地位，即某项业务的市场份额与这个市场中最大的竞争对手的市场份额之比。纵轴表示

市场增长率，即企业的某项业务前后两年行业市场销售额增长的百分比。图中每个圆圈表示企业的一项独立业务，其面积代表了该项业务的收益与企业全部收益的比例。从这个图能非常清晰地发现企业某项业务的收益、市场份额和收益增长情况，为制定业务战略提供信息基础。

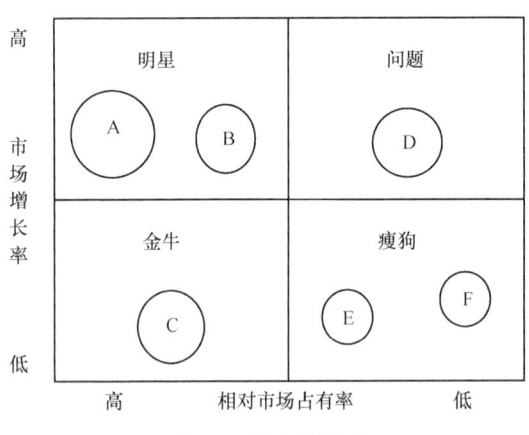

图 8.2　波士顿矩阵

（1）明星类业务是指在增长型市场中拥有较大市场份额的业务单位。此类业务在增长和获利上有极好的长期机会，但需要大量资金投入。为了保护或巩固并扩张明星类业务在增长型的市场中的主导地位，企业应在短期内优先给此类业务提供所需的资源，引导这类业务的发展并使其转化为金牛类业务。

（2）问题类业务是指处于增长型市场中，但没有较大市场份额的业务单位。此类业务需要大量投资，但产生的现金流很小。企业需要对这类业务进行分析，判断使其转移到明星类业务所需要的投资量，分析其未来盈利能力，研究是否值得投资等问题。

（3）金牛类业务是指在成熟市场中拥有较大市场份额的业务单位。此类业务盈利能力高，本身不需要投资，且能为企业提供大量的资金，用以支持其他业务的发展。

（4）瘦狗类业务是指在停滞或萎缩的市场中拥有较小市场份额的业务单位。这类业务利润低，不能为企业提供资金，且需要投入更多资金。如果这类业务能自我维持，则应缩小其经营范围；如果失败或难以经营，则应及早采取措施，清理业务，退出经营。

波士顿矩阵通过明确各项业务的环境和绩效表现，帮助企业明确各项业务的现状和前景，判断各项业务的机会和威胁，强项和弱项，采取相应的策略。当企业多元化经营时，需要用该方法辅助战略思维。需要指出的是，这种方法假设业务是相互独立的，忽视了业务之间存在的技术和市场联系，导致对个别业务的处理有可能伤害到企业的核心竞争力，并进而对其他业务产生不利的影响。例如，如果金牛类业务和瘦狗类业务是互补的业务组合，放弃瘦狗类业务，那么金牛类业务也会受到影响。

2. 通用电气业务组合模型

通用电气业务组合模型又称行业吸引力和企业竞争力矩阵或通用电气矩阵，是美国通用电气公司在麦肯锡公司的帮助下开发的一种投资组合分析方法。通用电气矩阵是对波士顿矩阵的改进，在评价指标上增加了许多中间等级和战略变量，通用电气矩阵不仅适用于波士顿矩阵所能适用的范围，而且对需求、技术寿命周期曲线的各个阶段以及不同的竞争环境都适用。通用电气矩阵开发了九个象限，更好地说明了企业中处于不同地位经营业务的状态，使得企业可以更有效地分配有限的资源。

图 8.3 为通用电气矩阵的基本示例。经营业务的竞争地位和行业吸引力决定着企业某项业务在矩阵上的位置。

	竞争地位		
行业吸引力	强	中	弱
高	扩张	扩张	保持
中	扩张	保持	收获
低	保持	收获	收获

图 8.3　通用电气矩阵

企业利用通用电气矩阵比较其经营业务以及决定其资源的分配方式时，必须估价行业吸引力及经营业务的竞争地位。影响行业吸引力的因素包括行业增长率、市场价格、获利能力、市场结构、技术及社会政治因素等。评价行业吸引力的具体步骤是：首先根据每个因素的相对重要程度，定出其权重；其次根据业务定出行业竞争力因素的级数；最后用权重乘以级数，得出每个因素的加权值，并将各个因素的加权值汇总。影响经营业务竞争地位的因素包括市场份额、市场增长率、买方增长率、产品差别变化、生产技术、生产能力、管理水平等。评价原理与评价行业吸引力的原理相同。

从通用电气矩阵的九个象限来看，对处于左上方三个象限的业务，应采取增长和发展的战略，企业应对其优先分配资源；对处于右下方三个象限的业务，应采取停止、转移、撤退等战略；对处于对角线三个象限的业务，应采取维持或有选择地发展的战略，保持规模，调整发展方向。

8.5　多元化与可持续竞争优势

部分研究表明，相关多元化的价值比较大，非相关多元化的价值比较小。然而，有价值的多元化战略并不一定就是持续竞争优势的源泉。多元化要想成为持续竞争优势的源泉，它不仅必须是有价值的，还必须是稀缺的、难以模仿的和不可替代的，并且企业还要有效地组织和实施这种战略。

1. 多元化战略的稀缺性

表面看来多元化战略并不具有稀缺性。多数的大型公司都已经采取了一定形式的多元化战略，甚至许多小型和中型的公司也已经采取了不同水平的多元化战略。

然而多元化战略的稀缺性并不取决于多元化本身，而是取决于由多元化战略产生的特定范围经济的稀缺性。如果只有少数的竞争对手获得了某种范围经济，那么这种范围经济就是稀缺的。如果大量的竞争对手都能获得这种范围经济,那么这种范围经济就是普通的,就不能成为持续竞争优势的源泉。

2. 多元化战略的可模仿性

有价值的、稀缺的多元化战略能否避免直接复制,取决于竞争对手实现相同的范围经济所需耗费的成本。如表 8.1 所示,有些范围经济的复制成本通常远大于另外一些范围经济的复制成本。

表8.1　范围经济的可复制程度

难以复制的范围经济	较易复制的范围经济
核心竞争力	共享活动
内部资本分配	风险降低
多点竞争	税收优势
市场影响力	雇员薪酬

共享活动、风险降低、税收优势和雇员薪酬通常很容易被复制。因为共享活动建立在多种业务的有形资产之上,相对来说容易被竞争对手描述和复制。因此,像共同的研究和开发实验室,共同的销售团队和共同的生产设备等共享活动通常都是容易被复制的。对于共享活动来说,一个挑战是企业需要在不同的业务部门间建立合作关系,以使得共享活动产生的价值超过使共享机制发生作用所需要的管理成本。风险降低、税收优势和雇员薪酬既可以在相关多元化战略下实现,又可以在非相关多元化战略下实现,因而这些范围经济也是比较容易复制的。

核心竞争力、内部资本分配、多点竞争和市场影响力所产生的范围经济模仿起来比较困难。核心竞争力通常是无形的,因而难以复制。范围经济的实现需要企业具备处理大量信息的能力,这些能力也是难以开发的。多点竞争需要业务之间密切协调,这种协调工作具有复杂的社会背景,因而也可能免于被直接复制。另外,市场影响力来自企业在某项业务上先行建立的一种力量,一个不具有市场影响力的企业需要先行建立这种力量,因此模仿市场影响力的成本也是高昂的。

3. 多元化战略的替代

多元化战略有以下两种明显的替代方式。

一个企业可能希望单独发展和扩大各项业务,而不想开发多元化业务之间的范围经济。因此,在单一业务中成功实施成本领先和差异整合战略的企业也能够获得范围经济所包含的成本或者收入优势,而且不必在交叉业务之间建立各种联系。在多元化公司中,独立地发展各种业务能够成为多元化战略以及范围经济的替代。雀巢公司就选择了这种方法,在各种业务之间开发出了很少的范围经济。雀巢公司独立地发展各项国际业务,却获得了相关多元化战略所具有的成本或者收入优势。雀巢公司在美国的经营规模如此之大,以至于无须依赖范围经济就可以获得一个在生产、销售和营销方面的规模经济。

在战略联盟里可以找到多元化战略的另外一种替代。通过建立战略联盟可以获得多元化业务所包含的范围经济。例如，为了获取研究和开发方面的范围经济，一个公司无须在本公司的业务之间寻找机会，它完全可以同其他的公司建立战略联盟，成立共同的研究和开发实验室。为了获取销售方面的范围经济，一个公司无须使本公司的各种业务共享同一个销售团队，只要同其他的公司共享一个销售团队，签订一个销售协议，就可以获得成本或者收入优势。

多元化战略要想获得成功，就必须存在范围经济，而且为了实现这些范围经济，还必须在公司范围内进行某些交易。也就是说，如果一个企业追求多元化战略，进入具有范围经济的某项业务，并且这种范围经济只有通过等级制治理的形式才能实现，那么其他企业就不可能通过一些非等级制治理的形式，包括战略联盟来实现这些范围经济。

8.6 总部的价值

为了调动业务单位的积极性，大多数多元化公司都将权力下放，让经营单位自主经营、自负盈亏。但是，只分权而不加以控制，就会诱使经营单位的经理只追求本单位的最大利润而不顾及企业的整体效益，从而破坏了经营单位间的相互协作关系。一些大型多元化公司管理上的通行做法（如奖励制度和转移定价政策）也妨碍经营单位间相互合作关系的实现。一些经理反对相互关系这个概念，其中一个重要原因就是，即使某些相互协作关系明显有益于企业，但要实现这种关系却面临着许多困难。但是，如不能克服这些困难，强调协同的多元化战略则会失败。

8.6.1 总部实现经营单位相互联系的障碍

1. 经营单位的利益不一致

有些经营单位经常反对相互合作关系，其原因在于利益不同或利益看上去不一致。这是因为经营单位的规模不同、战略不同，在实现相互合作关系中所产生的竞争优势强弱也不同。有时，某种相互合作关系明显有利于整个公司，但对某个具体经营单位的作用却可能完全相反。除非公司在激励制度设计上反映了这一差别，否则要想让该经营单位同意为实现这种相互合作关系做出努力是极其困难的。相反，他们会在讨论如何确定各方应承担的成本以及分享收益的程序时纠缠不休，并使谈判毫无收获。结果是：明显有利于各有关经营单位的相互合作关系，一经各方确认，就能很快实现，而利益不一致的相互关系常常无人问津。

2. 害怕失去经营自主权和控制权

经营单位的经理们有时担心丧失经营自主权，从而反对相互合作关系，其中的理由如下。

（1）保护地盘。经营单位的经理对别人侵入自己的地盘保持警惕。他们通过对业务活动的控制，在公司内部发挥自己的影响力，并满足自身的各种需要。自主权与对业务活动的全面控制密切相关，为了保持自主权，经营单位的经理们决不会自愿交出与控制权有关的各项职能。

（2）害怕削弱与购买者的关系。经营单位常常因为害怕失去买主或损害与客户的关系而反对在销售方面实现相互合作关系。经营单位担心其合作单位会挖走自己的买主，损害自己的形象，侵害自己作为公司主要代表的地位。例如，证券经纪人不愿意让母公司里的其他单位知道其客户名单，尽管他们之间在财务上存在着相互合作关系。

（3）无法"解雇"兄弟部门。经营单位在与外部企业打交道时常常感到还能控制局面，而在与本系统兄弟部门协作中却不得不背上服务、交货或产品问题纠纷的包袱。与兄弟单位合作被认为会使本经营单位在交易中处于不利地位。因为一旦发生争执，公司总部就要干预，即使兄弟单位经营状况不佳，也不可以中断合作关系。

（4）共享活动中优先顺序上的矛盾。经营单位发现，它们在共用销售力量、物流系统或开发中心等价值活动中，在如何确定优先顺序上常会发生矛盾。以共用开发中心为例，把时间分配在工程技术方面，也许只有利于那些有这类紧迫需要的经营单位；而共用营销力量，则不可避免地会把力量主要放在特定的几类产品上。尽管从整个公司的角度来看，确定优先顺序也许是合理的，但是经营单位的经理并不欢迎这种不得不牺牲本单位发展计划的做法。因此，经营单位的经理先是反对这种合作，而合作关系一旦建立，就又试图使本单位成为独立自治的单位。

（5）因经营不佳受到不公正的责备。经营单位的经理常常害怕因相互合作关系失败而使自己受到不公正的待遇。他们感到人们可能根据其经营效果来评价自己，但是自己却又无法完全控制经营效果。这样一来，反而会迫使这些经理放弃相互合作关系的利益，去确保控制住自身的命运。

3. 有偏见的绩效考核制度

经营单位在合作关系中的贡献，常常难以量化、难以衡量，因此一些企业只是要求各经营单位为合作做贡献，但是在考核时还是仅仅考核经营单位自己的业绩。因此，许多经营单位的经理不愿意去参加这种承担分摊成本，但受益却少于合作方的合作关系。另外，一些企业在会计核算上的一些做法，也导致经营单位为了满足生产的需要，宁愿自己投资也不愿建立与其他部门的合作关系。例如，设备投资计入资本项目，而对合作关系的投入却必须计入当期成本。

4. 经营单位的个性差异

各个经营单位在管理方式、文化等方面存在差异，使得相互合作变得困难。影响相互合作的主要个性差异表现在如下几个方面。

（1）认可度上的差异。当经营单位的历史和特点与母公司截然不同时，实现相互合作关系就很困难。例如，有些经营单位是母公司在市场上收购的，或者有独立的名称并一直独立经营，尽管属于公司总部的下属经营单位，但是对本经营单位的感情往往要比对母公司深，在情感上并不认可自己是母公司的一部分，也不愿意接受母公司的管理。

（2）文化上的差异。文化差异包括人际行为准则、专用术语和基本的经营理念。这类差异可能阻碍相互交流，导致难以建立和维持工作关系。在被兼并的经营单位中，或在具有强烈自主倾向的多元化公司里，这个问题往往特别突出。

（3）管理者风格上的差异。如果各经营单位经理的背景、能力和风格不同，强行实行相互合作关系也可能很困难。

（4）程序上的差异。各经营单位因为作业程序不同而难以实现相互合作关系。经营单位需要合作时，就会产生摩擦和混乱，为协调所付出的成本也很高。

5. 担心分权会受到损害

一些企业的高层管理者认为对经营单位的分权管理有助于经营单位积极性和创造性的发挥，同时由于职权明确、责任清晰，有助于对经营单位的经营绩效进行横向比较并做出相应的处理。高层管理者担心过于强调相互联系有可能损害各个经营单位的创业精神，并且造成绩效考核的困难，进而为经营单位完不成任务提供借口。

6. 担心相互合作有损公平

公平合理几乎是所有企业信奉的一条原则。在某些经理心目中，相互合作关系和公平合理是相互矛盾的。相互合作有时会有利于一方，而不利于另一方，造成不同业务单位业绩指标的提高和降低，甚至使得经营效果不那么好的经理受到奖励。

8.6.2 公司总部的角色定位

对于多元化公司来说，为了更好地实现经营单位之间的相互合作关系，增加企业整体价值，总部应该对其角色进行科学定位。

1. 组合管理者

组合管理者的职能定位类似于金融市场和股东，通过采取比金融市场更高效的措施，提高各个业务单位所创造的价值。它们的作用就是发现被低估的资产或业务，收购并改造它们。例如，它们可能收购一家企业，剥离业绩不佳的业务，鼓励那些仍有潜力的业务改善业绩。它们可以降低公司总部的运营成本。例如，安排少量的总部人员提供很少的总部服务，给予经营单位更大的自主权，同时对其设立明确的财务目标。达成目标后，给予丰厚奖励；如果没有达标，就没有奖励，甚至撤职换人。

公司总部不直接参与具体经营单位的战略制定工作，只是对各个经营单位设立财务目标，对其业绩和未来前景进行集中评估，并相应做出投资或剥离决策，这样公司总部才可以管理许多完全不同的业务。

2. 重组者

从某种程度上说，重组者和组合管理者有类似之处：公司总部的成本都较低，而且都很少参与业务单位的活动。但是,重组者善于识别多项业务中的重组机会,并具备改善业绩的技能。它们的业务组合范围可能相当广泛,但是它们在经营单位中却只发挥有限的作用,与组合管理者类似的做法是,识别扭转业绩的方法,改善业绩及在重组期间进行管理。重组者会收购一家企业,转手出售那些在它们看来缺乏重组或改进机会的业务,而对于那些保留下来的业务,它们会从总部派遣专门的管理人员帮助这些业务走上盈利之路。然后,就放手让这些业务自己发展。重组者强调的也是业务单位的独立性,并且公司总部也规模较小,但公司总部人员具备扭转不利经营局面的专长。根据战略业务单位的业绩表现,而不是根据业务整合程度或各个业务单位之间的协同效应,决定激励措施。

一部分人认为公司总部作为组合管理者和重组者的时代已经过去了。这主要是因为,金融分析家和投资者已经变得更擅长分析商务机会,并识别业绩不良的业务。也有迹象表明,一些金融机构正越来越多地插手公司事务。因此,公司总部作为代表投资者的"代理人"的作用就被削弱了。

3. 协同效应管理者

协同效应通常被认为是公司总部存在的理由。协同效应一般产生于这样的情况:存在具有互补性的两个或两个以上的活动或者过程,它们之间整合的效果大于每个单独部分的效果之和。从公司战略的角度来看,各个业务部门之间的合作可以创造更多的价值。协同效应可以通过活动共享、核心竞争力的传递等来实现。对于公司总部来说,想要实现协同效应,一是要善于识别可能产生协同效应的业务领域和活动环节,二是要建立实现协同作用所需要的管理和技术手段以及支持性的文化。发现具备潜在协同效应的活动环节已属不易,而建立实现协同效应的机制则对公司提出了更高的管理要求。

4. 能力培养者

能力培养者利用总部的核心竞争力为其下属业务增值。在这种情况下,总部的作用与协同效应管理者不同的是:总部不是帮助业务单位创造和开发价值,或是在业务单位之间进行技能转移,而是需要对自身所拥有的,可以用于挖掘业务单位潜力的相关资源和能力有较清楚的认识。例如,如果企业有把国内业务进行国际化的丰富经验,或是有一个可以提升商业形象的知名品牌,或是在财务管理、品牌营销或研发领域拥有专长,那么公司总部的管理者就需要识别一个"培育机会",即还没有充分发挥潜力,但通过运用公司总部的能力可以改善业绩的一项或多项业务。例如,可以通过更大程度上的国际化、品牌建设或总部的研发支持来改善某项业务。

但是,以此为基础对组织进行管理也面临以下挑战。

(1)如果公司总部识别出自己只在某些有限的领域具有增值能力,这就意味着总部不应该在其他领域提供服务,或者即使提供服务,也应尽可能将成本降至最低。

(2)公司总部还有一项极具挑战性的职责,即明确如何才能为业务单位增加价值。如果公司总部对自己的增值能力进行了错误的定位,那么业务单位不但不受益,相反还会因受到总部的干涉而降低生产力。

（3）公司总部有时会发现，对于公司业务组合中的某些业务单位而言，总部提供增值的能力有限，这可以帮助总部识别出不应包含在公司业务组合中的一些业务。有时，公司总部发现自身缺乏能力给予支持的下属业务单位，恰恰独立运营良好、业绩突出而且不需要总部的支持。

习　题

1. 描述多元化战略的分类。
2. 描述企业多元化的动机。
3. 描述横向多元化战略利益的来源。
4. 描述纵向一体化的战略利益。
5. 描述波士顿矩阵的用途及其局限性。
6. 描述多元化公司总部角色定位的类型。

案例8　湘鄂情的前世今生

1. 湘鄂情的出生

孟凯出生在武汉，他长得浓眉深目，四方脸，容易让人过目不忘。从电力技校毕业后，18岁他便顶父亲的职进入武汉重型机床厂做了车间工人。与很多年轻人类似，孟凯很快厌倦了循规蹈矩的生活。1年后，他便南下去了深圳。那是1988年，深圳已做了8年的经济特区，成为中国所有淘金者的矿场。

孟凯还太年轻，他没有文化和积累，在深圳折腾了几年，做过工人，炒过股票，一直到1994年，并无太大收获。如果非要说发生什么"赚了的"大事，就是娶了一个湖南姑娘周长玲。一个湖北人，一个湖南人，两湖的结合给孟凯带来了生意上的灵感。1995年，孟凯跟妻子在深圳蛇口开了湘菜馆，在脏兮兮的摩托车维修店边上，以2万元和4张桌子正式进军餐饮界。

财富原始积累的故事总是少不了辛酸，以及与付出的劳力不成正比的收获。孟凯身兼服务员、采购员和收银员，必要时也得抡大勺做主厨。他每天还要在那台486电脑上做表格，统计每个月排名最尾的5个菜，换掉。这真是一段"激情燃烧的岁月"。只是，开馆半年多一直在亏钱，合伙的朋友撤了资，只剩孟凯一人苦苦支撑。

孟凯十分喜欢结交朋友，他的江湖气在一定程度上成就了他的事业。一年多后，他的店成了两湖人在蛇口聚会的"根据地"，孟凯在此过程中不断扩大朋友圈和人脉。1997年，最初40多平方米的苍蝇小馆，已经成了一座1000余平方米的酒楼。紧接着，在深圳开了两家店后，湘鄂情就走上了扩张之路。

2. 在政府机关周围频繁开店

1998年,一次机缘巧合之下,孟凯跟一个朋友去人民大会堂吃了一次饭。那成了决定孟凯去北京发展的一个瞬间。"我爱上了北京",这是在公开媒体资料上的记录,称孟凯在北方城市考察了一圈后,发出了这样的感慨。

孟凯倾尽所有凑了300万元北上,在海淀区定慧寺的路边开了第一家湘鄂情,那里是八大部委集中的地方,离空军干休所不远。跟深圳不同,孟凯在北京选择了另外一条发展之路——做高档餐饮,瞄准公务宴请这块市场。他在湖南湖北菜的基础上,引入粤菜海鲜,一顿餐费价格常常过万。

孟凯对北京的湘鄂情极其上心,他不仅全程指导装修和菜品,还常常挨个下包厢向客人敬酒,穷尽心思投客户之所好。此后,湘鄂情又先后在北京开设分店,位置都选在政府机关单位附近。很快,中高端路线的北京店面给孟凯带来了极大的回报,2002年时,北京湘鄂情的年营业额达5500万元,成为最赚钱的饭店之一。

而孟凯也在北京以外的地方,将高端餐饮市场搞得风生水起。在此过程中,孟凯并非没有遭遇过危机,投资方突然撤资,资本市场曾经给扩张中的湘鄂情迎头泼了冷水。但孟凯却迅速做出反应,砍掉末位业务和酒楼,筹措资金赎回股权,并迅速进行产业和资本整合。这是他在资本市场的天资。

到了2008年底,湘鄂情在全国拥有直营店13家、加盟店8家,全年销售额达到6.12亿元。2009年11月,湘鄂情以14家直营店、9家加盟店登陆深圳中小板,成为第一家在国内A股上市的民营餐饮企业,募集9.5亿元资金,上市当天,收盘总市值超过53亿元。而孟凯的身家也随之水涨船高,以39.37亿元问鼎餐饮界首富。

然而,到达光明顶上,孟凯和他的湘鄂情却很快便迎来毁灭性的打击。2012年"八项规定"出台,湘鄂情陷入前所未有的危机。公款消费处于风口浪尖,整治力度之大,使得所有高端餐饮企业均未能逃过一劫。祸不单行。那年5月,湘鄂情发行了5年期、票面利率6.78%的4.8亿元"ST湘鄂债",发行约定,在第三年末,投资者可选择将持有的部分或全部债券回售给公司,回售部分债券的兑付日为2015年4月5日。这也就意味着,如果所有投资者选择债券回售,届时公司支付的本息最高将达5.13亿元。根据财报,2012年湘鄂情的营收为13.79亿元,净利润1.02亿元,这也成为湘鄂情历史最好的成绩。次年,政策发力后,效应显现,湘鄂情出现大面积亏损,高达5.64亿元。

3. 转型之路

为扭转业绩,孟凯多次尝试借助资本市场进行博弈,开始了公司转型求生的各种尝试,从环保、影视到高科技,试了个遍。2013年4月,孟凯举牌上市公司三特索道,旨在转行旅游业以平衡餐饮业风险,但随后遭到三特索道高管层定增反击,最终孟凯放弃控股想法,开始于2013年底大量减持该公司股票。

2013年7月,湘鄂情拟以2亿元收购江苏中昱环保科技有限公司51%股权转型为环保企业,5个月后,又通过两笔交易以9100万元收购另一家环保企业100%股权。"(进军环保)当时曾有数位高管反对,最终被孟凯一一说服。"湘鄂情公司内部人士曾向记者透露。

2013年9月25日，湘鄂情发布公告，公司面临被武汉拉斯维加娱乐有限公司借合作经营之名骗取6000万元的风险。孟凯为了避免上市公司受损失，以个人资金收购上述纠纷土地使用权，花费7200万元。

根据记者了解，孟凯在公司对外投资、收购出售资产、资产抵押、对外担保事项、委托理财、关联交易等事项中都享有决定权。更有媒体报道称，湘鄂情规模达到1亿元金额的投资项目，一度只需孟凯签字即可。而孟凯强势、激进的作风也引发监管层的注意。

2013年10月，北京证监局向湘鄂情下发行政监管措施决定书，认为孟凯个人权限过大，要求公司进行整改。之后，湘鄂情董事会限定孟凯每年对外投资权限不超过3000万元，大额项目需董事会、监事会及股东大会审议。但书面整改报告却不改孟凯对公司实质控制，孟凯仍一手掌舵公司的转型航路，由于缺乏跨界投资经验，资本运作不成熟，以及日常经营方面的过度"专断"，公司的转型之路充满变数。

2014年3月8日，湘鄂情宣布收购北京中视精彩影视文化公司51%的股权，此次交易，估计湘鄂情出资将不少于3.6亿元。此后不到4天，湘鄂情又再度以类似条件收购笛女影视传媒（上海）有限公司51%股权，预估其交易定价约为2.58亿元人民币。对此，湘鄂情一位高管曾向记者解释称，公司投资的两家影视公司盈利模式稳定，未来将给公司带来较好的现金流，而分期付款的方式也可以减轻公司现有资金压力。

2014年5月12日，湘鄂情宣布放弃收购江苏中昱环保科技有限公司51%股权，原因为"发现该公司存在股权的历史沿革、财务核算和资质等多方面问题，且中昱环保未能就上述问题提出可行的解决方案"。同一日，湘鄂情拟定增募资不超36亿元用来拓展互联网业务。

孟凯决定在2014年6月30日之前从上市公司中全面剥离餐饮业务，未来主营业务将转变为新媒体、大数据、环保的主业结构，2014年7月，经过多次跨界大动作后，湘鄂情更名中科云网。

"可以说这是一个很冒险的尝试，接下来公司可能还会有一些大数据方面相关动作，他（孟凯）很多做法听不进别人意见，种种转型背后，结果需要时间检验。"该接近孟凯人士进一步向记者指出。在该人士看来，湘鄂情的转型既迷茫又无奈。迷茫在于，湘鄂情的每一次转型都快速而无头绪，背后风险重重；无奈则在于，高端餐饮行业景气度快速下滑，迫使湘鄂情必须在短期内找到新谋生路径。"孟老板在餐饮行业做了多年，他的判断是高端餐饮已经完全不行，大众餐饮转型又无明显起色，所以必须转型。"公司的一个高层经理向记者透露。

在转型大数据公司过程中，孟凯自掏腰包9.6亿元，参与上市公司定增计划，为公司转型输血。在2013年，孟凯曾多次减持湘鄂情股票，变现后则以财务资助方式重返上市公司输血，2013年底至2014年中，孟凯已先后4次借钱给上市公司，总额为7500万元。"他其实可以不用这么做，太费力。懂得资本运作的人都知道，股价炒作不是这么玩的，孟凯是真的想为公司做事的。"前述人士向记者指出。

在多位接近孟凯人士看来，其对资本运作并不太懂，是个资本新人。"包括湘鄂情的几次收购，还有之前举牌三特索道，中间的种种不成熟恰恰说明孟凯不懂资本，他不会（资本）炒作。"一位曾参与过公司市值管理人士对记者指出。而这在湘鄂情股价走势上也有所体现。经过多轮并购计划发布后，湘鄂情转型遭到市场质疑，导致股价不涨反跌，已由 2014 年 3 月初 7.29 元的区间最高价，跌至 7 月 29 日收盘时的 6.13 元。

事实上，"八项规定"对高端餐饮业的冲击已经逐渐超过预期。此前，上述高管曾向记者透露："餐饮板块通过关店和成本控制，年内有望止血。"但公司 2014 年 7 月发布的一份业绩修正报告则透露出该预期已经不太乐观。根据修正报告，湘鄂情 2014 年上半年归属于上市公司股东的净利润变动区间，已经由前次的盈利 5000 万元人民币至 6000 万元人民币，骤降至盈利 800 万元人民币至 1800 万元人民币。其主要原因为，餐饮行业营业收入回升趋势的预测出现偏差。

"并购方案的不断变更背后，湘鄂情像没头苍蝇一样到处找救命稻草。"一位曾经与孟凯接触过的投行人士向记者私下指出，对于孟凯本人，该人士的评价是"刚愎自用，独断专行，却又缺乏资本运作应有的经验和见识"。

2014 年 12 月 12 日，中科云网宣布拟以 3 亿元转让部分子公司股权及湘鄂情系列商标，以缓解资金压力。2015 年 1 月 7 日晚，中科云网发布公告，董事会 1 月 5 日收到孟凯提交的书面辞呈，孟凯申请辞去公司董事长、董事、总裁等所任公司职务，但孟凯仍为中科云网控股股东和实际控制人。再之后，孟凯跑去了南半球，在澳大利亚做起了餐饮生意。财经社梳理财报发现，从 2013 年至 2016 年，中科云网及前身湘鄂情累计亏损已达到 11.95 亿元。

4. 回归

2017 年 5 月 30 日，孟凯朋友圈发了一张照片，附文"回家真好"。回国之后，孟凯一直在试图收回"湘鄂情"的商标，以及夺回中科云网的控制权，整顿乱局。据媒体调查，实际上当年购买商标的是孟凯的"自己人"，他们上演了一出"金蝉脱壳"。这与孟凯回国后接受媒体采访的言论似乎能够部分呼应，他称深圳家家湘鄂情投资控股有限公司是自己的朋友，有利于自己顺利收回商标。孟凯再次回到了深圳蛇口，前尘往事还在追赶着他，新的餐饮版图也要铺开了。

资料来源：[郑亚红. 2017-12-09. 深圳大排档走出的餐饮首富孟凯重启湘鄂情，曾欠款数亿躲债三年. http://baijiahao.baidu.com/s?id=1586263676186727113&wfr=spider&for=pc

刘慎良. 2017-02-13. 对话中科云网孟凯. 北京青年报，http://finance.ynet.com/ 2017/02/13/ 29169t632.html

【问题】

1. 湘鄂情频繁进入不同行业的动因是什么？
2. 湘鄂情转型失败的原因有哪些？

第 9 章 联盟和并购

企业构建和完善价值链，既可以采用新建投资，也可以通过并购或联盟的方式来实现。无论是联盟还是并购，都可以通过整合不同企业的资源，实现协同效果。本章将分别介绍联盟和并购的有关理论，为企业在联盟和并购之间做出选择提供指导。

9.1 联盟

联盟是指两个或两个以上企业之间的合作安排，通过共享资源改进它们的竞争地位和绩效。联盟是企业获取资源和知识的重要来源，也是竞争优势的重要来源。竞争越来越多地发生在企业联盟之间，而不仅仅是企业之间。

9.1.1 联盟的类型

"联盟"意味着一种超越短期市场交易的关系，其中包括某种合作意图，旨在获得从纯粹的"现场交易"中不能获得的某种共同利益；它也意味着合作各方的平等地位，其中一方可能比其他各方更强大，但与其他当事人并非上下级关系，而是一种"合伙"关系。因此，联盟处于以纯粹的市场关系为一端，以隶属同一母公司的完全所有权为另一端的中间地带。这一中间地带覆盖了多种多样的合作关系。

（1）网络（networks）。网络是指两个或多个企业之间没有建立正式关系，却依靠互惠互利和彼此信任开展合作。这种网络式合作可能持续下去，并为相关各方带来大量的共同利益。

（2）机会合作（opportunistic）。机会合作是指为了完成某项特定工作或项目而建立的合作关系，这种合作时间很短，而且大多没有合同关系。

（3）许可协议（licensing）。许可协议是指拥有专利技术或商标的许可人同意被许可人使用其专利技术或商标，而由被许可人支付使用费的一种合同。有时，许可协议中也包含转让专有技术的内容。在许可协议中，被许可人只是获得对协议项下的专利技术和商标的使用权而不是所有权。

（4）特许经营（franchising）。特许经营是指特许人将自己拥有的商标（包括服务商标）、商号、产品、专利和专有技术、经营模式等以合同的形式授予受许人使用，受许人按合同规定，在特许人统一的业务模式下从事经营活动，并向特许人支付相应的费用。例如，连锁加盟就是特许经营的一种典型方式。特许经营双方关系密切，相互影响，体现了一种准母子公司关系。

（5）合作经营。合作经营是指合作各方按照合同的规定，共同投资并分享利益的一种合作方式，这种合作大多并没有建立独立的具有法人地位的公司。

（6）合资企业。合资企业是指合作双方共同投资建立、具有独立法人资格的企业。合资双方由投资数额的大小确定股权，投资数额大，股权就大，在收益分配中所得的份额就多，担负的风险也大。

（7）相互持股。相互持股是指合作各方相互持有对方股份的一种合作安排。第二次世界大战后日本企业制度的最重要特点之一就是企业之间、企业与金融机构之间、金融机构之间相互持股。这种企业之间相互持股的制度安排，导致日本企业的监督主要来自内部，而不是外部。由于相互持股企业的股东更重视的是企业之间的相互业务往来和所谓的长远利益关系，更看重的是通过发生业务往来互相得利，而对每年一度的股票分红并不十分看重。

除了如上按照联盟各方的合作密切程度对联盟进行分类外，还可以从其他的角度对联盟进行分类。例如，按合作领域划分，可以分为生产型联盟、市场型联盟和知识型联盟；按合作对象划分，可以分为纵向联盟（与买方、卖方的合作）和横向联盟（与竞争对手、政府部门、科研机构和配套产品生产商等的合作）。

9.1.2 联盟的特征

联盟具有以下四个基本特征。

（1）边界模糊。联盟模糊了企业与市场之间的具体边界，是一种介于企业与市场之间的"中间组织"。一方面联盟内交易的进行不完全依赖于某一个企业的治理结构，不是企业内部的交易；另一方面联盟内交易的进行也不完全依赖于市场的价格机制，不同于市场上的交易。

（2）组织松散。联盟是一个动态的、开放的体系，是一种松散的公司间组织形式。一般说来，联盟不涉及所有权的转移，联盟企业之间是因共同的战略利益而彼此相互依存的"合作关系"，合作各方通过协商的方式解决各种问题。

（3）平等合作。联盟一般没有股权和权力上的控制，除了遵守协议上的约束外，联盟的一方不能左右另一方的行为。即使是一个实力非常强大的跨国公司与一家小企业形成的联盟也不例外。联盟的一个重要特点是要产生"互惠"的结果，这就要求保持联盟各方在利益分享和决策方面的平等性。

（4）机动灵活。联盟主要以契约的方式组成，其组建所需的时间较短，过程也相对简单，也不需要大量投资。由于合作者之间关系松散，联盟的解散十分方便，当外界条件发生变化，联盟不能适应变化的环境时，可迅速解散。

9.1.3 建立联盟的战略利益

联盟之所以存在，有两个基本理由：一是联盟可以带来无论市场交易还是完全所有权均无法带来的利益；二是虽然完全的所有权至少对一方是可取的，但受阻于另一方的反对和外部因素的制约而不能实施并购，这时联盟就成为一种次优的选择。通过建立和维护信任关系，联盟可以使合作伙伴减少市场交易成本。当未来的结果极不明朗或交易各方会受到他方的掠夺性伤害时，这种形式尤为有效。

具体来说，建立联盟可以为联盟各方带来如下战略利益。

1. 实现技能的互补

两家企业力图将彼此的资产通过互补的方式结合在一起，从而更好地利用市场机会创造新的价值。互补型联盟主要有横向联盟和纵向联盟两种方式。纵向互补型战略联盟是处于产业链不同环节上的企业相互共享技术和能力而形成的。贝纳通是一家服装零售商，它成功地发展了多个纵向联盟，贝纳通在市场和销售方面具有核心竞争力，但它并不选择发展自己在服装生产方面的核心竞争力，而是与一些在生产时尚服装方面具有竞争力的企业合作。横向互补型战略联盟是指处于产业链同一环节的企业相互共享彼此的资源和能力，在价值链的同一层次创造价值。一些企业往往出于长期技术研发而开展合作，从而一些原本相互竞争的企业出于自身利益走到了一起。

2. 避免过度竞争

当竞争达到白热化的时候，很多企业都会试图寻找避免破坏性竞争或过度竞争的方法。避免这种竞争的一种方式是默契垄断合作，或相互克制。某些市场的特定行业可以通过卡特尔完成。例如，石油输出国组织就是试图通过控制石油产量（成员国企业的石油产量）来影响世界石油价格。世界上许多国家的政府都制定政策以影响企业对减少竞争所做出的努力。在美国，联邦政府被要求寻找合适的方法"在不触犯反垄断法的前提下允许竞争企业间的合作"。

3. 应对竞争

企业出于提高竞争力的需要，在行业内部寻求合作者，以对抗另外一些竞争对手。在航空业竞争日趋激烈、生存发展越发困难的条件下，航空联盟是近年来发展最为迅速、成效最为显著的一种合作方式。在此形式下，联盟伙伴相互协调航班时间，进行航线联营，共同使用飞机、售票处、候机楼及其他地面设施等。近年来，国际航空市场上先后出现了星空联盟（StarAlliance）、寰宇一家（OneWorld）、翼联盟（Wings）、天合联盟（SkyTeam）和优质飞行者联盟（Qualiflyer）五大联盟。2007年，中国国际航空股份有限公司加入星空联盟；2007年和2011年，南方航空公司和东方航空公司先后加入天合联盟。这意味着，不参与结盟的航空公司将处于相对不利的竞争地位。

4. 降低风险

研发需要大量的投入，但是风险又很大。许多企业为了降低风险，采取共同研发的方式。例如，1976～1980年日本通产省组织6家电子企业和大学、研究所联合攻关当时最先进的1微米集成电路成套生产技术，取得了令世人瞩目的成果。为了让互为竞争对手的6家企业能够合作，日本政府创新了管理机制，把技术创新过程分为两个阶段：第一个阶段为联合攻关、突破共性技术，并提出突破的共性技术成果共享；第二阶段为各企业利用这些技术各自独立开发产品，同时各自开发的新产品照常在市场中竞争。为了鼓励和约束这种合作，要求参与合作的企业必须投入资金、研发人员和研究条件，政府只给予部分经费补贴和公共政策支持。

9.1.4 联盟成功的原则

大量实证研究发现，联盟要想获得成功，一般应遵循以下原则。

1. 选择并确定合适的联盟伙伴

一旦决定要组建一个联盟，那么首先要做的事就是确定选择合作伙伴的各种因素和标准。一般而言，这些标准的核心可以归为相容（compatibility）、能力（capability）匹配和承诺（commitment）。这三个原则是公司寻找合作伙伴的关键条件。

（1）相容。相容是一个成功联盟所必须具备的重要条件。联盟要求两个企业相互合作，如果缺少相容性，那么不管它们的业务关系在战略上多么重要，也不管它们彼此多么有能力，都将很难经受时间的考验，也很难应付变化的市场和环境。相容包括战略上的相容、运营上的相容，以及文化上的相容。企业在建立联盟时往往注意战略上的相容，而忽视了运营和文化上的相容。合作伙伴需要共同做出努力，中低层管理者之间也要建立强有力的人际关系，而不只是在高层管理者之间这样做；如果是跨国界的合作，还需要克服跨越国别的文化差异。

（2）能力匹配。合作者必须有能力与自己进行合作，联盟才有价值。应该对合作者的市场实力、技术水平、生产能力、销售网络、核心竞争力、管理者尤其是高层管理者的素质及能力进行评估，以更好地评价它们的强项和弱项，看其是否与企业的资源及能力相协调。

（3）承诺。找一个与自己有同样承诺意识的合作者是联盟成功的基石。就算合作者显得有能力且与自己很相容，但是，只要它不愿向联盟投入时间、精力和资源，联盟就很难应付多变的市场条件。一般来说，如果联盟的业务属于合作各方的核心产品范围或核心市场范围，联盟各方就会投入更多时间和资源。另外，合作伙伴退出联盟的难度越大，则对联盟的承诺就具有更大的持续性。

2. 建立信任平等的合作关系

信任可能是成功最主要的组成要素，没有信任就会导致失败。但是，信任也有两个互为独立的方面：一方面，信任可以是对能力的信任，即合作各方确信另一方拥有完成其在联盟中职责所需的资源和能力；另一方面，信任也是对性格的信任，即合作伙伴之间信任对方的动机，在对待诚信、坦率、判断力和行为一致的态度上能够相互适应。例如，家族之间的关系常常建立在家族之间长期社会关系的基础上。

3. 保持联盟关系的弹性

联盟各方保持必要的弹性，根据市场变化和各方变化进行调整。参与联盟的各方都必须随时对市场和合作各方的变化做出反应，特别是在联盟建立初期。要允许联盟关系发生演变和改动，而不是合作初始就做出狭隘规定。例如，合作伙伴之间可以达成协议，定期对伙伴关系进行审议，以便对工作方法的变更或调整形成一致意见。

4. 坚持竞争的作用

企业千万不要忘记，建立联盟不过是一种手段，最终目的是通过合作或联盟关系来增强自己的竞争能力，实现自己的经营目标。因此，联盟各方彼此平等并相互信任是必要的，但绝不是无原则地迁就对方或向对方提供一切。在联盟中不应忽视合作中的竞争因素，过于草率地把核心技术和独特技能让给合作伙伴，其结果是使自己的竞争力下降。因此，联盟应该是竞争性合作。

9.2 并购

并购是兼并（merger）与收购（acquisition）的合称。兼并是指以现金、证券或其他形式购买其他企业的产权，使其他企业丧失法人资格或改变法人实体，并取得对这些企业决策控制权的经济行为。收购是指通过购买目标企业的股票或资产，以获得对目标企业本身或资产实行控股权的行为。收购是进入新业务的战略途径之一，通常有两种主要类型：一是产业资本的行为，作为长期投资，最终目的是要加强被收购业务的市场地位；二是金融资本的行为，目的在于转手获利。

企业并购研究表明，多数企业的并购并不成功，麦肯锡咨询公司在1986年对1972～1983年200家最大的国营公司的并购进行了研究，结果发现，如果以股东财产的增值为评价标准，并购获得成功的企业仅占23%，在不相关经营领域企业的并购成功率只有8%。一般来讲，并购可能降低管理效率，产品质量难以保证，协调工作增加。另外，企业文化不同也会使管理成本增加。

波特对1950～1980年并购的33家大企业进行了研究，发现这些大企业并购后又把被并购企业卖掉的占53%，而在不相关经营领域的企业并购这一数据达到74%。大企业在购买企业时总是宣称并购行为使企业更具安全性，事实证明，对并购的迷恋并没有在以后的经营中显现出效率。

9.2.1 并购的类型

1. 按并购双方的股权状况划分

（1）参股。参股即部分收购。收购方购得被收购企业的部分股权，通常仅以进入被收购企业的董事会为目的，而在股权的持有上不要求达到控股。

(2)控股。收购方购买被收购企业较多股权,以收购一定股份成为被收购企业的控股股东为目的。这种形式可以以比较少的资金管理较大规模的企业。

(3)全面收购。收购方以全面控制被收购方为目的,收购对方企业的全部股份,被收购方即转化为收购企业的全资子公司。

2. 按并购双方所处行业划分

(1)横向并购。横向并购指处于相同行业生产同类产品或生产工艺相近的企业之间的并购。这种并购实质上是资本在同一产业和部门内的集中,它是企业迅速扩大生产规模,提高市场份额,增强企业竞争力和盈利能力的捷径。

(2)纵向并购。纵向并购指在产业链上生产或经营过程相互衔接、紧密联系的企业之间的并购。其实质是通过处于生产同一产品不同阶段的企业之间的并购,从而实现纵向一体化。纵向并购除了可以扩大生产规模、节约共同费用外,还可以促进生产过程各个环节的密切配合、加速生产流程、缩短生产周期等。

(3)混合并购。混合并购指处于不同产业部门、不同市场,且这些产业部门之间没有特别的生产技术联系的企业之间的并购。其包括三种形态:产品扩张型并购,即生产相关产品的企业间的并购;市场扩张型并购,即一个企业为了扩大竞争地盘而对其他地区生产同类产品的企业进行并购;非相关多样化并购,即生产和经营彼此间毫无联系的产品或服务的若干企业之间的并购。混合并购还可以降低一个企业长期处于一种行业所带来的风险,另外通过这种方式可以使企业的技术、原材料等各种资源得到充分的利用。

3. 按并购的动机划分

(1)善意并购。收购企业提出并购条件后,如果被收购企业(目标公司)接受并购条件,这种并购称为"善意并购"。在善意并购下,并购条件、价格、方式等可以由双方高层管理者协商,并经董事会批准。由于双方都有合并的愿望,并购是在自愿、合作、公开的前提下进行的,因此,这种并购成功率较高。

(2)恶意并购。恶意并购又称"敌意并购"。如果收购企业提出收购条件后被收购企业不接受,则收购企业只有在证券市场上强行收购,或者在未与目标企业的经营管理者协商的情况下提出公开收购要约,实现目标企业控制权的转移,这种方式称恶意并购。在恶意并购条件下,目标企业通常会采取各种措施进行反收购,此时证券市场也会迅速做出反应,股价迅速升高,因此,除非收购方有雄厚的实力,否则很难成功。

4. 按并购的融资方式划分

(1)杠杆收购(leveraged buyout,LBO)杠杆收购指收购方以目标企业资产做抵押,通过大规模的融资借款对目标企业进行收购。其中这些负债大部分由收购方发行的高利风险债券组成,由于这种债券使发行企业负债增加、信用降低、风险加大,故称为"垃圾债券"。收购成功后,收购者再用被收购企业的收益或依靠出售其资产来偿还债券本息。

（2）管理层收购（management buyout，MBO）管理层收购指由管理层本身对自己的企业进行收购，通常必须采用杠杆收购方式才能成功。管理层收购经常被作为对抗恶意收购的一种手段。有时管理层也会采用该方式取得控股权，再选择时机将企业以更高价格卖出。

9.2.2 并购的原因

推动企业并购的因素很多：从内部动因看，其是企业对市场份额、效率、定价力量、更大规模经济收益及趋利避害的追求，包括通过横向并购来扩大市场占有率，获得规模经济效益；通过纵向并购降低交易费用，获得垄断利润；通过混合并购分散经营风险，实现技术转移以及资本有效配置；通过跨国并购构筑在全球范围内的竞争力；等等。从外部条件看，其包括经济全球化趋势、竞争压力、股价的波动、互联网、电子商务、虚拟经营、各个产业法规管制（包括反垄断管制）的减轻等。从具体目的看，其包括更好地利用现有生产能力，更好地利用现有销售力量，减少管理人员，获取规模经济效益，减少销售波动，利用新的供应商、销售商、用户、产品及债权人，得到新技术，减少赋税，等等。

综合起来看，企业并购动因包括以下几个方面。

（1）高效率地实现跨越式发展。在激烈的市场竞争中，企业只有不断发展才能生存下去。通常情况下，企业既可以通过内涵式也可以通过外延式获得发展，两者相比，采用并购这种外延方式的效率更高。企业的经营与发展处在动态环境之中，在企业发展的同时，竞争对手也在谋求发展，因此，在发展过程中必须把握好时机，尽可能抢在竞争对手之前获取有利地位。如果企业采取新建投资的方式，将会受到项目建设周期、资源获取及配置等方面的限制，制约企业的发展速度，这显然不能满足竞争和发展的需要。而通过并购方式，企业可以在极短时间内将企业规模做大，提高竞争能力，将竞争对手击败。尤其是在进入新行业的情况下，谁领先一步，谁就可以优先取得原材料、渠道以及树立声誉，在行业内迅速建立优势；优势一旦建立，别的竞争者就难以取代。因此，并购可以使企业把握时机，赢得先机，占有胜势。

（2）降低进入壁垒和发展风险。企业进入一个新的行业会遇到各种各样的壁垒，包括资金、技术、渠道、客户、经验等，这些壁垒不仅增加了企业进入这一行业的难度，而且提高了进入的成本和风险。如果企业采用并购方式，先控制该行业原有的一个企业，则可以绕开这一系列的壁垒，以较低成本和风险迅速进入这一行业。尤其是有的行业受到规模的限制，新企业的进入将导致生产能力的过剩，从而引起行业内其他企业的剧烈反抗，产品价格可能会迅速降低。如果需求不能相应提高，该企业的进入将会破坏这一行业的盈利能力。而通过并购方式进入这一行业，不会导致生产能力的大幅度扩张，从而保护这一行业，使企业进入后有利可图。

（3）实现优势互补的协同效益。不同企业在不同经营领域具有其优势，由此可以利用并购来发挥各自的长处、弥补各自的短处。并购后通常能使管理层业绩得到提高或产生某种形式的协同效应，因此可以获得正的投资净现值。并购后收益的增加主要来自五个方面：进入或开辟出有吸引力的新市场，提供更多的服务和产品，改善产品的销售，改善经营管理水平，通过减少业务重叠、减少员工及充分利用原来闲置的资源而降低成本。

（4）加强对市场的控制能力。在横向并购中，最明显的利益是无须经过一番市场竞争就能立即扩大市场占有率。并购活动提高了并购企业的市场份额，从而带来垄断利润。根据哈佛商学院市场战略的利润影响（profit impact of market strategy，PIMS）的研究，企业之间在盈利能力和净现金流上所产生的差异，80%可以归于市场因素，其中最重要的是市场占有率，而提高市场占有率最有效的途径是并购活动。通常一家企业的市场占有率超过35%之后，便有潜力主宰市场、左右价格。利用并购还可以快速争取客户或进入陌生的市场，且一并攫取当地的客户与通路。此外，在市场竞争者不多的情况下，并购而导致的竞争对手的减少，使企业增加了议价的能力，以更低的价格获取原材料，以更高的价格向市场出售产品，从而增强企业的盈利能力。

（5）增强企业的国际竞争能力。世界经济正在全球化，跨国发展已成为经营的一个新趋势，企业的生存发展不再仅仅取决于国内市场占有率，而在更大程度上取决于其国际竞争能力。企业进入国外新市场，面临着比进入国内新市场更多的困难，其主要包括企业的经营管理方式、经营环境的差别、政府法规的限制等。通过采用并购东道国已有企业的方式进入，不但可以加快进入速度，而且可以利用原有企业的运作系统、经营条件、管理资源等，使企业在并购后能顺利发展。另外，由于被并购后的企业与东道国的经济紧密融为一体，政府的限制相对较少，有助于跨国发展的成功。

（6）获取价值被低估的公司。从理论上讲，在证券市场中，公司的股票市场总额应当等同于公司的实际价值。但由于信息的不对称性和未来的不确定性等多方面因素，上市公司的价值经常被低估。如果企业认为自己可以比目标企业的经营者做得更好，那么该企业可以收购这家公司，通过对其经营获取更多的收益，或在收购目标公司后经过整合包装重新出售，从而在短期内获得巨额差价收益。

（7）避税。各国公司法中一般都有规定，一个企业的亏损可以用今后若干年度的利润进行抵补，抵补后再缴纳所得税。因此，如果收购企业每年获得大量的利润，而目标企业历史上存在着未抵补的巨额亏损，则收购企业不仅可以低价获取目标企业的控制权，而且可以利用其亏损进行避税。

9.2.3　并购中存在的问题

事实上，存在一些阻碍并购成功的因素，包括以下几个方面。

（1）整合的困难。通过收购而合并的两个企业进行整合是相当困难的。这些整合问题包括不同企业文化的融合，不同财务控制系统的连接，有效工作关系的建立，以及如何处理被收购企业原有管理层人员的地位等问题。

（2）对收购对象的评估不够充分。企业对收购对象的评估内容包括并购的财务问题，收购方与被收购方的企业文化差异，并购带来的税务问题以及如何整合各自原有的员工队伍等问题。不能完成有效的评估过程往往导致实施收购的企业支付高昂的收购费。

（3）巨额或超正常水平的债务。有些企业为了扩展实施并购的融资渠道而急剧增加了它们的债务水平。负债过高使其不能进行其他的投资，也增加了破产的可能性，导致企业信用的降低，高负债水平也使企业在研发、人力资源培训和市场推广等方面的投资减少。

（4）难以形成协同与合力。创造协同效应是企业实施并购的主要理由，但由于双方的销售和市场活动往往缺乏互补性，协同效应难以实现。另外，企业力图通过收购产生独有的协同效应，也会产生一些费用。

（5）过分多元化。有时企业变得过分多元化，导致企业表现不佳，进而业务部门逐个被剥离。高度多元化对企业的长期绩效也可能有负面影响。例如，在采取一系列多元化并购后，业务范围的扩展使经理们更多地依赖于财务指标而不是战略调控来评估各业务部门的表现。另外，过分多元化使企业倾向于用收购行动来代替自我创新，从而减少创新投入，企业的创新能力衰退。

（6）经理们过度关注收购。在并购中，高层管理团队的工作包括：①寻求各种收购对象。②高效、勤勉地完成各个步骤。③准备谈判。高层经理并不亲自收集收购活动所需的数据和信息，但是企业的收购目标和谈判方式等决策还是由他们来决定。很多时候，由于他们过多参与实施收购的各种活动，分散了注意力，从而忽略了能使企业取得长期竞争优势的相关活动。

（7）公司过分庞大。大多数收购会导致形成一个庞大的公司，从理论上通过规模效应开发出更多的创新成果。但过分庞大会导致巨额管理成本，经理们也会倾向于采用相对官僚的作风来解决规模扩大产生的复杂问题，追求一致的控制方式导致僵化的管理模式，并形成许多标准化的规章制度与企业政策。从长远看，这种缺乏灵活性的管理模式不利于鼓励企业创新。

9.2.4 并购后的整合

通过一系列程序取得了目标企业的控制权，只是完成了一半的并购目标，在并购完成之后，必须对目标企业进行整合，使其与企业整体战略协调一致，这是更重要的并购任务。如果整合不顺利，或阻力很大，也可能使整个并购归于失败。整合内容包括：战略整合、业务整合、制度整合、组织整合、人力资源整合和企业文化整合。

（1）战略整合。把目标企业的战略纳入整个企业战略规划中，重新制定战略目标及相应的战略，使之与本企业战略形成一个相互配合的、紧密相关的战略体系，发挥战略协同效应，也只有这样才能促使整个企业更快发展。

（2）业务整合。根据目标企业的有形资源、无形资源，根据本企业整体战略的需要，对目标企业的原业务重新进行调整，对于那些与战略要求不一致的业务或生产经营活动，需要减少投资甚至进行剥离，使企业整个生产运作体系更趋合理，更好地发挥规模效应和业务协同优势，提高劳动生产率，保证产品质量，以适应生产经营的需要。

（3）制度整合。如果目标企业管理制度很好，并购后不必加以改变，可以直接利用目标企业原有的管理制度，甚至可以将目标企业的管理制度引入并购企业之中，对并购企业进行改造。如果目标企业的管理制度与并购方的要求不相符合，则并购方可以将自身的一些优良的管理制度如财务制度、人事制度等，引入目标企业之中，通过这种制度输出，对目标企业原有资源进行整合，使其发挥出更好的效益。

（4）组织整合。对目标企业的组织结构进行调整，使目标企业的组织结构设置的原则与企业整体战略的要求相一致，和企业整体的组织结构相协调。

（5）人力资源整合。对目标企业的人力资源进行整合，对目标企业的管理人员及员工重新安排。由于并购后目标企业的战略做了调整，所以要辞退多余的员工。一般来讲，本企业要派高层管理人员到目标企业任职，对目标企业的管理人员要重新进行调整，目标企业的研发人员要和本企业的研发人员进行整合。

（6）企业文化整合。对目标企业的文化进行整合，应深入分析目标企业文化形成的历史背景，判断其优缺点，根据企业整体战略的需要，吸收双方企业文化的优点，摒弃其缺点，从而形成更优秀的、有利于企业战略实现的企业文化。应当说，双方企业文化的融合，才是并购取得成功的关键。

习　题

1. 描述联盟的类型和特征。
2. 描述联盟的战略利益。
3. 讨论如何保证联盟的成功。
4. 为什么参与国际竞争的企业竞相采用并购战略？
5. 企业并购失败的原因主要有哪些？应如何避免？
6. 一些企业选择通过内部开发来推出新产品，另一些企业却偏好通过收购推出新产品或进入新市场。请说明这两种方式各自的优缺点。

案例 9　吉利收购沃尔沃

2010 年春节期间，洛希尔投资银行大中华区总裁俞丽萍并没有休息好。早晨，她总是要被吉利汽车董事长李书福的电话打搅。俞丽萍清楚地记得，2 月 13 日（除夕），李书福 18 点半打来电话，正值年夜饭，他们一直讨论到 20 点半；2 月 14 日（初一），李书福早晨 8 点又打来电话，"我想这个人是不是疯了，过年也要操心工作的事。"

李书福当时对俞丽萍表示，他想给福特的 CFO 路易斯·布斯写封信，沟通收购沃尔沃项目中遇到的一些困难，主要是融资问题。

从 2008 年 1 月 18 日，李书福在底特律车展上第一次与布斯相见，表达收购沃尔沃的正式意愿，到 2010 年 3 月 28 日双方签订并购协议，整个交易历经 800 天，类似上述细节的小"插曲"几乎没有间断过，作为这场并购的"顾问"，洛希尔以及俞丽萍与李书福和吉利一起，经历了惊心动魄的 800 天。

1. 锁定沃尔沃

从 2008 年初洛希尔开始参与吉利收购沃尔沃，交易中的险情就屡屡发生，人才储备不够、不断有竞争对手来"搅局"、融资频频出现困难，以及知识产权问题遇到障碍等。但李书福总是逢凶化吉、绝处逢生。"它好像一个溜溜球，每次都已经到最底部，快碰到地了，却又起来了。"俞丽萍对《第一财经日报》表示。

2010 年 8 月 2 日，李书福和他的团队在伦敦举行了沃尔沃轿车并购项目的交割仪式，宣告这项旷日持久的收购终于取得阶段性胜利。

洛希尔与李书福的接触始于 2007 年，大中华区的团队初次访问李书福，向其推荐了诸如沃尔沃、萨博等多个可供关注的收购项目。李书福的回答令洛希尔方面印象深刻："沃尔沃是首选，我已经关注沃尔沃很久了。"

李书福第一次表露收购沃尔沃的想法是在 2002 年，他在一次内部会议上表达了这个想法，但是一位接近李书福的人称，董事长总有很多想法，当时吉利还很小，没人把这番豪言壮语当真。是金融危机和不断走低的美国汽车业给了李书福机会，2007 年初，穆拉利从波音来到福特担任 CEO，随即提出了"One Ford"的战略，决定出售旗下包括沃尔沃在内的多个品牌。

密切关注沃尔沃的李书福立刻出手，2007 年 9 月，福特美国总部收到一封挂号信，李书福通过公关公司向福特阐明了收购沃尔沃的想法，直到此时，洛希尔并没有介入，而吉利因为名不见经传，其收购意向也没有引起福特重视。

不过，2008 年初在底特律车展上的一次遭遇，让李书福下决心聘请财务顾问。当时，李书福在公关公司的帮助下第一次见到了福特财务总监、董事会办公室主任和采购总监等一干人。这次谈话并不成功，福特方面不断强调"沃尔沃有 150 亿美元的年销售额"，言下之意是，吉利太弱了。虽然李书福表示有诚意和能力做到，但对方只是礼节性地称"回去研究一下"。当时，在李书福身边只有他从英国石油挖来的张芃有点国际化背景。

回国后，李书福决心正式邀请洛希尔参与到收购沃尔沃的事务中来，他主动约见了俞丽萍。这次会面，李书福给俞丽萍留下了深刻印象，她说："我觉得李书福孩子气中带着执着和坚毅，看他说话声音很慢、很柔和，但其实是个性子很急的人。"

2. 说服洛希尔

李书福和俞丽萍有一个共同特点，他们都非常有激情，认准目标，无论如何也要达到。

2008年1月，这个目标锁定在沃尔沃。但几乎从俞丽萍接手那一刻起，困难就一直相随，第一个困难是让洛希尔总部相信，吉利有能力收购。

俞丽萍与李书福初次见面时，吉利汽车股价为8毛钱，市值为10.8亿美元，这个盘子不到沃尔沃的1/10。随着金融危机的来临，吉利汽车股价跌到了2毛钱附近，盘子缩水至3亿美元，对俞丽萍来说，向总部推荐这样一家企业是个冒险。

"像我们这样有200多年历史的欧洲公司，怎么会把良好声誉押在一家名不见经传的中国民营汽车公司上呢？其实我们最后决定的过程，也是非常痛苦的，要经过内部审批，当时金融危机还没有开始，西方还有其他汽车公司想买沃尔沃。"俞丽萍表示。

洛希尔算是在汽车产业界最具声望的一家投行，根据汤森路透的数据，在吉利并购沃尔沃交易之前的12个月里，由洛希尔提供咨询的汽车并购案总价值高达892.5亿美元。

在吉利提出收购申请后，一家欧洲汽车公司也明确邀请洛希尔帮助其竞购沃尔沃。按照洛希尔的规定，只能代表一家公司参与竞标，俞丽萍需要说服同事放弃这家欧洲车企，而这家公司的销售规模差不多是吉利的10倍。

2008年6月，在洛希尔的一次全球合伙人会议上，俞丽萍走上讲台，她本来演讲的主题是包括中国在内的新兴市场对于洛希尔的重要意义，但她很快就"跑题"了。

"请所有人都关注这样一个事实，中国的外汇储备达到了2万亿美元，它将来会用来做什么？未来一定会用来支持海外并购，而且是在工业、制造业方面有技术、有品牌的企业，将来一定会大手笔出去，而出去的方向就是你们这些西方发达国家。我今天有个项目……"

这是一番激进的讲话，而洛希尔在业内素以保守著称，在讲台下面，那些白发苍苍的合伙人为来自中国的高涨情绪所感染，最终董事会决定放弃代理前述欧洲汽车公司，选择吉利。

随后，收购团队搭建了起来，按照分工：富尔德律师事务所负责收购项目的所有法律事务；德勤负责收购项目、财务咨询，包括成本节约计划和分离运营分析、信息技术、养老金、资金管理和汽车金融尽职调查；洛希尔银行负责项目对卖方的总体协调，并对沃尔沃资产进行估值分析。

3. 官方的支持

2009年1月，又一年底特律车展，李书福有备而来。在他身边除了张芃外，还多了一名女士——俞丽萍。李书福对穆拉利说："我准备得很充分，顾问团队都请好了。"

在业内，一家知名投行已经介入，证明这件事是"认真"的，李书福符合游戏规则的拜访，给福特高层留下了深刻印象，穆拉利表示，一旦出售沃尔沃，将第一时间通知吉利。

几乎在吉利与福特方面建立良好互信的同时，吉利在国内也进行了项目的政府沟通。2009年3月，吉利获得了发改委的支持函。彼时，国内多家企业曾经爆出希望收购沃尔沃的消息，包括长安、北汽、奇瑞等，但手握国家发改委的支持函后，吉利在国内实际上已经没有竞争对手了。

"很多人抱怨，中国政府的审批很麻烦，但是我认为不要抱怨，怎么把这种程序做到尽可能落实才对。你不了解中国的产业政策，不了解并购竞争对手的情况，而等到程序差不多了才去发改委，发改委来审核的时间也没有。"俞丽萍说。

时间衔接得天衣无缝，2009年4月，福特首次开放数据库，项目团队开始阅读6473份文件，通过10多次专家会议、2次现场考察、3次管理层陈述，吉利收购团队开始真正了解沃尔沃状况，针对福特起草的2000多页的合同，进行了1.5万处的修改标注。

与此同时，吉利的收购进展报告上报到了发改委，李书福一度担心因为对吉利不了解，而影响对收购的评估。所以在报告中，李书福重点谈了收购对中国汽车业的产业意义和后续盈利信心。和以发改委为首的国家相关部门的及时、有效沟通，不仅为吉利此后顺利通过审批埋下伏笔，也为向国有银行寻求融资做好准备。

4. 半路杀出的对手

到了2009年5月，沃尔沃方面出现了问题。瑞典一些官员公开在报纸上撰文，反对中国企业收购沃尔沃，称由于在文化和企业管理理念上存在巨大差异，中国人并不是最佳选择。

而到了2009年7月，最后一次竞标时，又有两家竞标者加入进来，一家名为皇冠（Crown）的美国公司和一家瑞典财团突然杀出，报价一度攀升至28亿美元，这两家竞标者的组织者分别曾在福特和沃尔沃担任高管。

突如其来的竞争者，使吉利和洛希尔团队紧张起来，它们意识到自己并不是沃尔沃的唯一选择，这两个敌人必须引起重视。更高的报价以及"自己人"接盘，对于福特来说都是相当有吸引力的。

吉利的并购团队经过冷静分析，认为对方报价更高，但仓促开价并不符合福特的口味。作为一项全球瞩目的并购交易，福特并不只是想卖个好价钱，它需要成为"有责任"的卖家，不会为了这点钱把沃尔沃这个品牌砸掉。

另外，彼时金融危机的阴影尚未散去，筹措20多亿美元谈何容易？即便财团经济实力雄厚，但俞丽萍分析说："如果没有中国市场的支撑，凭什么让沃尔沃起死回生呢？"

洛希尔和吉利立即向福特交涉，要求福特绝不能为了突然出现的两家竞标者，而拖延递交标书的最后期限，否则就退出竞标。果然，福特没有延迟期限。两家竞标者由于未能按时完成融资，都匆匆退出竞标。

2009年7月，吉利向福特递交具有法律约束力的标书获得通过。这一天，李书福真正走上了破釜沉舟的那一步。当时，在吉利内部会议上，李书福感慨："我这次是把身家性命全押上了！"

事实上，从2007年开始，李书福就为收购沃尔沃着手进行准备，首先，他将吉利集团多年赚取的利润慢慢存了起来，没有再用于吉利的滚动发展，而吉利发展所需的资金，也通过引入高盛来实现，2009年9月，高盛向吉利在港上市公司注入2.5亿美元，这笔钱被吉利用于济南、成都、杭州等多个项目的新建、扩建。

5. 放弃与寻找

2009年9月29日，吉利在北京注册了北京吉利凯盛国际投资有限公司（以下简称"吉利凯盛"），该公司为吉利的全资子公司，这是吉利为沃尔沃项目融资所迈出的第一步。

吉利凯盛注册资本为41亿元，由吉利全额出资。按照当时的构想，吉利还将通过政府融资，解决并购所需的其他40亿元。

洛希尔为吉利设计了一个巧妙的融资方案，既照顾到吉利自身，又让它能够在未来的股权结构中占据有利地位；既不能用到香港上市公司的钱（实现吉利是吉利，沃尔沃是沃尔沃），同时又保持这个项目的号召力。

为此，吉利有两条路径：一条走政府路线，一条与基金合作。于是洛希尔的并购团队分作两个小组：一组找政府谈，一组找基金谈。并购前，李书福接触了包括中信资本、鼎辉、联想控股等在内的各大基金，以及渤海基金这样的政府基金。

李书福说服境内外战略投资者主要靠两个概念：一是中国制造，二是中国市场。但是，几乎所有基金对这个项目的要求都是这样两点：要么放到香港的上市公司中去做，立刻找到退出路径；要么收购后，尽快实现沃尔沃项目的单独上市，从而实现退出。

这种以"退出"为先决条件的谈判，一直持续到2010年的2月8日。

2009年12月底，是吉利对外宣称的与福特签订正式协议的日子。"我们当时找各种基金，包括有钱的个人投资者，但由于双方经济立场不同，都未谈拢。"俞丽萍表示。

鉴于吉利迟迟拿不出融资结构，福特方面决定每两周开一次电话会，来督促吉利。

6. 政府援手

吉利负责政府融资的团队谈了全国十几座城市，包括见诸报章的北京、天津、珠海、东莞、成都、大庆、上海……

这其中有对吉利收购沃尔沃项目持怀疑态度的，谈判根本没有深入；也有一开始看好，随着谈判向前推进，逐渐觉得双方利益不同，中途放弃的；更有甚者，有些地方政府已经与吉利签订协议，双方工作人员一道办公了，但最后时刻还是动摇，出现了反悔。

2009年12月16日，一个关键角色——童志远加入了沃尔沃并购团队，作为原北京奔驰-戴姆勒·克莱斯勒公司总裁，童志远的加盟，被外界认为是寻求沃尔沃项目落户北京的强烈信号。

这一任命意味着，童志远在收购沃尔沃完成后，将扮演沃尔沃中国项目运营人的角色，同时也负责沃尔沃落户北京后与各部门的协调工作。

彼时，吉利与北京经济技术开发区已经草签了全部文件，吉利方面已经签字盖章，就等审批到位。但在这个节骨眼上，审批出现了问题。据一位消息人士透露，北汽直书地方政府，希望全力支持即将上市的北汽，而非外来项目，由此沃尔沃项目落户北京一事没了下文。

不过，此前洽谈的众多地方政府还是伸出了援手，吉利选择了与大庆市合作。2009年12月22日，北京吉利万源国际投资有限公司（以下简称"吉利万源"）在北京亦庄注册，这恰是吉利宣布与福特就收购沃尔沃关键事项达成一致的前一天，该公司法定代表人是童志远。股东为吉利凯盛和大庆市国有资产经营有限公司（以下简称"大庆国资"）。

实际上，原先由吉利与北京市搭建的融资平台——吉利万源并不需要大庆国资出现，双方将采用一个基本对等的股权结构来解决吉利12亿美元的融资问题，北京经济技术开发区将提供40亿元融资。但落户北京的事情被叫停后，融资随之成为大问题。而大庆国资的介入，解决了吉利的燃眉之急。当然，这笔钱同样需要吉利的承诺。

事实上，直到沃尔沃项目已经交割，但落户事宜仍未确定下来。大庆漫长的冬季以及配套体系的薄弱，让沃尔沃整车制造项目落户在那里似乎并非一个明智的选择。

而且在2009年12月底，当大庆国资成为吉利万源的股东、为整个收购付出了30亿元时，30亿元的融资并没有彻底解决吉利的问题。首先，钱还没有凑够；其次，沃尔沃项目在国内到底放在哪里还是个问题。

7. "二号"融资平台

正是上述两个问题无法回答，才使收购团队将谈判重点转向了上海市嘉定区，并向上海市政府有关部门做了汇报。事实上，在找上海市政府之前，吉利与嘉定区政府已经开始有所动作。

2010年2月3日，上海嘉尔沃公司（以下简称"嘉尔沃"）注册成立，注册资本1亿元，其中，嘉定开发区持股60%，嘉定国资持股40%。法定代表人为上海嘉定工业区党工委书记郁建华。在吉利万源之后，第二个融资平台开始搭建。

2010年2月9日，一项特殊协议在吉利和嘉尔沃之间签订，该项协议名称为《吉利沃尔沃上海项目框架协议》。按照这个协议，吉利收购沃尔沃后，中国总部将建立在上海市嘉定区，并在该区设立一个沃尔沃国产工厂。

不过，当嘉尔沃成立时，吉利团队还担心一个问题：会不会出现之前的状况，在区一级政府获得了支持，但在省市一级政府却得不到首肯？上海已经有上海汽车，政府会选择支持第二家整车制造企业吗？

2010年春节前夕，这份框架协议放了上海市政府有关部门的案头，整个并购团队也因此过着漫长而难挨的一个春节，它们期盼，在最后期限到来之前，上海市政府能够做出决断。

而在另一边，上海市政府针对吉利的项目进行了专门研究，主要领导对沃尔沃项目做了批示：第一，引进沃尔沃项目有助于上海产业能级的提升；第二，引入私营经济将进一步优化上海以国资为主的经济结构；第三，再支持一个汽车项目将和本地的上海汽车形成良性竞争，"要形成田忌赛马的格局"。

上海市仅用两周时间就履行完全部审批事项。事实上，此时离最后签约期限是如此之近。"福特也许会等我们到3月31日，但之后肯定不会再等，那是我们约定的最后期限，整个并购都是严格按照时间表走的。"俞丽萍告诉记者。

审批到位，2010年2月24日，上海吉利兆圆国际投资有限公司（以下简称"吉利兆圆"）注册成立，股东为吉利万源和嘉尔沃，均为货币出资，分别占股份的87.65%和12.35%，公司法人为童志远。

直到吉利兆圆的正式成立，吉利收购沃尔沃的融资结构才算定了下来。吉利、大庆国资、嘉尔沃，出资额分别为人民币41亿元、30亿元、10亿元，股权比例分别为

51%、37%和12%。此时，离吉利与福特签订最后协议还有26天。

2010年8月2日，在吉利最终收购沃尔沃的15亿美元中，有11亿美元来自上述融资平台，2亿美元来自中国建设银行伦敦分行，另有2亿美元为福特卖方融资。

8. "逃不掉"的沃尔沃

就在上海市政府及时做出决策、李书福给出融资方案的同时，知识产权谈判还在进行中。虽然，有关并购的基本协议在2009年12月底已经完成，但知识产权在双方的拉锯战中，还是留到了正式签约的前一周才搞定。

吉利的法律顾问、从业30多年企业并购案的富尔德著名律师克劳斯如此评价这场收购："这是我经历过的最复杂的并购案。"

俞丽萍表示："福特收购沃尔沃10年以后，知识产权完全融合在一起了，需要从各个方面重新分拆出来，这个过程十分繁复。"

刚刚解决了融资问题的李书福，又陷入知识产权的困扰中。直到2010年3月19日，当时李书福在接受媒体采访时表示："如果交易失败，问题不在吉利这边，吉利没有违反协议的任何部分。"他暗示，现在球在福特脚下。

这是李书福在两年多并购交易历程中，极少在财经公关控制之外发出的声音。李书福随后补充道，谈判过程非常艰苦，吉利将尽力而为，他希望能够完成交易。

为此，吉利向福特提问多达上千次，双方进行了上百次专家会议。"项目组经常早上6点起，晚上一两点睡。"仅仅尽职调查就覆盖了7种语言，资料打印出来竟有上千页。整个知识产权谈判持续到2010年3月21日才告终，此时距离最后签约只剩7天。

2010年3月27日，吉利与沃尔沃签约前一天，吉利正式向商务部递交了《融资结构说明》，开始履行正式的审批手续，到7月28日，商务部完成了对这次收购的审批。国家发改委的审批完成则比商务部稍早，为7月22日。

在正式交割之前，并购通过了40多个国家的反垄断调查，其中2010年7月6日和7月15日，收购项目分别通过了欧盟和美国的反垄断调查。此后一直到交割，吉利和李书福没有再遇到阻力。

在最困难的时期，2010年2～3月，李书福一度陷入绝望，他在接受媒体采访时曾表示："如果可以重新选择，我愿意选更自由的职业：记者、律师、诗人、作家、画家、歌唱家。"

而此时，俞丽萍私下谈到这次并购交易时表示，李书福有这个能力完成收购，冥冥之中沃尔沃是他的，李书福的执着和努力终将得到回报，属于他的逃不掉。

事实证明俞丽萍的话没有错，沃尔沃没有逃掉，李书福用一次并购让全世界认识了他，认识了吉利，也认识了中国汽车制造商。

资料来源：赵奕. 2010-09-08. 吉利收购沃尔沃，惊心动魄800天.第一财经日报，http://www.yicai.com/news/405606.html

【问题】

1. 为了达成收购协议，吉利主要做了哪些工作？
2. 在收购过程中，吉利为何得到了各级政府的支持？

第 10 章 战略实施

制定一个具有竞争优势的战略虽属不易，但是把美好的战略转化为现实行动，将面临更大的挑战。由于战略实施涉及人的行为改变，这就需要组织结构、绩效考核、激励机制、控制系统等的协调配合。本章主要关注战略实施的总体框架，以及与战略实施相关的组织结构设计、控制系统和变革管理等问题。

10.1 战略实施框架

10.1.1 战略制定与战略实施的区别

战略制定与战略实施属于两个不同的管理范畴，它们之间存在许多联系，但也存在许多不同，如表 10.1 所示。

表 10.1 战略制定与战略实施的区别

战略制定	战略实施
行动之前配置资源	行动中配置资源
注重效能	注重效率
思维过程	行动过程
知觉与分析技能	激励与领导技能
对几个人进行协调	对众多人进行协调

战略制定和战略实施的区别在于，一个以思维活动为中心，另一个以操作行动为中心，其涉及的范围、对人的要求和所需的文化氛围都有很大差异。

（1）涉及的范围不同。战略制定阶段的参与人员一般都非常有限，虽然在战略制定的过程中，战略决策小组会大量咨询外部技术专家、政府官员以及相关人士，也可能会进行大规模的市场调查，并听取内部关键人员的意见，但最终的决策还是在有限的几个人当中完成。战略实施是一个全员性的概念。企业的经营管理工作是一个完整的系统，研发、生产、物流、市场营销、人力资源管理和资本结构优化等，各个层次、各个环节之间的工作是密切相连、相互影响的，也许一个小小的问题就可以导致企业整体战略的失败。因此，战略的实施需要全体人员的支持和配合，当然首先需要全员对战略有一个较为正确与深刻的理解。

（2）对人的要求不同。在战略制定阶段，需要的是分析能力与良好的直觉，注重的是一种概念技能。而战略的实施则需要脚踏实地，需要一种迅速有效的行动能力。如果说战略制定是运筹帷幄、决胜千里，那么战略实施就需要一批攻城掠地、攻无不克、战无不胜的将才来实施。因此，在两个不同的阶段，对领导人素质、个性和能力等各个方面的需求是截然不同的。选择合适的人担任战略的制定与实施工作，是战略管理得以成功的关键。

（3）所需的文化氛围不同。由于战略制定与实施这两个阶段的工作性质不同，它们所需要的环境氛围也不尽相同。在战略制定过程中，创造力是至关重要的，这就需要一种灵活、创新的团队氛围，需要"高瞻远瞩"。而战略实施追求的是效率，强调执行力，此时更多关注的是"埋头拉车"。

10.1.2 战略实施的构成要素

战略实施是在企业组织框架下，通过组织协作，发挥"1+1＞2"的协同效应，从而更有效地实现企业的战略目标。企业战略目标的实现，需要研发、生产、营销、财务、人力资源等各个职能间的密切配合，在企业内部价值链上进行强有力的整合，并与外部的产业价值链保持高度的协调。然而，目前大多数企业仍然按照职能分块进行运作，部门之间的隔裂是必然存在的，而要确保每一部门的工作成为企业经营有机整体的一部分，就需要一个共同的规则来加以整合，这个规则就是企业的战略思想。尤其在目前动态复杂的市场环境和激烈的竞争中，对企业运作的整合性要求越来越高，企业内部各职能必须结合得更加紧密。

战略实施的核心是整体性，即通过战略来协调各种活动之间的关系，它追求整体而不是局部最优，追求相互协作和配合，而不是各自为政。战略的实施是战略目标和战略定位的逻辑分解与逻辑延伸，是对经营管理各个职能的有机整合。战略实施活动内容是十分丰富的，涉及许多管理活动。

（1）调整组织结构和重新安排人员。实施新的战略常常需要新的组织结构，所以要根据战略的要求，调整和建立企业的组织结构，重新安排人员，尤其是执行战略的主要负责人。

（2）强化组织领导与指挥。战略实施是一件十分复杂的事情，缺乏强有力的、统一的、坚持到底的领导与指挥，是不可能完成的。所以要加强组织领导与指挥，形成战略共识，使全体员工按照战略的要求开展各项生产经营活动。

（3）制定相应的计划与预算。按照战略的要求制定的行动计划和资源使用预算，是推动战略实施的重要手段，它不仅仅能够使各个单位和各个员工了解自己的目标任务与完成任务可使用的资源，还是监督和评价战略实施活动的重要方式与标准。

（4）形成良好的激励与约束机制。要想在战略实施过程中充分发挥员工的创造性和积极性，避免有损于战略实施的行为发生，企业必须建立相应的激励制度和纪律制度，鼓励员工在战略实施中做出创造性贡献。

（5）完善企业文化。企业文化对员工的行为有很大影响，而企业战略需要企业文化的支持。所以，为了更加顺利地实施战略，需要对企业文化加以完善和调整。

（6）建立控制系统。战略实施的实际结果与原定的目标往往有一些差异，这就需要企业采取相应的控制活动，以确保战略行动和战略目标的一致。通过战略控制，企业也可以及早发现原定的战略目标和计划的不适当之处，以便于对战略做出调整。

10.1.3 战略实施模式

1984年，Bourgeois和Brodwin在《战略管理杂志》上发表了一篇文章，对战略实施中的领导风格进行了研究，总结出五种类型。

1. 指挥型

这种模式的特点是，企业最高领导者重视制定一个最佳战略。在实践中，企业领导者自己制定战略，或者指示计划人员去制定战略。一旦制定出战略，企业领导者就依靠发布各种命令强制下属人员去执行。这种模式适应于企业领导者拥有比较高的权威的企业、在稳定行业里经营的小型企业，以及战略变化不大的企业。

这种模式的局限性表现为，下属管理者缺少执行战略的动力和创造精神，甚至会拒绝执行战略。

2. 变革型

这种模式的特点是，企业领导者重视如何实施战略。他会亲自或在别人帮助下，进行一系列变革，如建立新的组织机构、新的信息系统，变更人事，采取激烈手段和控制体系来促进战略的实施，增加战略成功的机会。这种模式有利于实施比较困难和复杂的战略。

这种模式的局限性表现为，只适应于稳定行业中的中小企业，因为企业为实施战略进行的各种变革会跟不上快速变革行业的变化速度。同时，这种模式也是自上而下地实施战略，同样不利于调动员工工作积极性。

3. 合作型

这种模式的特点是，企业最高领导者重视如何使高层管理人员从战略实施一开始就承担起自己的责任。为此，总经理和高层管理人员一起充分讨论战略问题，取得共识，制定出战略。这样使高层管理人员在战略制定中既发挥了集体的作用，又了解了自己所承担的任务，促使他们在战略实施中齐心协力地贡献自己的力量。这种模式不仅利用了集体智慧，提高了战略的可行性和有效性，而且由于得到了高层人员的支持，提高了战略成功实施的可能性。

这种模式的局限性表现为，由于战略是由多数人参与讨论决定的，因此最终方案有可能是折中的产物，降低了战略的合理性；还有可能因为讨论时间过长，错过了战略机会，仍没有解决充分发挥基层管理人员与员工的积极性和创造性的问题。

4. 文化型

这种模式的特点是，企业领导者考虑如何使整个企业的员工都保证战略的实施。为此，企业领导者要运用企业文化手段，通过培训、宣传等方式，在员工中树立起相应的战略观念，建立起相应的价值观念和行为准则，使所有的成员都在共同的文化基础上从事战略实施活动。这是一种打破战略制定者与执行者界限的模式，每个员工都或多或少地参与了战略的制定与实施。这是前三个模式所没有的特点。

这种模式的局限性表现为：要求企业员工素质高；一旦形成强烈的企业文化特色，企业就失去了战略的灵活性。

5. 增长型

这种模式的特点是，企业领导者重视如何激励管理人员去执行完善的战略，也就是充分发挥下层管理人员制定与实施战略的积极性和创造性，为企业增加效益而奋斗。因此企业战略不是自上而下地推行，而是自下而上地产生，企业的各个经营单位都有比较大的战略决定权。这种模式适合于多元化经营的大型企业与变化较大的行业中的大型企业。

10.2 战略实施与公司治理

在企业战略管理中，总经理或者 CEO 处于核心地位。一些企业在战略管理中出现问题，主要出在总经理身上。而总经理如何行为，又受到企业利益相关者的影响，最终是由公司治理结构（corporate governance）决定的。

公司治理结构是由所有者、董事会、监事会和高级管理人员组成的一种组织结构。在这种结构中，上述各方之间形成一定的制衡关系。通过这一结构，所有者将自己的资产交由董事会托管；公司董事会是公司的决策机构，拥有对高级管理人员的聘用、奖惩和解雇权；高级管理人员受雇于董事会，组成在董事会领导下的执行机构，在董事会的授权范围内经营企业。

公司治理结构决定和控制一个组织的各种利益相关者之间的关系，其核心在于寻求一种保证战略决策有效性的方式。有效的治理结构有助于保证高级管理人员按照出资者的要求采取行动，否则高级管理人员会本着自我利益做出降低职业风险的决策，包括降低研发投入、扩展公司多元化经营及追求高额报酬等。目前的公司治理机制并不能充分发挥对高级管理人员战略决策的监控作用，这种看法正在全世界范围内促使各个大公司对公司治理机制做出调整，特别是如何提高董事会的表现。有证据表明，一个良好运行的公司治理机制可以为企业带来竞争优势。

治理机制包括内部治理机制和外部治理机制。内部治理机制包括所有权结构、董事会、总经理报酬，其作用的发挥受到公司章程的规定；外部治理机制主要指公司治理市场，其作用的发挥受到法律、法规和社会文化等因素的影响。

1. 所有权结构

所有权结构就是股权结构。股权结构中的股权集中程度、控股股东、实际控制人等对企业战略决策具有重大影响。股东越来越希望通过建立有效的治理机制来控制企业决策，因此作为公司的治理机制之一，股权集中受到广泛的关注。

一家股权分散的企业（大量持小额股份的股东，甚至没有大股东）对管理决策的监控力很差。低下监控力的后果之一就是企业的多元化程度高于股东利益的最佳点，而高效的监控会避免经理人做出不增加股东价值的战略决策。研究表明，企业的股权集中程度越高，企业的多元化程度就越低，经理人做出使股东利益最大化的战略决策的可能性就越大。

股权集中化受到行业管制放松和自由化的影响。例如，美国的航空业在摆脱政府管制后，航空公司的所有权更加趋于集中化了，而这种集中化通常来自目前的机构投资者对企业越来越多的控股。随着机构投资者掌握的股权越来越多，企业的股权也越来越集中在机构投资者手中。机构投资者是指控制企业大部分股权的金融理财机构，如投资公司、投资基金和社保基金等。由于它们强大的资金实力，作为公司大股东的机构投资者可能成为一种强有力的公司治理力量。

2. 董事会

董事会是由股东选出，代表股东利益对企业高层管理者进行监督和控制。一个结构合理、行之有效的董事会能够保护股东免受管理者机会主义的损害，董事会成员不仅是企业财产的管家，而且他们履行责任的方式和方法还会影响企业所在的社会。

总的来说，董事会成员（经常被称为董事）分为三种类型：内部董事、相关外部董事和独立董事。内部董事指那些公司中被选进董事会的主要高层经理，如公司的总经理或者其他高层经理，他们是董事会获得有关公司日常经营信息的来源。相关外部董事由不参与日常经营但与公司有一定联系的个人担任，他们与公司有某种合约性的或其他方面的联系，但这部分董事不参与日常的经营活动。独立董事由完全与公司经营活动不相关的个人担任，他们从公司外部被选入董事会，为公司决策提供独立的见解。

人们认为，许多董事会并没有尽到保护股东权益的责任。其中一个可能性就是，董事会会成为经理人的工具，他们从不质疑经理人的行动，并轻易地认可经理人自我服务的行为。总体而言，对董事会批评的焦点在于，人们认为内部董事控制了董事会并利用了他们与董事们的个人关系来影响企业决策。对外部独立董事在战略决策过程中应起的适当作用，有多种不同意见。尽管外部董事在一定程度上能够影响企业的战略方向，但是由于不参与企业的日常经营，不能掌握有关经理人及其技能的丰富信息，因而他们很难对决策行动的有效性做出评估。

3. 总经理报酬

总经理的报酬是通过工资、奖金和长期激励性报酬（如股票期权），将经理人和所有者的利益联系起来的一种公司治理机制。在美国企业中，长期激励性报酬已成为总经理的关键性报酬。通过运用各种长期报酬手段，公司能够应付或避免潜在的代理问题。正是由于以上的原因，证券市场对引入总经理的长期激励性报酬反应积极。大型机构投资者也认为，长期激励性报酬能确保总经理本着公司的整体利益行事。当公司董事会中独立董事占大多数时，股东们相信总经理的报酬和公司的持久发展会更相关。对于那些实行国际化战略的公司来说，有效地利用总经理报酬作为治理机制特别具有挑战性。初步的研究表明，当跨国公司在各国的子公司实行不同的报酬计划时，就更加有利于股东的利益。而设计一系列各有特色的报酬计划却需要额外的监控，并会提高公司的代理成本。

4. 公司治理市场

公司治理市场是由企业收购者组成的市场。当内部治理机制失去效果后，公司治理市场作为外部治理机制而起作用。最有可能被收购和兼并的企业，就是那些由于经营者经营不善而表现不佳的企业。在被兼并或收购后，原公司经营者很容易被认为对导致公司业绩下降的战略决策和实施负有责任而被撤换。所以，在一个有效运作的公司治理市场上，效率低下或具有机会主义行为的经理人都会进行自我约束。因为不管是效率低下还是机会主义行为，都会影响企业的业绩。一个企业的糟糕业绩（通过企业低于平均水平的利润率显示出来）是一个企业内部治理机制失效的标志，也就是说，内部治理机制的应用并未能使股东的利益最大化。而当企业的业绩表现比同行业其他竞争对手的整体表现还差时，虎视眈眈的企业收购者就可能采取行动。

10.3 战略实施与组织结构

10.3.1 组织结构的基本类型

企业的组织结构必须与所制定的战略相适应，才能保证核心竞争力的发挥。为了使战略创造价值，企业必须以战略为导向来设计自身的组织结构，即结构追随战略。反之，由于现有的组织结构规定了组织内部的关系和运作机制，现有的结构也会对未来战略的选择产生制约作用。

企业的结构有多种类型，通常把组织结构分为简单结构、直线职能制结构和事业部制结构。虽然还存在着许多其他的组织结构类型，但是从企业的整体来说，最常用的还是这三类组织结构。在企业实践中，同行业的不同企业尽管在组织结构的总体类型上差异不大，但是在部门分设、权力划分、运作流程等方面却千差万别。

1. 简单结构

在采取简单结构的企业中，所有者或经营者直接做出所有主要决定，并监控企业的所有活动。简单结构是极不正规的，协调任务要通过直接监督来实现。决策高度集中，几乎没有对任务的详细规定，规则和规定很少，实行非正式评估和奖励系统。一一般来说，简单结构常用于提供单一产品、占据单一地理市场的企业。实行简单结构的企业，经常不是实行集中成本领先战略就是实行集中差异化战略。

随着小企业发展得更大更复杂，管理上和结构上的挑战产生了。例如，随着需要分析的竞争信息的日益增长，或者更复杂的信息处理需求的出现，所有者兼经营者就会面临巨大的压力。

2. 直线职能制结构

直线职能制结构常常由一名总经理及有限的员工组成，在生产、销售、财务、研发、人力资源等直线或职能部门配备经理负责某一方面的工作。由于不同部门在职能上存在差异，沟通和协调存在障碍，总经理的主要任务就是为了企业的整体利益而整合各个业务职能的决策和行动。

直线职能制结构适用于实施单一业务经营企业或产品多样化程度较低的企业。对于纵向一体化经营的企业，由于直线职能制结构提供了高度的集中化，有助于控制价值链上紧密关联的各种活动。

3. 事业部制结构

事业部制结构由多个业务部门组成，每个业务部门代表一项独立的业务或利润中心，业务部门的经理获得总部授权负责本部门的日常经营活动。当企业决定在不同的市场上销售或提供不同的产品时，会引发许多控制问题，这时利用事业部制结构可以增加多元化公司所需的有效监控。实际上，当多元化程度增加时，没有相应的事业部制结构的配合，企业的效益会下降。

事业部制结构分为多种类型，包括强调各分部紧密合作的合作型事业部结构，强调多个分部战略合作的战略经营单位型事业部结构，鼓励内部竞争的竞争型事业部（或控股公司）结构。

10.3.2 业务层战略与组织结构

业务层战略是在一个特定的竞争范围（不是行业就是其中的一个狭小分支）内建立一种特定的竞争优势（低成本或差异化）。为了成功地实施成本领先、差异化等战略，企业需要根据单一业务层战略所具有的独特性，对职能制结构的特点做些改变。

1. 成本领先战略与组织结构

组织结构中的专业化、集权化和规范化特征对成功实施成本领先战略有着重要作用。

专业化指完成公司工作所需专业职位的形式和数量。在成本领先战略中，经理人将企业的工作分为内部同质的不同分支，而划分的基础通常是一些职能领域，如产品生产或客户服务等。将工作按照专门性来划分和重组，企业就能通过员工对单一专业的特定工作行为产生的高效率来获得成本的节约。

集权化就是把决策权保留在企业高层经理人员手中的程度。现在组织中存在着分权的趋势，将决策权下放到企业内与客户有直接频繁联系的人手中。然而，为了细致协调组织功能中的各项活动，实施成本领先战略的组织结构要求权力的集中化。

成本领先战略通常为那些大量生产相对标准化产品的企业所选用，为了促进更高效率的运作，因此提高生产的规范化水平，即提高企业通过正规制度和程序管理组织活动的程度。同时，研发的重点也主要放在提高生产效率上。

成功实施成本领先战略要求组织结构具备高度专业分工、决策集中化以及作业程序规范化的特点。这类的职能制结构鼓励低成本文化的产生，最终形成一种企业全体员工力图使本企业或本部门的成本低于竞争对手的企业文化。

总之，成本领先战略所需要的组织结构往往具有以下特征：①运营是主要职能；②强调生产过程优化而不是新产品开发；③通过相对集权协调各职能；④鼓励低成本文化的规范化程序；⑤组织结构总体上是机械式的，职位角色高度结构化。

2. 差异化战略与组织结构

为了成功实施差异化战略，需要在职能制结构中下放决策权。在成本领先战略中，对组织职能活动的协调和整合是通过决策权的集中化来实施的；而在差异化战略中，要求企业中的每个员工都学会有效地协调和整合自己的行动。

差异化战略的实施要求研发职能和营销职能的良好协调。例如，欧莱雅集团主席兼首席总经理欧文中（Lindsay Owen-Jones）认清了两种主要的美容文化：法国式和美国式。在收购美宝莲后，他决定通过纽约创立第二家包括研发、营销及广告团队的创新型总部，以激发欧莱雅在巴黎的研发活动。欧文中说："我们在美国建立由不同思维模式、不同背景和创造力的人们组成的权力中心。"

为了利用关键市场中产生的变化，实施差异化战略的企业经常以模糊和不完备的信息为依据做出快速的转变，要求企业运用一个相对扁平的结构对组织进行重组。在一个相对扁平的机构中，员工通常在其工作范围内拥有很多不同的任务。

总之，实施差异化战略的组织结构具有以下特征：①营销是主要职能；②强调新产品研发；③许多职能分权化，但研发和营销由互相紧密合作的少数员工来进行；④有限的规范化以使新产品概念能更方便地出现，变化更易于实施；⑤组织结构总体上是有机式的。

3. 集中战略与组织结构

采取集中战略的企业注重服务行业中一部分客户的特定需求。对于采取集中战略的企业来说，在发展的初期阶段，采用简单的结构更为有效。随着规模的扩张，企业必须从简单结构转化到职能制结构。对于经理人来说，能够认清何时有必要对组织结构做出变革，以便协调和控制企业日益复杂的运作，是一种挑战。

4. 成本领先和差异化整合战略与组织结构

为了实施成本领先和差异化整合战略，企业要寻求提供与实施单一成本领先或单一差异化战略公司不同的价值。其价值不仅包括低成本（与差异化战略企业相比），还包括价值差异化特征（与成本领先战略企业相比）。

实施整合战略比实施单一战略更难，主要原因就在于实施成本领先战略和差异化战略所需的战略、战术行为不相同。例如，为了获得比竞争对手更低的成本，企业要将重点放在生产和制造过程控制上，并减少产品变动。相反，为了获得在差异化上领先的地位，要强调营销和新产品研发。但是正如前面所解释的那样，用于强调新产品开发和生产过程控制的结构特性是不同的。因此，为了成功实施成本领先和差异化整合战略，企业就要设计出一种既允许开发差异化产品特征，又使成本低于竞争对手的组织结构。这样的组织结构还经常辅以水平协调，如跨职能团队和强势组织文化，来有效实施这种战略。

丰田公司能成为汽车工业的全球领先者，主要得益于它同时实施成本领先战略和差异化战略的卓越能力。丰田成功的关键在于通过一体化的产品设计过程，同时实现了差异化产品设计和卓越的制造流程。首先，丰田描绘设计空间，确定在产品设计和制造过程设计中能够实现重叠的区域；其次，寻找这种重叠位置的可行交点；最后，丰田建立了重叠设计的可行性。将丰田生产方式与其他公司相比之后，一位作者这样总结道："与其他汽车公司相比，丰田可行性设计的考虑范围更大，考虑时间更长，却拥有可能是行业中速度最快、效率最高的汽车开发周期。"

10.3.3 多元化公司的组织结构

多元化公司大多采用公司总部加分部或事业部的组织结构。由于多元化公司内部多个业务之间的关联程度不同，公司总部在内部管理上存在着极大的差异，主要表现在集权程度、业务之间的整合程度、业绩考核和激励机制等内部控制机制上。在多元化公司，为了实现范围经济，要求总部的集权和各分部之间的合作；为了降低公司总部的管理成本，激发各分部的积极性，又要求总部对分部放权，并鼓励各分部之间相互竞争。这种相互矛盾的要求，反映在多元化公司的不同战略上，就导致了组织设计上的差异。

1. 纵向一体化战略、相关约束型多元化战略与组织结构

采取纵向一体化战略的企业根据规模和产品复杂性不同，采用的组织结构也不同。对于规模较小的企业来说，企业采取的组织结构为直线职能制结构。对于规模较大、不同的生产经营环节存在着高度复杂性的企业，一般采取合作型事业部结构。

合作型事业部结构的特征是各事业部之间的合作和整合（图10.1）。合作形式强调水平的联络和联系，重视部门间的合作，以实现范围经济和促进技术转移。而且，联络和联系的重要性还体现在它允许与支持对一系列战略资产，包括员工的专有技术、有形资产（包括设施）和运作方法等的共享。

为了促进通过纵向整合或因战略资产的共享而联系起来的部门间的合作，一些组织职能（如人力资源管理、研发和营销）都集中于公司层面，即公司总部。相比未进行多元化的企业而言，如果公司总部能允许公司各部门的资源得到利用，从而使该部门获得成本优势或差异化优势，那么适当的组织结构就成为多元化企业中竞争优势的来源。

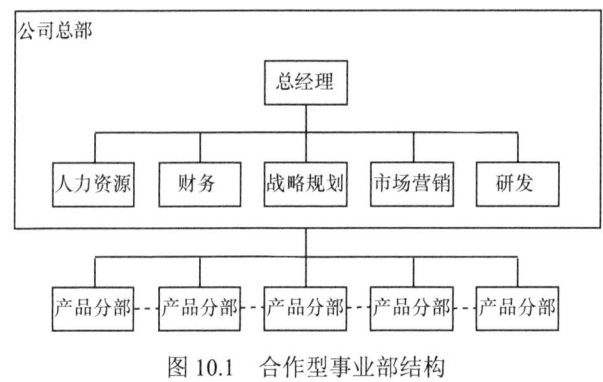

图 10.1　合作型事业部结构

注：产品分部与产品分部之间的虚线说明了相互之间的联系

实施相关约束型多元化战略的企业，除了集权化，还通过加强部门之间的联系促进其合作。部门经理频繁的直接接触能够鼓励和支持部门之间的合作以及战略资产的共享。有时，各个部门甚至专门设立联络官，以减少部门经理花在协调和整合部门内各单位工作上的时间。针对某个项目而成立的临时团队或任务小组会由各个部门的人员组成，以实现部门间的协调。在实行相关约束型多元化战略的企业，最极端的情况是出现矩阵制组织。矩阵制组织是指既包含职能专业化又包含产品或项目专业化的双重协调的组织结构。尽管矩阵制组织很复杂，但有效的矩阵结构能提高公司各个不同部门间的协调。

成功地实施相关约束型多元化战略需要处理大量的信息。但由于部门间的合作必然会带来经理人自主权的损失，部门经理并不总是愿意投入到这种组织结构所要求的综合信息处理活动中去。由于部门经理的报酬与部门的业绩表现密切相关，那些通过共享企业的战略资产而获取最大市场利益的部门，就会被认为是以别人的费用来增加自己的收益。在这些情况下，就必须把提供共享战略资产也作为业绩评估的标准。因而，不仅要以单个部门的表现，而且要以其对整个公司成果的贡献来设计激励机制，这样才能克服可能产生的问题。

实行纵向一体化战略或相关约束型多元化战略的企业所采用的组织结构一般具有以下特征：各事业部保持紧密联系；公司总部强调集权化的战略规划、人力资源管理和营销策略，以培养各部门的合作；研发一般集权化；员工报酬除与部门业绩有关之外，还与公司总体表现相关；强调合作共享的企业文化。

2. 相关联系型多元化战略与组织结构

采用相关联系型多元化战略的企业往往采取战略经营单位型事业部结构。由于多个业务单位之间，有的关系密切，有的关系相对较弱，那么在组织结构设计中，在公司总部和业务单位之间增加一个管理层级，以便于增强部分业务单位之间的关系。战略经营单位型事业部结构，一般由三个层次组成：第一个层次是公司总部，第二个层次是战略经营单位，第三个层次是每个战略经营单位内部通过同一产品或地域市场而发生联系的部门群（图10.2）。

战略经营单位内的各个部门是相互联系的，而战略经营单位之间却没有相互联系。在各个战略经营单位内部，具有相似产品或技术的部门组合起来产生协同效应。各个战略经营单位是公司总部控制下的利润中心，各分部的决策者只需接受战略经营单位的总经理而不是总部人员的战略指导。

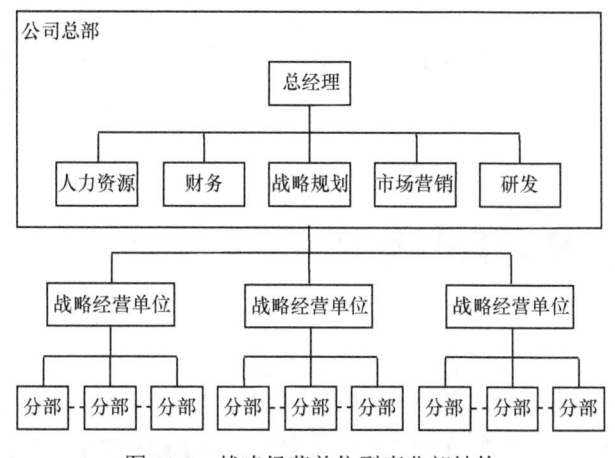

图10.2　战略经营单位型事业部结构

注：分部与分部之间的虚线说明了相互之间的联系

实施相关多元化战略的组织结构一般具有以下特点：战略经营单位内的各个部门紧密联系，但不同战略经营单位的部门间不存在联系；总部最重要的职能是战略规划，并批准各事业部的战略；各事业部决定各分部的预算并进行内部整合；公司总部对于事业部起顾问作用，而不是像合作形式那样直接介入产品战略决策。

3. 不相关多元化战略与组织结构

实施不相关多元化战略的公司采用高效的内部资本分配或业务重组、收购和剥离等活动创造价值。竞争型事业部结构（或控股公司结构）是实施不相关多元化战略的组织结构，强调通过资本分配对不同部门进行控制。为了有效地分配资源，各部门都必须拥有独立的、可衡量的利润指标，并对自身的业绩负责。公司内部存在的资本市场使得公司在管理上强调部门间的竞争甚于合作（图10.3）。

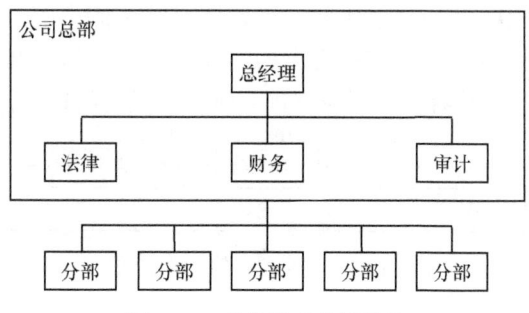

图10.3　竞争型事业部结构

为了强调部门间的竞争，公司总部与各部门之间保持一定的距离，除非出于审计和管理业绩很差的部门经理的需要，一般情况下公司总部不介入部门事务。公司总部以投资收益率作为目标，并以此来监控各部门的业绩。它在竞争的基础上分配企业的现金流，而不是自动地将现金发还给产生现金流的企业。

采取不相关多元化战略的组织结构一般具有以下特点：公司总部人员精简；财务和审计是总部最重要的职能，以便管理现金流并确保部门业绩数据的精确性；当公司收购或卖出资产时，法律事务职能尤为重要；部门间保持独立和不相关以便于财务评估；部门内部负责战略决策，但公司总部控制现金流的使用；部门间为获得更多的公司资源而竞争。

10.4 战略实施与控制

组织若要成功地实施战略就必须拥有高效的战略控制，这涉及采用信息控制和行为控制。同时，由于战略追求的是企业持续竞争优势，简单地用财务指标，不能满足战略考核的要求，因此选择适当的战略衡量指标就是战略控制的关键一环。

10.4.1 战略实施的信息控制

通过信息进行控制有传统和现代之分。传统的控制系统主要以反馈方法为基础，也就是说，在一段时间终止之前，不会采取行动去修正目标和战略。现代的控制系统强调持续关注环境（外部和内部）的重要性，以发现那些预示着需要对企业的目标与战略做出重大调整的重要趋势和事件。由于竞争环境变得越来越复杂和难以预测，对现代控制系统的需求就更为强烈。

1. 传统的战略控制方法

传统的战略控制方法在过程安排上遵循时间的先后顺序：①战略制定；②战略实施；③战略控制（图10.4）。这样的控制系统有两个特点：一是调整的时间延迟，也就是在一个计划期末，才对照预先设立的目标衡量绩效，然后对工作进行调整；二是在行动过程中，很少对战略目标提出质疑。可以用日常生活中的恒温器做个比喻，我们设置好恒温器以后，如果实际温度和设定的温度有差异，这个装置就按预先设置的升温或降温程序工作，而恒温器本身不会对预先所设定温度的适宜性提出质疑。

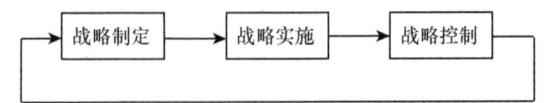

图10.4 战略控制的传统方法

在稳定的环境中，由于既定的战略目标在较长时间内存在合理性，这种控制系统是合适的。对于在动荡环境中经营的企业，战略目标的合理性经常会受到质疑，僵化地固守预先确定的目标可能恰恰阻碍了企业的应变反应，这种控制系统的弊端也显现出来。

2. 现代的战略控制方法

现代的战略控制方法强调对组织的假设、前提、目标和战略进行不断的监督、测试和评估。战略制定、战略实施和战略控制之间的关系是高度交互的，如图 10.5 所示。

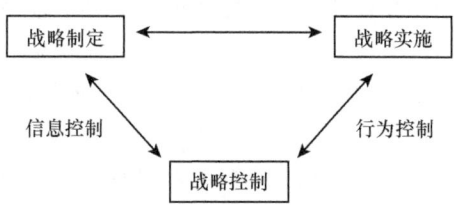

图 10.5　战略控制的现代方法

在这里，适应和预测内外环境的变化是战略控制的一个必要组成部分。图 10.5 显示出两种不同类型的战略控制：信息控制和行为控制。信息控制主要关注组织是否"在做正确的事情"；行为控制则询问组织是否在战略实施中"正确地做事情"。战略控制的信息和行为要素都是成功的必要而非充分条件。

信息控制涉及内部环境与外部战略背景。它所描述的假设和前提为组织的战略提供了基础。信息控制提出的关键问题是：在当前的战略情境中，组织的目标和战略仍然"适当"吗？

这涉及两个问题：第一，管理者必须审视和监督外部环境，包括宏观环境和行业环境；第二，企业的内部环境也可能发生变化，这就需要持续的监督，或者变革企业的战略方向。这些变化可能包括重要经理的辞职、主要生产设备延期完工和意料不到的自发罢工。

两种方法的主要差异在于：在传统方法中，战略制定过程的初始步骤是理解假设前提；在现代方法中，信息控制是进行中的组织学习过程的组成部分，而组织学习持续地更新和挑战着构成组织战略基础的假设。持续监督极大缩短了时滞，竞争环境中的变化能够较早地被发现，组织的速度和灵活适应能力也提高了。

10.4.2　战略实施的行为控制

行为控制注重执行，即把事情做好。有效地执行战略要求掌握三个关键性控制层面：文化，奖励和激励系统，以及制定边界和约束。由于竞争环境越来越复杂和不可预测，主要以行为约束为基础的控制系统可能会失灵。因此，使用奖励和文化去调整个人与组织目标显得尤为重要。

（1）文化。文化主要是指企业员工所共享的价值观和做事方式。根据文化与战略的一致性，可以把文化分为战略支持型文化、战略制约型文化和战略不相关文化。企业应该注意营造一种与战略一致的企业文化，这有助于与战略一致的行为出现。但是，当具有强大组织文化的企业需要战略变革时，对文化的变革就成为一件必须关注的事情。

（2）奖励和激励系统。奖励和激励系统是影响组织文化的一种强有力手段，它把主要力量用于处理最优先的任务，并激发出高水平的个人和集体工作绩效。由于多数文化涉及有影响力的观念、行为和组织成员的态度,奖励系统详细规定了谁得到奖励以及为何得到奖励,它是一种有效的激励因素和控制机制。有效的奖励和激励系统具有很多共同特征,包括:目标明确、容易理解、被广泛接受;奖励明确地连接着绩效和预期的行为;反馈快速、清晰而明确;报酬体系被认为是公平的;结构灵活,能够适应变化的环境。

(3)制定边界和约束。在一个理想的世界里,一种强大的文化和有效的奖励应该确保所有个人与部门朝着整个组织的共同目标发挥作用。但是,在现实的世界中,这通常是不可能的事情,而且人的自利动机或缺乏对目标的清晰理解,造成一些反生产的行为或渎职行为。为此,就必须明确边界和约束,以确保公司的行为不偏离战略目标。例如,通用电气的韦尔奇要求公司业务组合中的所有业务必须在各自的产业内数一数二,否则就要被清理出去。

10.4.3 战略实施与平衡计分卡方法

平衡计分卡最早是卡普兰(R. Kaplan)和诺顿(D. Norton)开发的一种绩效管理工具。后来,他们把这一管理工具应用到战略管理中来,把企业战略目标逐层分解转化为各种具体的相互平衡的绩效考核指标体系,并对这些指标的实现状况进行不同时段的考核。

1. 平衡计分卡的组成

平衡计分卡从财务、客户、内部流程、学习与成长四个不同维度,衡量企业的业绩,从而帮助企业解决两个关键问题——有效的企业绩效评价和战略的实施,如图10.6所示。

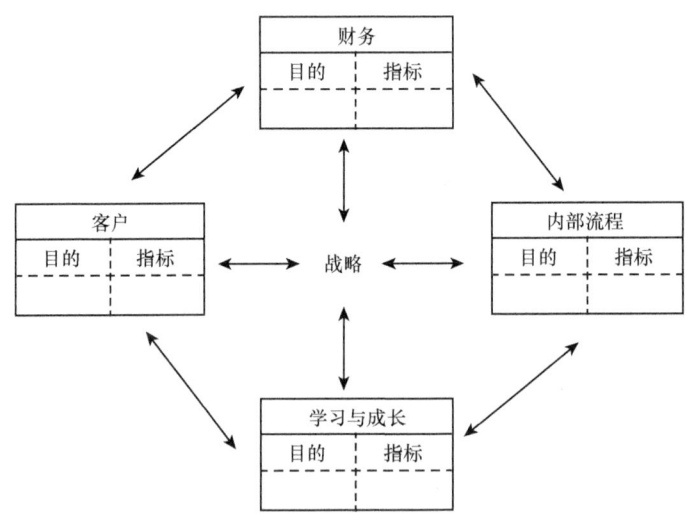

图 10.6 平衡计分卡的四类指标

(1)财务维度。企业经营的直接目的和结果是为股东创造价值。尽管由于企业战略的不同,在长期或短期对于利润的要求会有所差异,但毫无疑问,从长远角度来看,利润始终是企业所追求的最终目标。

（2）客户维度。如何向客户提供所需的产品和服务，从而满足客户需要，提高企业竞争优势？客户维度正是从质量、性能、服务等方面，考验企业的表现。

（3）内部流程维度。企业是否建立起合适的组织、流程、管理机制，在这些方面存在哪些优势和不足？内部流程维度从以上方面着手，制定考核指标。

（4）学习与成长维度。企业的成长与员工能力素质的提高息息相关，企业唯有不断学习与成长，才能实现长远发展。

2. 平衡计分卡中的平衡思想

平衡计分卡包含了对各项活动的综合评价，体现了平衡的战略思想。

（1）财务指标和非财务指标的平衡。目前企业考核的一般是财务指标，而对非财务指标（客户、内部流程、学习与成长）的考核很少，即使有对非财务指标的考核，也只是定性的说明，缺乏量化的考核，缺乏系统性和全面性，而平衡计分卡是从四个维度全面地考察企业。这四个维度是财务、客户、内部流程、学习与成长，它体现了财务指标与非财务指标之间的平衡。

（2）企业的长期目标和短期目标的平衡。平衡计分卡主要是一种战略管理工具，如果以系统理论的观点来考虑平衡计分卡的实施过程，战略是输入，财务是输出。也就是说，平衡计分卡是从企业的战略开始，也就是从企业的长期目标开始，逐步分解到企业的短期目标。在关注企业长期发展的同时，平衡计分卡也关注了企业近期目标的完成，使企业的战略规划和年度计划很好地结合起来，解决了企业的战略规划可操作性差的问题。

（3）结果性指标与动因性指标之间的平衡。平衡计分卡以有效完成战略为动因，以可衡量的指标为目标绩效管理的结果，寻求结果性指标与动因性指标之间的平衡。

（4）企业组织内部群体与外部群体的平衡。平衡计分卡中，股东与客户为外部群体，员工和内部流程是内部群体，平衡计分卡可使企业认识到在有效实施战略的过程中平衡这些群体间时而发生矛盾的重要性。

（5）先行指标与滞后指标之间的平衡。财务、客户、内部流程、学习与成长这四个方面包含了先行指标和滞后指标。财务指标就是一个滞后指标，它只能反映公司上一年度发生的情况，不能告诉企业如何改善业绩。平衡计分卡对于先行指标（客户、内部流程、学习与成长）的关注，使企业更关注过程，而不仅仅是事后的结果，从而达到了先行指标和滞后指标之间的平衡。

总之，平衡计分卡所包含的上述五种平衡关系，无论是从战略的层面上，还是战术层面上进行考察分析，都集中体现了企业作为一个独立经营的经济实体，在运行过程中所涉及人力、物力和财力三大要素之间的交互作用及其相互关系，充分揭示了企业的资金流、物流与人力资源流之间如何在一定的环境条件下实现有效配置的客观规律性。

10.5　战略实施与变革

新的战略有可能要求企业在组织结构、人员配备、薪酬结构、财务管理等的一个方面或多个方面做出变革，因此变革管理就成为战略实施中的一项重要内容。当变革涉及企业的多个方面时，这种变革也就可以称为战略变革。

10.5.1 战略变革的类型

战略变革主要有四种类型（表 10.2）。

表 10.2 战略变革类型

变革方式	转型	重新调整
渐进	进化式变革	适应式变革
一蹴而就	革命式变革	重组式变革

有证据表明，渐进的变革方式更有利于变革，因为渐进式变革可以为员工逐渐建立起个人技能、惯例与信念，这样有利于提高变革效率并获得员工的支持。一蹴而就的变革可能在某些情况下是必要的。例如，组织正面临着危机，或者需要迅速改变其发展方向，但是这种变革方式会打破组织的连续性与一贯性。

就变革过程所涵盖的范围来说，需要考虑的问题是，是否可以在不改变组织当前范式（组织当前遵循的信念和假设）的情况下实现这种变革。如果不改变组织的当前范式，这种变革就是对组织战略的重新调整，而不是战略方向的根本性变革。如果改变组织的当前范式，那么这种变革就是转型式变革。

(1) 适应式变革。适应式变革是指在组织的现有范式内渐进地进行变革。这是最常见的组织变革形式。

(2) 重组式变革。重组式变革是指发生速度很快，但并没有从根本上改变组织范式。例如，一个组织可能对其结构进行重大调整，或者推行一个大型的削减成本的项目，以应对艰难的或不断变化的市场环境。

(3) 进化式变革。进化式变革是指需要改变组织范式的战略变革，但这种变革需要较长的时间完成。管理者可能会首先认识到有必要进行战略转型，然后开始对进化式变革进行规划设计，并确定实现变革所需要的时间。也可以从另一角度来解释进化式变革，即将组织视为"一个学习型系统"，随着环境的变化不断调整其战略，在此基础上就产生了学习型组织的概念。但是，进化式变革可能存在战略偏移的危险。其原因在于，尽管环境和竞争压力需要组织进行一些更为彻底的变革，但变革毕竟是建立在组织现有范式和惯例的基础上，并受到组织范式和惯例的制约。

(4) 革命式变革。革命式变革是指需要对组织战略和范式进行重大、快速改变的变革，这可能是因为上述战略偏移最终带来了要求组织进行变革的巨大压力。例如，利润下滑或组织遭到被收购的危险。

10.5.2 战略变革的管理风格

战略变革的实施有多种管理风格，每一种风格都有其特定的方法、优缺点和适宜的变革方式（表 10.3）。

表 10.3 战略变革的管理风格

风格	方法/环境	优点	缺点	适宜的变革方式
教导与沟通	采用简介会的形式，说服和教育	能够解决信息不足或错误信息的问题	需要消耗大量时间；方向性或进展情况可能不明朗	循序渐进的变革或需要很长时间才能完成的转型式变革
合作/参与	参与战略制定；由工作小组或团队来解决战略问题	增加对决策或过程的责任感；提高决策质量	需要消耗大量时间；解决方案和结果仍局限在现有组织范式内	
干预	由变革机构来协调和控制；分派变革工作	既指导和控制变革过程，又参与变革	感觉到有被操纵的风险	渐进式或无危机的转型式变革
指令	利用权威规定战略变革的方向与方法	明确、迅速	可能存在变革不被接受及战略考虑不周到风险	转型式变革
强制/命令	通过公告，明显地利用权力	在危机或混乱状态下可能会成功	仅限于危机情况；否则，最不可能成功	快速的转型式变革或在独断专行的文化背景下进行的变革

（1）教导与沟通。这种方式强调对战略变革的原因、战略变革的方法进行解释。如果在战略变革管理过程中存在着信息不真实或信息缺乏的问题，这种风格就是合适的；然而，这种风格也存在着问题，如果战略变革涉及的人很多，管理者就不得不通过大量的情况简介会的方式与这些人沟通，但是管理者会发现这样做的效果其实很不好，不仅是因为那些听到介绍的人可能根本没有机会对其获得的信息进行消化与吸收，还可能是因为在管理者和员工之间缺乏相互的信任与尊重。另外，依赖自上而下的沟通程序也会带来问题。因此，重要的也许是，让那些可能会受到战略变革影响的人员参与变革的制定与规划过程。

（2）合作/参与。合作/参与是指在战略变革过程中，让会受到战略变革影响的人员参与到相关的活动中来。例如，参与确定具有战略意义的问题，参与制定战略议事日程，参与战略决策过程，参与战略变革的规划。这种方法可以使组织中的人对于某个决定或变革过程更有主动性，提高其责任感，可能会要求成立专门的项目小组或任务小组。与不采用这种方法相比，采用这种方法的结果是决策质量的提高。战略研讨会也是一种有用的方法，它可以将处于不同层次的管理者聚集到一起，就某一特定战略问题出谋划策，在更官方的战略框架内，讨论解决问题的方案，并且将变革机制推进到组织生活的惯例方面。然而采取这种方法也不可避免地会带来风险，即解决问题的方案很可能局限在目前的组织范式内。因此，无论谁负责这项工作，都一定要具有对合作与参与过程进行干预和领导的能力。

（3）干预。干预是指负责分配变革工作的相关机构对变革过程进行协调和控制。例如，变革机构让项目小组承担变革过程中某一特定阶段的任务，如集思广益、收集数据、详细规划、识别成功的关键要素等，这些小组不用承担整个变革过程的全部责任，但是它们确实参与了变革，并感受到了自己的工作对整体变革的影响。这种方式的优势在于：使组织成员不仅参与提供变革的创意，还可以参与解决方案的部分实施。例如，让那些提出变革创意的人协调并监督与其创意相关的一部分战略变革的实施工作，这种参与可以增加员工对变革的认同。

（4）指令。指令包括利用管理者个人权威来确定一个明确的未来战略，决定如何进行战略变革。这实质上是对战略变革进行自上而下的管理。这可能是由于组织中的某个领导人对组织的愿景和战略意图形成了清晰的思路，或是对成功关键因素和工作重点有了清楚的认识。

（5）强制/命令。这种风格是指令的极端表现形式，即强制推行战略变革或发布进行战略变革的命令。很显然，这是依靠权力进行战略变革，而这种方法在某些情况下是必要的。

10.5.3 战略变革过程中的各类角色

通常当我们讨论战略变革时，绝大多数人总是过分地强调处于组织高层的个人的作用。尽管在战略变革过程中，企业高层管理者的作用是至关重要的，但由于组织情境、变革类型、变革方式等方面存在极大差异，所以，为了更好地推动变革的成功就需要发挥更多个体和组织的作用。

1. 高层管理者

进行战略变革是一项具有挑战性的工作，它要求高层管理者具有应对模糊局面的能力，具有灵活性、洞察力及对战略环境的敏感性，能处理好与他人的关系，以及在进行战略变革的过程中能够保持组织目前的经营业绩。实际上，高层管理者通常会采用不同的方法来管理战略及战略变革，而理想的状态是高层管理者有能力依据不同的环境采用相应的战略领导方法。但是，就战略变革管理来说，如果做不到这一点，企业就会遇到很大的问题。

2. 中层管理者

在对战略与战略变革进行自上而下的管理的过程中，中层管理者仅被视为战略的执行者，他们的作用是通过一系列活动使高层管理者做出的决定得到实施。例如，保证对资源进行合理的分配与控制，对员工的行为与表现进行监督。另外，必要时向下属解释战略。实际上，在管理战略变革时，中层战略管理者起着非常重要的作用，他们既能促进也能阻碍战略及战略变革的实施过程。例如，系统化的实施与控制；当战略变革逐渐展开时，他们要针对各方面的反应，发挥解释与调解作用；他们是高层管理者与组织基层人员之间沟通的重要桥梁；他们可以向高层管理者提出建议，指出哪些因素会发展成变革的阻碍因素，哪些事项需要改变。

3. 组织外部人士

除了组织中的管理者在战略变革过程中会发挥重要作用之外，一些组织外部人士也在这一过程中发挥着重要作用。例如，组织可能从外部聘任新的主管，从而使战略变革得以实现；从组织外部引进新的管理层，还可以增加组织中思想、观点及各种假设的多样化程度，而这有助于打破战略变革的文化障碍，丰富组织在战略变革方面的经验，提高组织进行变革的能力；一些组织外部人士，如咨询顾问可以帮助制定战略或对战略变革过程进行规划。

10.5.4 战略变革管理的工具

1. 结构与控制体系

对组织结构与控制体系的某些方面做一些变革，是战略变革的重要方面。战略变革所涉及的这些方面的内容，总是倾向于将处于组织高层的管理者视为最重要的变革者或战略变革的控制者，而其他组织成员只是对这些高层管理者设置的体制做出相应的反应。

然而，这种情况也存在危险，即结构与控制体系的变革并不会影响组织成员的日常活动。虽然看起来所有活动都在向这种体制靠拢，但实际上人们仍一如既往地做着他们从前每天都在做的事情。高层管理者可能会认为他们已经建立起实施战略的体制，但实际上人们的行为与假设并未发生变化。因而，利用其他方式对战略变革进行管理也是很重要的。

2. 组织惯例

这里的"惯例"是指组织特定的"我们这里做事的方式"，如果一个组织尤其擅长以某些特定的方式开展经营活动，那么它就可能获得真正的竞争优势。但是这些惯例有时也可能阻碍战略变革并导致战略偏移。对于实现战略变革的管理者来说，他们不仅要确定需对哪些惯例做哪些变革，而且要保证这些变革的实现。

3. 象征性活动

从性质上来说，战略变革过程并不一定总是非常明显的、非常正式的，有时候这一过程可能更具象征性。企业可以改变具有象征意义的行为和表象，从而促进企业的战略变革。

象征物是指能表达比其本身内容更多意义的物体、事件、活动或人。象征物可能就是每天都能接触到的一些东西，但这些东西在特定的情况下或特定的组织内便具有了特别的意义。有人认为，在一定程度上，创造或操纵能对变革产生影响，改变象征物可以重塑人们的信念与期望，因为在组织的日常生活中，改变后的象征物所代表的意义更清晰。一些企业通过改变日常讲述的故事、具有象征地位的汽车和办公室、组织中使用的语言与技术以及改变组织仪式，从而促进战略变革。

4. 权力与政治过程

有时候非常有必要重建组织的权力结构，尤其是在组织需要进行根本性变革的时候。为了能实现这一权力重建，需要组织内部有强烈拥护战略变革的力量，需要有权力又有兴趣的个人或团体的支持,具有代表性的是来自高层经理、董事会里有实权的成员或具有重要影响的某一外部人士的拥护。

5. 沟通

一般来说,战略方向发生变革的原因很复杂,然而要有效地实施变革,很重要的一点就是:所采取的沟通方式一定要能够使这些复杂的思想具有意义与活力,以便它们能够被整个组织所接纳。例如,让组织成员参与到战略变革的规划中来,这本身就是一种沟通方式。

习　题

1. 战略实施与战略制定在哪些方面存在不同?
2. 战略与组织结构之间是一一对应的关系,还是存在不同的匹配模式?
3. 如何解决企业内部对资源的恶性竞争问题?
4. 如何协调好结构稳定性与环境动态性之间的关系?
5. 考察一个运用平衡计分卡的企业案例,写一份报告。
6. 选一家企业,说明其战略变革过程中出现的问题及处理方式。

案例 10　红领变革

1. 一次事关尊严的转型

1995 年成立红领做成衣时,张代理 40 岁。或许是因为早年一丝不苟的木匠经历,张代理有些内向、执拗。跑市场、和人打交道的事情扔给性格外向的弟弟张代信,他自己则深居简出,待在厂子里琢磨生产,后来甚至自学了服装打版。服装行业的很多老板都自诩"裁缝",但只是基于营销考虑,实际上根本不会量体打版。西服打版手艺纯熟的张代理反而自我要求更高,干脆"让贤"了。

可以想象,当弟弟在 2002 年表示要退出去干房地产时,张代理是多么痛苦。他一点也不喜欢市场里的"潜规则"。为打通上海渠道,张代理四处求人、求情,可他送礼脸红,干"坏事"也不成。有一位商场经理打电话,暗示他的小舅子要过生日。张代理做了好一番心理斗争才带上礼金赴宴,未料去的人乌泱泱一片,谁送的礼最重才进谁的货。别人一脸赔笑,张代理却面色铁青,深觉有辱人格,这位山东汉子发誓不玩了。

这时他想起早年间去国外考察的经历:奔驰、宝马可以生产定制车,但要人搬、人抬、人做,效率很低;日本一间服装厂可以激光剪裁、CAD 下单,但流程上有问题……如果红领从成衣批量制造转型个性定制,采用 C2M 模式(Customer-to-Manufactory,工厂直面消费者),至少可以不用看渠道脸色了。

回到企业，张代理开会讲定制的好处，大家都极不理解：当时红领已达3000多人规模，产值居于全国二线，距一线品牌也不远，难道要缩回到"一间店、几个裁缝、一个月做几件"的传统定制？可张代理马上解释，他是要用工业流水线做规模定制。

张代理至今记得，有一次动员会后，他上了一趟卫生间落在后面了，前面一个分公司的经理说，原来都说董事长有"神经病"，我不信，听他讲了一下午发现真是"神经病"！从2002年到2012年，张代理被骂了10年的"神经病"，连女儿、儿子都劝他不要不切实际。可他的回应竟然是："卫星都上天了，这一点事儿还解决不了？"

2. 从零开始，刀耕火种

张代理自然心中有数。做OEM（Original Equipment Manufacturer，原始设备制造商）代工，利薄且难持续。做品牌，当时虽然赚钱，但无论是设计师制还是买手制，资金其实都压在库存上，加盟商每陈列1件，红领库存里就得压上25~26件。此外，渠道、营销费用也不菲。而与款式和周转率见长的快时尚模式相比，红领稍显沉稳，且确实不具备像Zara那样的基因。相比批量性的成衣制造，定制库存低，对渠道依赖低，一旦实现工业效率，成本也将下降，能够让利消费者。

张代理下达命令，以纽约为起点，进入成熟的美国市场做定制试验，即墨的工厂改造成熟之前不准开拓形势一片大好的国内市场。因为他认一个死理：没有好的质量，市场拓展得快，消亡得也快。可是，如何实现定制的工业效率？在传统印象中，这比登天还难。

例如，第一步就要把需要学徒十几年磨炼才可出师的量体裁衣数据化、标准化，让普通人在1周内掌握。为此，张代理特意聘请了一位有40多年量体经验、年薪500万元的量体师，任务就是研发出一套简单标准。可是，几个月后请人来汇报，老师傅没有教出一个学生，并声称绝无其他方法了。无奈之下，张代理只得放人，但心有不甘。本身就会量体打版的张代理让助理拿来纸和笔，画了一个人，静下心来琢磨……半个小时后，张代理突然喊人叫回老师傅，向他展示纸上的成果。老师傅看了许久，最终下了一个结论：你这个办法是可行的。

原来，张代理在人体上找了几个关键坐标点：肩端点、肩颈点、颈肩端、中腰水平线……形成了一套三点一线坐标量体法。量体师只需要5分钟、量19个部位，就能掌握合格的人体数据。此后一周，张代理在公司里连番展开突击培训，连司机、保安都要学会；他不在，副总接着培训，直到人人会用。关键是，这套量体法后来被证明能够与算法结合，至今都在红领沿用。

3. 工厂里的董事长

显然，"刀耕火种"之后，红领最终还是要拥抱科技。早期，张代理请了一个朋友，为终端店面设计了一个布料库存显示软件，只为店员显示"有"或"没有"，由此解决了是否接单的小问题。这可能是红领第一次接触互联网。

2003年，ERP（Enterprise Resource Planning，企业资源计划）开始普及。但张代理并未发现适合红领定制业务的系统，只好自设信息部，从十几人慢慢增大到几十人、上百人，逐步根据定制发展进行系统开发。2008年，工业工程经理马志伟进入红领工作，他发现张代理会亲自安排工厂布局及排程，不但能提具体要求，还能参与工程部门与信息部门的具体操作。马志伟说，这非常关键。董事长教我们制衣，我们用技术实现董事长要求。

其实，张代理在工厂里有一个固定工位，他会经常拿一个笔记本四处找人开小会，商量好了立即就能改动生产线。有一次，即墨市领导前来视察，张代理竟然窝在厂里钻研某个关键技术，硬是没有出现。

一项关键技术的开发引入，就是RFID。当美国客人通过当地门店下单，他的19个部位量体数据，加上面料、色系、肩型、驳头型、胸口袋等100多项定制数据，就汇入红领数据平台。在山东的工厂里，RFID制卡人员会把全部数据录入到一张电子磁卡上，一张卡对应一件衣服。接下来的所有工序中，工人首先刷卡读数，代码翻译过来就如"黑色扣眼线""内衬右胸口刺绣Tom""袖口8个扣子颜色为蓝蓝红红蓝蓝红红"，再行具体操作。

纸片不见了，长条布也不见了，转而出现的是具备刷卡功能的电子显示屏。红领工厂进入一个新的阶段。但是，工人还是抱怨麻烦，动作慢，做不了几件。张代理在流水线上琢磨了很久，调了又调，再一次征服了所有人。

这是一个缝制袖口的工位，RFID显示屏被集成在Brother缝纫机上的正面，工人抬头便可刷卡读数；左侧的吊挂系统上悬挂着全部衣料及RFID磁卡，左手微抬即可放上取下；工人头顶上方悬挂着7排、每排15支不同颜色、质地的纺线，右手微抬即可取线；工人右侧下方是存放各种扣子的可旋转储物柜，工人右手微降即可取扣。如果是左撇子，那么就把工位顺时针转180度。

这件事的意义就在于：按照目前红领定制业务3000件/天的产量计算，取线一个动作上每个工人节约了1秒钟，放大到整个生产线相当于节约了30个工作日。而且，红领工厂已经"淘汰"了版师。过去，一位版师一天只能打版2件衣服，3000件衣服就需要1500位版师，一个月的工资就要1500万元以上。红领信息部根据张代理的设计，将用户数据生成CAD规格表、衣片等数据，能够直接发排机器打版，1分钟1件。

当年张代理邀请专家召开研讨会，研究机器制版的可行性。在场没有一个专家支持。但张代理坚持要引进CAD打版设备，还开发自主专利的打版机床。结果机器打版质量丝毫不逊于版师，而且失误率为零。渐渐地，没有人再敢说张代理是"神经病"了，因为红领的工业化定制真的要折腾出来了。

4. 数据驱动

到底什么才是红领的核心科技？张代理与红领的高管们都认为是数据驱动。在红领，数据驱动更像一种意识、软体，看不见、摸不着。

工业工程经理马志伟举了三个例子：红领的数据平台可以监测工人在各个工序的生产效率，由此分配给工人最适合的工序；设备损坏后自动报修，修理时间、修理次数等数据判断设备兼容情况；订单、物料、成衣等数据相互联动，保障物料供应不间断，库存几乎为零。

红领生产过程中的所有数据都是自动采集生成，包括质检也是全数字化的，仅衬衣上的标志就会有上百个要求标准，这是纯人工方式完全不可企及的。也就是说，红领的工厂完全由数据智能决策，组织完全去中间化，达到最优效率。效率最终体现在时间和成本上：从订单到成衣，红领只需要 7 个工作日，而定制行业平均是 3~6 个月；红领单件定制服装成本只是批量生产的 110%，只有定制行业平均水平的 10%~40%。效率高，红领工厂根本没有加班，定制业务也没有必要为多余库存加班生产。

而要实现数据驱动，首先要有足够多的数据，这本身就是难以复制的门槛。2002~2008 年，红领积累了超过 200 万组客户个性化定制的版型数据，张代理颇具先见之明地保留了这些数据。2008 年，以版型数据为基础，张代理组建定制平台系统项目组，整合生产线、工艺等各生产环节对系统建设进行探索。简单说，就是在工厂里挖掘更多数据，建立数据联系，通过联系指导生产线的管理与决策。

但是，第一次探索以失败告终。红领的技术人员虽然展开了各个生产环节的调研，却低估了数据匹配的复杂性，数据整理过于简单。事实上，当红领数据驱动成型时，这是一个包含 9666 个既独立又彼此联系的数据的庞大体系。2009 年，项目组开始二次攻关，扩大了数据整理规模，仅仅是净版车间里就有几千套。但是这次攻关却因管理方面的落后导致失败。红领工厂原来也是层级太多，大小事务都需要层层上报，因此拖累了数据驱动的连贯性，导致驱动无效。红领的第三次攻关发起于 2011 年，建立了 14 个工程体系、20 多个生产流程子系统，其中一大半是有关员工培训、薪酬、职能、层级改革的"人事"。

2012 年，第三次攻关获得成功，红领工厂仿佛被赋予生命、思想，操作者能够清晰地感受到信息在各个生产环节的流动。而张代理通过第二次攻关的失败、第三次攻关的成功，也越发意识到，随着向工业定制转型的深入，传统企业组织、人事结构的桎梏性越发明显了，转型最终还是落在人上。

5. 伤筋动骨也要上

事实上，早在 2008 年前后，红领就遭遇一次惨重的"结构变动"。当时正值全球金融危机，包括红领在内，中国的服装企业突然发现自己的加盟商不赚钱了。负责市场、渠道的红领副总裁徐方晓仍然记得当时的困难，当时红领的传统成衣业务在国内仍有 300 多家加盟商，普遍存在卖不出去、库存积压严重的问题，纷纷上门请求退货。为此，张代理给徐方晓画了一条底线：只能按合同规定退货比例办事。

其实，张代理已经决心改造加盟商结构，只保留愿意向定制业务转型的加盟商。可是，加盟商在徐方晓那里碰壁，转而向徐方晓的上级求情，多退了不少货。职业经理人可能认为，毕竟都是跟了十几年的经销商，感情上过意不去；而且，把渠道稳住也有利于来年销售情况。但这样迁就加盟商，就破坏了红领工业定制转型的外部条件。

如今，张代理回忆起当初的变动，依然颇有些痛心疾首。他说，目前中国的职业经理人依然格局不够，短视，对金钱盲目向往。张代理炒掉了两位本来视为接班人的职业经理人，转而想到让女儿张蕴蓝回企业帮忙。当时张蕴蓝从加拿大留学回国，在上海一家跨国企业做白领，她突然接到父亲的电话，表示要来看看。女儿感到很意外，因为求学在外多年，父亲从未主动去看过她。见面的过程尽管有些深沉，但女儿懂事，体贴父亲的难处，同意回红领工作，第一个职务是红领国际业务部的一名报关员。

此后，张蕴蓝又在工厂轮岗一遍。直到2009年3月，张代理特地为张蕴蓝举办了一个正式的交接仪式，由女儿出任总裁，负责营销和市场端，自己还是只抓生产。女儿拥有与父亲同样的干劲，上任总裁第一年就砍掉了1/3加盟商，但不免鲁莽。这引起轩然大波，加盟商跑去张蕴蓝的办公室跟她吵，甚至去找张代理告状。那一年，红领业绩下滑50%。

在这个关键时刻，张代理把公司上下对女儿的"讨伐"全部兜底了，并且不顾"老臣"反对，支持女儿引入互联网营销人才，砍掉了全部地推团队。张代理实际上在用真金白银支持女儿，就像过去那样，屡屡被反对却依然执着自己的方向。幸运的是，那次危机仅仅持续1年，红领就恢复了增长。

有意思的是，当年许多一线服装品牌都采取了更为激烈的加盟商扩张计划，以此填补市场损失。最终，它们在2014年前后遭遇惨重的"关店潮"，而红领却在2014年凭借日渐成熟的定制业务收入增长达150%。

6. 源点论

数据驱动要求工厂里取消层级，张代理更进一步，把它理解为"源点论"，作为红领向工业定制转型的理论、实践补充。

张代理用三句话解释了源点论：源点只有一个，就是消费者需求；没有利润，不能满足消费者需求，项目、部门、职能都没有存在必要；点对点，端对端，去掉中心环节，直击消费者需求，把效率做到最高。

2013年，张代理首先在客服部动了第一刀。原来的客服部更像"投诉部"，是客户情绪的垃圾场；关键是客服部没有实权，也不可能调动其他部门满足消费者需求，难免出现"踢皮球""扯皮"的现象。张代理重新定义了客服部：客服部是客户需求的唯一入口，其他人不能参与、干涉，必须无条件服从。显然，这一刀下去，其他部门难免心生不满，客服部的命令执行不下去。

张代理立即就把原来处于利润中心的大客户移交给客服部运营管理，使其成为实权部门。这样一来，其他部门不敢不从。而在红领的工厂里，张代理在生产线前沿就放置了客服部，消费者的需求反馈可以直通无阻地进入流水线，即时反馈，即时调整。源点论由此完成一个闭环：从客服部开始，红领各部门以业绩、客户满意度为考核标准，落实在数据驱动上就是业绩的增长和回款情况。

2015年，张代理干脆把红领的科层、组织、部门全部都取消了，每个人只剩下职务，什么职务就担什么权责。张代理说，财务部就没有存在的必要。财务负责管钱，但一个部门往往管不好钱。因为只要涉及审批就需要人；需要人，审批就有情绪化、领导化、官僚化影响，误工误事。最合理的方式，人是做辅助，把事情交给流程、体系，依靠数据驱动和监督。据悉，红领依据源点论进行组织改革，管理费用在两年内已经下降了20%。

红领企划经理江伟讲了一个案例。有一次活动需要做临时调整，他打电话给不在现场的张蕴蓝汇报。张蕴蓝告诉他：不需要向董事长和我请示，你是当事人，最应该知道怎么办。

张代理极为反感家族企业，曾着力培养职业经理人；后来虽然转而培养女儿、儿子，但并未见任何家族企业作风，源点论无疑起到关键作用。可以说，工业定制、数据驱动、源点论，构成了红领转型中的真实蓝本，但这本"红领真经"还远没有到达结束的篇章。

7. C2M 模式进击

2015年，红领服装板块收入达到30多亿元。关键是，行业大多数品牌都在负增长，红领的互联网定制业务的收入和净利润却增长130%以上、利润率25%以上。

这在某种程度上得益于张蕴蓝的C2M市场开拓。红领在欧美的市场收入一度占到90%，但主要还是OEM定制代理；国内业务发展缓慢，也要为别人代工：传统的定制服装门店按红领价格的10倍、20倍接单，再发给红领生产，在这个过程中红领并未现身。

2014年，张蕴蓝开始开拓国内市场，重心落在C2M的C端，手机端、Pad端的魔幻工厂APP上线，消费者可以一键预约量体裁衣。具备定制、量体功能的实体店也在北京、上海、青岛等多个城市铺开。这意味着红领定制业务通过O2O开始真正面向消费者。凭借工业效率、撤去中间商，红领定制服装的价格只有同行的10%～30%。

关键是，红领并没有砸钱买流量，但却依靠口碑，以及一轮又一轮模式宣讲，在一线城市中蹿红，国内市场占比增长到30%。

2015年，张代理提出一项全新的商业模式SDE（Spatial Database Enginesde，空间数据库引擎），大型独角兽的面貌逐渐浮现。SDE首先是一套工业定制转型解决方案。红领成立酷特智能公司，为传统的制造企业提供"互联网+工业"的解决方案，帮助它们进行柔性化和个性化定制的改造。简单说，就是红领学不会，但红领可以帮助你学会。

2016年，红领酷特智能已经与35家企业签订了SDE输出协议，不但有服装、鞋帽企业，还有电子产品、摩托车、自行车、化妆品等企业。可以想象，当SDE输出企业改造成型，红领实际上就创立了一个C2M生态圈，一个平台上可以向消费者提供定制化、个性化的各类商品及服务。在红领的生态圈里，除了C2M，C端其实也可以嫁接C2C（Customer to Customer，个人与个人之间的电子商务）、B2M（Business to Marking，面向市场营销的电子商务）、M2M（Machine to Machine，数据算法模型）等各种模式。

张代理认为，红领走到今天，为什么会对中小企业具备借鉴价值，就是因为红领并没有淘汰掉人，今天红领仍然有3000多名工人，并没有发生"裁员"；但红领通过数据驱动、流程设计，C2M与SDE模式创新，让定制更简单、生产规模化，成本更低廉，让普通的老百姓也能穿上合体的定制服装。

资料来源：唐亮. 张代理匠心打造"红领式征服"平凡得让世界称叹，2016-08-04. https：//www.iyiou.com/p/29891

【问题】
1. 相对于成衣批量制造模式，红领的定制模式的主要竞争优势表现在哪些方面？
2. 在向定制模式转型的过程中，张代理遇到了哪些问题？采取了哪些应对措施？

参 考 文 献

爱尔兰 R D，霍斯基森 E H，希特 M A. 2014. 战略管理：竞争与全球化[M]. 10版. 赵宏霞，等译. 北京：机械工业出版社.
奥斯特瓦德 A，皮尼厄 Y. 2011. 商业模式新生代[M]. 王帅，等译. 北京：机械工业出版社.
巴尼 J. 2003. 获得与保持竞争优势[M]. 王俊杰，等译. 北京：清华大学出版社.
波特 M. 1988. 竞争优势[M]. 夏中华，等译. 北京：中国财政经济出版社.
波特 M. 1989. 竞争战略[M]. 乔晓东，等译. 北京：中国财政经济出版社.
波特 M. 2002. 国家竞争优势[M]. 北京：华夏出版社.
大前研一. 1989. 企业家的战略头脑[M]. 杨灿煌，译. 台北：书泉出版社.
戴斯 G，拉普金 G T. 2004. 战略管理：创建竞争优势[M]. 邱琼，等译. 北京：中国财政经济出版社.
道格拉斯 M. 2013. 制度如何思考[M]. 张晨曲，译. 北京：经济管理出版社.
古尔德 M，坎贝尔 A，亚历山大 M. 2004. 公司层面战略[M]. 黄一义，等译. 北京：人民邮电出版社.
克劳塞维茨 C V. 1997. 战争论[M]. 中国人民解放军军事科学院，译. 北京：商务印书馆.
李玉刚，张江华. 2009. 企业私下战略行为：生成机制及合法性管理[J]. 经济管理（8）：175-179.
里维斯 M，汉拿斯 K，辛哈 J. 2016. 战略的本质[M]. 王喆，等译. 北京：中信出版社.
马卡德 K C. 2003. 战略定位：有效战略实战案例[M]. 周伟，译. 北京：机械工业出版社.
毛泽东. 1968. 毛泽东选集[M]. 北京：人民出版社.
明茨伯格 H，阿尔斯特兰德 B，兰佩尔 J. 2001. 战略历程：纵览战略管理学派[M]. 刘瑞红，等译. 北京：机械工业出版社.
彭维刚. 2007. 全球企业战略[M]. 孙卫，等译. 北京：人民邮电出版社.
钱·金 W，莫博涅 R. 2005. 蓝海战略[M]. 吉宓，译. 北京：商务印书馆.
钱德勒 D. 2002. 战略与结构[M]. 北京天则经济研究所，等译. 昆明：云南人民出版社.
斯科尔斯 J. 2004. 战略管理[M]. 王军，等译. 北京：人民邮电出版社.
斯科特 R. 2010. 制度与组织[M]. 3版. 姚伟，等译. 北京：中国人民大学出版社.
田志龙，樊帅. 2010. 企业市场与非市场行为的竞争互动研究：以房地产为例[J]. 管理评论（2）：86-96.
田志龙，高勇强，卫武. 2003. 中国企业政治策略与行为研究[J]. 管理世界（12）：98-106，127.
约翰逊 G. 斯科尔斯 K. 2004. 战略管理[M]. 王军，等译. 北京：人民邮电出版社.
约米尼. 2003. 战争艺术[M]. 钮先钟，译. 桂林：广西师范大学出版社.
张敬伟，王迎军. 2010. 竞争优势及其演化研究现状评介与未来展望[J]. 外国经济与管理，32（3）：1-10.
Ansoff I. 1965. *Corporate Strategy: An Analytical Approach to Business Policy for Growth and Expansion*[M]. New York：McGraw Hill.
Barney J B. 1991. *Firm resources and sustained competitive advantage*[J]. Journal of Management，17（1）：

99-120.

Baron D P. 1995. *Integrated strategy: market and non-market components*[J]. California Management Review, 37 (2): 47-65.

Baron D P, Diermeier D. 2007. *Strategic activism and non-market strategy*[J]. Journal of Economics & Management Strategy, 16 (3): 599-634.

Bourgeois L, Brodwin D. 1984. *Strategic implementation, five approaches to an elusive phenomenon*[J]. Strategic Management Journal, 5 (3): 241-264.

Bower J L, Christensen C. 1995. *Disruptive technologies: catching the next wave*[J]. Harvard Business Review, 73 (1): 43-53.

Chen M J. 1996. *Competitor analysis and interfirm rivalry: toward a theoretical integration*[J]. Academy of Management Review, 21 (1): 100-134.

Dierickx I, Cool K. 1989. *Asset stock accumulation and sustainability of competitive advantage*[J]. Management Science, 35 (12): 1504-1513.

DiMaggio P J, Powell W W. 1983. *The iron cage revisited: institutional isomorphism and collective rationality in organizational fields*[J]. American Sociological Review, 48 (2): 147-160.

Droege S, Johnson N B. 2007. *Broken rules and constrained confusion: toward a theory of meso-institutions*[J]. Management and Organization Review, 1: 81-104.

Eisenmann T, Parker G, Van Alstyne M. 2006. *Strategies for two-sided markets*[J]. Harvard Business Review, 84 (10): 92-101.

Hillman A J, Hitt M. 1999. *Corporate political strategy formation: a model of approach, participation and strategic decision*[J]. Academy of Management Review, 24 (4): 825-842.

Kaplan R S, Norton D P. 1996. *Using the balanced scorecard as a strategic management system*[J]. Harvard Business Review, 74 (1): 75-85.

Kaplan R S, Norton D P. 2005. *The balanced scorecard: measures that drive performance*[J]. Harvard Business Review, 83 (1): 172-180.

Klein J. 2002. *Beyond competitive advantage*[J]. Strategic Change, 11: 317-327.

Levitt T. 1983. *The globalization of markets*[J]. Harvard Business Review, 61 (3): 92-102.

March J G. 1991. *Exploration and exploitation in organizational learning*[J]. Organization Science, 2 (1): 71-87.

Meyer J W, Rowan B. 1977. *Institutionalized organizations: formal structure as myth and ceremony*[J]. American Journal of Sociology, 83 (2): 340-363.

Mintzberg H, Waters J A. 1985. *Of strategies, deliberate and emergent*[J]. Strategic Management Journal, 6 (3): 257-272.

Mintzberg H. 1987. *The strategy concept I: five ps for strategy*[J]. California Management Review, 30 (1): 11-24.

Nonaka I, Takeuchi H. 1995. *The Knowledge-Creating Company: How Japanese Companies Create the Dynamics of Innovation* [M]. New York: Oxford University Press.

Oliver C. 1991. *Strategic responses to institutional processes*[J]. Academy of Management Review, 1: 145-179.

Parsons T. 1960. *Structure and Process in Modem Societies*[M]. Glencoe: Free Press.

Peng M W. 2002. *Towards an institution-based view of business strategy*[J]. Asia Pacific Journal of Management, 19(2): 251-267.

Penrose E T. 1959. *The Theory of the Growth of the Firm*[M]. Oxford: Oxford University Press: 78-91.

Pfeffer J, Salancik G R. 1978. *The External Control of Organizations: A Resource Dependence Perspective*[M]. New York: Harper and Row.

Poter M E. 1996. *What is strategy*[J]. Harvard Business Review, 74(6): 61-78.

Prahalad C K, Hamel G. 2006. *The core competence of the corporation*[J]. Harvard Business Review, 68(3): 275-292.

Rumelt R P. 1997. *The evaluation of business strategy*[C]// Mintzberg H, Quinn J B. *The Strategy Process*, 3d Englewood Cliffs: Prentice-Hall: 80-87.

Rumelt R P. 1984. *Towards a strategic theory of the firm*[C]// Lamb R B. *Competitive Strategic Management*. Englewood Cliffs: Prentice-Hall: 556-570.

Sirmon D J, Hitt M A, Ireland R D. 2007. *Managing firm resources in dynamic environments to create value: looking inside the black box*[J]. Academy of Management Review, 32(1): 273-292.

Suchman M C. 1995. *Managing legitimacy: strategic and institutional approaches*[J]. Academy of Management Review, 20(3): 571-610.